Die Anwaltshaftung im US-amerikanischen und deutschen Recht
Eine rechtsvergleichende Untersuchung der zivilrechtlichen Anwaltspflichten
im Anwalt-Mandant-Verhältnis

Europäische Hochschulschriften
Publications Universitaires Européennes
European University Studies

Reihe II
Rechtswissenschaft
Série II Series II
Droit
Law

Bd./Vol. 1434

PETER LANG
Frankfurt am Main · Berlin · Bern · New York · Paris · Wien

John D. Gatto

Die Anwaltshaftung im US-amerikanischen und deutschen Recht

Eine rechtsvergleichende Untersuchung der zivilrechtlichen Anwaltspflichten im Anwalt-Mandant-Verhältnis

PETER LANG
Frankfurt am Main · Berlin · Bern · New York · Paris · Wien

Die Deutsche Bibliothek- CIP-Einheitsaufnahme

Gatto, John D.:

Die Anwaltshaftung im US-amerikanischen und deutschen Recht : eine rechtsvergleichende Untersuchung der zivilrechtlichen Anwaltspflichten im Anwalt-Mandant-Verhältnis / John D. Gatto. - Frankfurt am Main ; Berlin ; Bern ; New York ; Paris ; Wien : Lang, 1993
(Europäische Hochschulschriften : Reihe 2, Rechtswissenschaft ; Bd. 1434)
Zugl.: Gießen, Univ., Diss., 1992
ISBN 3-631-46481-9

NE: Europäische Hochschulschriften / 02

D 26
ISSN 0531-7312
ISBN 3-631-46481-9

MEINEN LIEBEN ELTERN

Jane Gatto-Jackson
und
Thomas A. Jackson

Vorwort

Die vorliegende Arbeit hat im Sommersemester 1992 dem Fachbereich der Rechtswissenschaften der Justus-Liebig-Universität Gießen als Dissertation vorgelegen.

Meinem Doktorvater, Herrn Prof. Dr. Günter Weick, möchte ich für die Betreuung der Dissertation meinen besonderen Dank aussprechen. Er stand mir von Anfang an zu jeder Zeit mit seinem fachlichen Rat und wertvollen Anregungen zur Seite.

Ganz herzlich bedanken möchte ich mich auch bei meinen lieben Freunden Dr. Michael Rohleder, Michael Adel und Sabine Hartel, die mir oftmals bei der mühseligen und zeitraubenden Korrekturarbeit behilflich waren. In meinen Dank einbeziehen möchte ich darüber hinaus meinen Freund Herrn Prof. Rod J. Uphoff, der mir bei meinem Studienaufenthalt an der University of Oklahoma Law School im Jahre 1991 zur Ausarbeitung des amerikanischen Teils der voliegenden Arbeit, mit fachlichem Rat und hilfreichen Anregungen zur Seite stand. Ebenso habe ich Herrn Prof. Dr. Meinrad Dreher für die zügige Erstellung des Zweitgutachtens zu danken.

Gießen, im Dezember 1992.

John D. Gatto

INHALTSVERZEICHNIS

Abkürzungsverzeichnis:

A.	Auflage
A.2d	Atlantic Reporter
a.A.	andere Ansicht
A.B.A.	American Bar Association
A.B.A.J.	ABA Journal
AcP	Archiv für die civilistische Praxis (Band, Seite)
A.D.2d	Appellate Division Reports
Ala.	Alabama Court of Appeals Reports
Am.Dec.	American Decisions (Select Cases), San Francisco
Anm.	Anmerkung
AnwBl	Anwaltsblatt (Jahr, Seite)
App.	Appellate Court
App.Div.	Appellate Division
Ariz.	Arizona Reports
Ark.	Arkansas Reports
Art.	Artikel
Asso.	Association
BB	Der Betriebs-Berater (Jahr, Seite)
Bd.	Band
BGB	Bürgerliches Gesetzbuch
BGH	Bundesgerichtshof
BGHZ	Entscheidungen des Bundesgerichtshofes in Zivilsachen (Band,Seite)
B.N.A.	Bureau of National Affairs, Inc.
BRAGO	Bundesgebührenordnung für Rechtsanwälte
BRAO	Bundesrechtsanwaltordnung
BT-Drucks.	Bundestagsdrucksache
Burr.	Burrow, English King's Bench Reports tempore Lord Mansfield (97, 98 English reprint)
BVerfG	Bundesverfassungsgericht (mit Ziffern: Entscheidungen des Bundesverfassungsgerichts (Band, Seite)
bzgl.	bezüglich
bzw.	beziehungsweise
CA.	California
Cal.3d	California Reports
Cal.App.3d	California Appellate Reports
Cal.Rptr.	West's California Reporter
Ch.	Chapter
Cir.	Circuit
Co.	Company

CO.	Colorado
Colo.	Colorado Reports
Conn.	Conneticut Reports
Conn.App.	Conneticut Appellate Reports
Conn.Sup.	Conneticut Supplements
Corp.	Corporation
CPA	Certified Public Accountant
Cum.L.Rev.	Cumberland Law Review
D.Alaska	United States District Court for the District of Alaska
DB	Der Betrieb (Jahr, Seite)
D.C.	District of Columbia
D.C.App.	Appeals Cases, District of Columbia
D.C.S.D.	District Court of South Dakota
ders.	derselbe
dies.	dieselbe
Diss.	Dissertation
DlHaftRl	Richtlinie zur Haftung für Dienstleistungen
DR	Disciplinary Rule
EC	Ethical Considerations
ed.	edition
E.D.Pa.	Federal District for the Eastern District of Pennsylvania
EG	Europäische Gemeinschaft
Eng.Rep.	English Reports
EWiV	Europäische Wirtschaftliche Interessenvereinigung
f,ff	folgende
F.2d	Federal Reporter
Fla.	Florida Reports
Fla.App.	Florida Appellate Reports
Fla.S.Ct.	Florida Supreme Court
FS.	Festschrift
F.Supp.	Federal Supplement
Ga.App.	Georgia Appeals Reports
GbR	Gesellschaft des bürgerlichen Rechts
gem.	gemäß
ggf.	gegebenenfalls
Hb.	Halbband
h.M.	herrschende Meinung
hrsg.	herausgegeben
Idaho	Idaho Reports
IECL	International Encyclopedia of Comparative Law
Ill.App.3d	Illinois Appellate Court Reports
Ill.Dec.	Illinois Decisions
Inc.	Incorporated
Ind.	Indiana Reports
Ind.App.	Indiana Appellate Reports
Ins.Co.	Insurance Company
Iowa	Iowa Reports

Iowa App.	Iowa Appellate Reports
i.V.m.	in Verbindung mit
JR	Juristische Rundschau (Jahr,Seite)
Kan.	Kansas Reports
Kan.App.	Kansas Court of Appeals Reports
K.B.	King's Bench
Ky.	Kentucky Reports
Ky.App.	Kentucky Court of Appeals
La.	Louisiana Reports
La.App.	Louisiana Courts of Appeal Reports
L.Ed.	Lawyer's Edition United States Supreme Court
LG	Landgericht
L.J.	Law Journal
L.R.A.	Lawyer's Reports Annotated
L.Rev.	Law Review
Mart.	Martin (Louisiana Term Reports)
Mass.	Massachusetts Reports
Mass.App.Ct.	Massachusetts Appeals Court
Md.App.	Maryland Appellate Reports
M.D.La.	United States District Court for the Middle District of Louisiana
Mich.	Michigan Reports
Mich.App.	Michigan Appeals Reports
Minn.	Minnesota Reports
Minn.App.	Minnesota Appellate Reports
Misc.	New York Miscellaneous Reports
Miss.	Mississippi Reports
Mo.App.	Missouri Appeal Reports
MR	Model Rule
Münch.Komm.	Münchener Kommentar zum BGB
m.w.N.	mit weiteren Nachweisen
n.	note
N.C.	North Carolina Reports
N.C.App.	North Carolina Appeals Reports
N.D.	North Dakota Reports
N.D.Fla.	Federal District for the Northern District of Florida
N.D.Ill.	Federal District for the Northern District of Illinois
N.D.Ohio	Federal District for the Northern District of Ohio
N.E.2d	North Eastern Reporter
Neb.	Nebraska Reports
N.J.	New Jersey Reports
N.J.Super.	New Jersey Superior Court Reports
N.J.W.	Neue Juristische Wochenschrift (Jahr, Seite)
N.J.W.-RR	Rechtsprechungsreport der Neuen Juristischen Wochenschrift
N.M.	New Mexico Reports
N.W.2d	North Western Reporter

N.Y.2d	New York Reports
N.Y.S.2d	West's New York Supplement
Ohio N.L.Rev.	Ohio Northern University Law Review
Okla.	Oklahoma Reports
Okl.App.	Oklahoma Court of Appeals
OLG	Oberlandesgericht
Or.	Oregon Reports
Or.App.	Oregon Reports, Court of Appeals
o.s.	Old Series
P.2d	Pacific Reporter
Pa.	Pennsylvania State Reports
P.A.	Practicing Attorney
Pa.Super.	Pennsylvania Superior Court Reports
P.C.	Professional Corporation
rev.	revised
RGZ	Entscheidungen des Reichsgerichts in Zivilsachen (Band, Seite)
Richtl.	Richtlinie
Rn.	Randnummer
Rz.	Randziffer
S.	Seite
S.C.	South Carolina Reports
S.Ct.	Supreme Court Reporter
S.D.	South Dakota Reporter
S.D.N.Y.	New York District Court (cases before 1932)
S.E.2d	South Eastern Reporter
So.2d	Southern Reporter
So.Car.L.Rev.	South Carolina Law Review
St.	Saint
St.Rspr.	Ständige Rechtsprechung
Sup.Ct. Monroe Co.	Supreme Court of Monroe County
Super.Ct.	Superior Court
S.W.2d	South Western Reporter
Tenn.	Tennessee Reports
Tenn.Ch.App.	Tennessee Court of Chancery Appeals
Tex.Civ.App.	Texas Civil Appeals Reports
u.	und
u.a.	und andere
U.Mich.J.L.Ref.	University of Michigan Journal of Law Reform
U.S.	United States
U.S.(mit Ziffern)	United States Reports
U.S.A.	United States of America
v.	versus
Va.	Virginia Reports
VA.	Virginia
VersR	Versicherungsrecht
vgl.	vergleiche
Vol.	Volume
Vt.	Vermont Reports
Wash.2d	Washington Reports

Wash.App.	Washington Appellate Reports
Wis.	Wisconsin Reports
WM	Zeitschrift für Wirtschafts- und Bankrecht, Wertpapier-Mitteilungen (Jahr, Seite)
W.Va.	West Virginia Reports
z.B.	zum Beispiel
ZPO	Zivilprozeßordnung
ZGR	Zeitschrift für Unternehmens- und Gesellschaftsrecht (Jahr, Seite)
ZHR	Zeitschrift für das gesamte Handels-
und	Wirtschaftsrecht (Jahr, Seite)
ZRP	Zeitschrift für Rechtspolitik (Jahr, Seite)

Literaturverzeichnis:

ABA/BNA: Lawyer's Manual on Professional Conduct, Stand 24.April 1991, Washington, D.C.

Ballentine's Law Dictionary: 3rd Edition (1969) zu fraud, edited by William S. Anderson.

Beck'sches Rechtsanwalts-Handbuch: hrsg. von Hans-Ulrich Büchting und Benno Heussen, München 1989.

Boergen, Rüdiger: Die vertragliche Haftung des Rechtsanwalts, 1968.

Borgmann, Brigitte: in Beck'sches Rechtsanwalthandbuch, (E II 18).

dies.: Die anwaltliche Aufklärungspflicht, AnwBl 1983, 25.

dies.: Die Aufklärungspflicht des Anwalts im Rahmen des Mandats, AnwBl 1991, 649.

Borgmann, Brigitte/*Haug*, Karl H.: Anwaltshaftung, 2.A. Frankfurt 1986.

Calamari, John D./*Perillo*, Joseph M.: The Law of Contracts, 3rd ed., St.Paul, Minn. 1987.

Commichau, Gerhard: Der Markt anwaltlicher Dienstleistungen, AnwBl 1988, 314 f.

Deregulierungskommission, Marktöffnung und Wettbewerb, Zweiter Bericht (März 1991), Die Märkte für Rechtsberatung und Wirtschaftsberatung, Vorschlag 64, Textziffer 453.

Deutsch, Erwin: Haftungsrecht, I. Band: Allgemeine Lehren, 1976.

ders.: Fahrlässigkeit und erforderliche Sorgfalt, 1963.

Donath, Roland: Rechtsberatungsgesellschaften, ZHR 156 (1992), 134.

Drinker, Henry Sandwith: Legal Ethics (1953), New York.

Enneccerus-Nipperdey: Allgemeiner Teil des Bürgerlichen Rechts, 15.A., 2. Halbband 1960.

Esser-Schmidt: Schuldrecht, Bd.I, 6.A. München 1984.

Feuerich, Wilhelm E.: Bundesrechtsanwaltsordnung, Kommentar, 1987.

Friedländer, Adolf u. Max: Kommentar zur Bundesrechtsanwaltordnung vom 1.Juli 1878, 3.A. München u.a. 1930.

Friese, Franz-Josef: Die Freiheit der Advokatur, Frankfurt 1989.

Gerold-Schmidt-Madert: Kommentar zur Bundesrechtsanwaltgebührenordnung, 10.A. München 1989.

Grippando: Don't Take It Personally - Limited Liability for Attorney Shareholders Under Florida's Professional Service Corporation Act, 15 Fla.St.L.Rev. 279 (1987).

Hanna, Jörg: Anwaltliches Standesrecht im Konflikt mit

zivilrechtlichen Ansprüchen des Mandanten, 1988.
Hartstang, Gerhard: Der deutsche Rechtsanwalt, Heidelberg 1986.
ders.: Anwaltsrecht, Köln, Berlin, Bonn, München 1991.
Horan, Dennis J./*Spellmire*, George W.: Attorney Malpractice: Prevention and Defense, Stand März 1990, New York und London.
Huber, Ulrich: Zivilrechtliche Fahrlässigkeit, Festschrift für Ernst Rudolf Huber, 1973, 253.
Hübner, Ulrich: Die Berufshaftung - ein zumutbares Risiko?, NJW 1989, 5.
Isele, Walter: Kommentar zur Bundesrechtsanwaltordnung, Essen 1976.
Jauernig (Bearbeiter): Bürgerliches Gesetzbuch, 4.A. 1987.
Jessnitzer, Kurt: Bundesrechtsanwaltordnung, 4.A. Köln u.a. 1987.
ders.: Bundesrechtsanwaltordnung, 5.A.1990.
Kalsbach, Werner: Standesrecht des Rechtsanwalts, Köln 1956.
ders.: Kommentar zur Bundesrechtsanwaltordnung, Köln 1960.
Lach, Peter: Ausübung freier Berufe durch juristische Personen, BB 1962, 688.
Larenz, Karl: Lehrbuch des Schuldrechts, Band I, Allgemeiner Teil, 14.A., 1987.
Lingenberg/Hummel/Zuck/Eich: Kommentar zu den Grundsätzen des anwaltlichen Standesrechts, 2.A. Köln 1988.
Löwisch, Manfred: Rechtswidrigkeit und Rechtfertigung von Forderungsverletzungen, AcP 165, 421.
Luban, David: The Sources of legal Ethics - A German-American Comparison of Lawyer's Professional Duties, in RabelsZ 48 (1984), 245-288.
Mallen, Ronald E./*Smith*, Jeffrey M.: Legal Malpractice 3d ed., Bd. 1 und 2, St.Paul, Minn.1989.
Mallor, Jane P.: Implied Warranties for Legal Services - Tomorrow's Issue?, 6 Ohio N.L.Rev.651 (1979).
McCormick, Charles Tilford: Evidence: Cases and Materials § 89, at 214 (E.Cleary 3d ed. 1984), St.Paul, Minn.
Meiselman, David J.: Attorney Malpractice: Law and Procedure, San Francisco, CA. 1980.
Mittelstein, Kurt: Grenzen der Verantwortlichkeit des Rechtsanwaltes, MDR 1958, 743.
Müller, Klaus: Die Pflichten des Anwalts im Zusammenhang mit der Führung des Prozesses, JR 1969, 161.
ders.: Schadensersatzpflicht verbundener Rechtsanwälte, NJW 1969, 903.
Münch.Komm. (Bearbeiter): Münchener Kommentar zum BGB, Bd.2 München 1985, Bd.3 1.Hb. München 1988.
Ostler, Fritz: Stellung und Haftungsrisiko des Rechtsanwalts in Zivilsachen, JA 1983, 109.

Palandt (Bearbeiter): Bürgerliches Gesetzbuch, 51.A. München 1992.

Patterson, Lyman Ray: Legal Ethics: The law of Professional Responsibility, 2d ed., Washington,D.C. 1986.

ders.: Legal Ethics and the Lawyer's Duty of Loyalty, 29 Emory L.J. 909 (1980).

Prosser, William Lloyd: Handbook on the Law of Torts, 4th ed. 1971, St.Paul, Minn.

Prosser, William Lloyd & *Keeton*, W. Page: Torts, 5th ed. St.Paul, Minn.1984.

von Rechenberg, Wolf-Georg Freiherr: Die EWIV - Ihr Sein und Werden, ZGR 1992, 299.

von Rechenberg, Wolf-Georg Freiherr/*von der Heydt*: Die EWiV, 1991.

Rehbinder, Eckard: Richterlicher Aktivismus im Personengesellschaftsrecht und Kautelarjurisprudenz: Ist eine Koexistenz möglich? in Festschrift für Walter Stimpel zum 68.Geburtstag am 29.November 1985, Berlin, New York, 1985, S.47-67.

Restatement of Torts (Second): § 299 A (1965), St.Paul, Minn.

Riedel-Sußbauer-Fraunholz: Kommentar zur Bundesrechtsanwaltgebührenordnung, 6.A. München 1988.

Rinsche, Franz-Josef: Die Haftung des Rechtsanwalts und des Notars, 3.A. München 1989.

Rittner, Fritz: Teamarbeit bei Freien Berufen - Berufsrecht und Gesellschaftsrecht, die Teamarbeit im Freien Beruf, Der Steuerberater 1967, 25.

Roesen, Anton: Zur Frage der Haftungsbeschränkung, AnwBl 1962, 25.

Schlee, Heinz: Palandt allein macht nicht glücklich!, AnwBl.1987, 340.

ders.: Die Vermeidung unnötiger Verfahrenskosten, AnwBl 1988, 408.

Schliebner, Rudolf: Die Haftung des Rechtsanwalts aus dem Vertragsverhältnis zu seinem Klienten, Diss. Halle 1935.

Schmalz, Klaus: Zulassung von Fachanwaltsbezeichnungen, NJW 1987, 307.

Schumann-Geißinger: Bundesrechtsanwaltgebührenordnung Kommentar, 2.A. Berlin 1979.

Soergel (Bearbeiter): Bürgerliches Gesetzbuch Kommentar, 12.A. Bd.1 Allgemeiner Teil 1987.

Soule, Gregory Dunbar: Attorney Misappropriation of Clients Funds: A Study in Professional Responsibility, 10 U.Mich.J.L.Ref. 415 (1977).

St.John, Juliet: Specialization: An Overview, 6 Cum.L.Rev.453 (1975).

Staudinger (Bearbeiter): Kommentar zum Bürgerlichen Gesetzbuch, 12.A. ab 1978.

Steinberg, Marc I. & *Rosen*, Gerald E.: Lawyer's

Advertising and Warranties: Caveat Advocatus, 64 A.B.A.J.867 (1978).
Stern, Duke Nordlinger: An Attorney's Guide to Malpractice Liability, Charlottesville, Va., 1977.
Stern, Duke Nordlinger/*Felix-Retzke*: A practical guide to preventing legal malpractice, Colorado Springs, Co.1983.
Stoll, Hans: Die Lehre von den Leistungsstörungen, 1936, S.28.
Vollkommer, Max: Anwaltshaftungsrecht, München 1989.
Webb, George M.: Attorney Malpractice-Attorney's Liability for Failure to Research-Smith v. Lewis, in 1 Glendale Law Review 280.
Wigmore, John Henry: Evidence , Bd.8 (§§ 2175-2396) §§ 2307, 2317 (J.McNaughton rev. 1961).
Williston: on Contracts, 3.A.1967, Mount Kisco, N.Y.
Winters, Karl-Peter: Der Rechtsanwaltsmarkt, 1990.
Wolfram, Charles W.:The Code of Professional Responsibility as a Measure of Attorney Liability in Civil Litigation, 30 So.Car.L.Rev. 281 (1979).
Wolfram, Charles W.: Modern Legal Ethics, St.Paul, Minn.1986
Zimmermann, Reinhard: "Sekundäre" und "Tertiäre" Schadensersatzansprüche gegen den Rechtsanwalt, NJW 1985, 720.

Verzeichnis amerikanischer Entscheidungen:

1. Teil Einleitung

Anwaltshaftung bedeutet generell berufliche Verantwortung des Anwalts gegenüber dem Mandanten und das Einstehen für begangene anwaltliche Fehler.

Die zivilrechtliche Anwaltshaftung (legal malpractice) hat in den beiden vergangenen Jahrzehnten besonders an Bedeutung gewonnen, was sich in der Häufung zivilrechtlicher Klagen gegen Anwälte, vor allem in den U.S.A., widerspiegelt. Die Anwaltshaftung hat sich sowohl in den U.S.A. als auch in Deutschland erst in den letzten zwanzig Jahren zu einem eigenständigen materiellen Rechtsgebiet entwickelt, ein Prozeß, der auch heute in beiden Rechtsordnungen noch nicht abgeschlossen ist.

Die Zunahme anwaltlicher Haftpflichtfälle bedeutet nicht etwa, daß Anwälte heute häufiger Fehler begehen als in früheren Jahren. Ganz im Gegenteil läßt sich diese Entwicklung auf ein gestiegenes kritisches Bewußtsein der Gesamtbevölkerung gegenüber dem Anwaltstand sowie ein wachsendes allgemeines Sicherheitsbedürfnis des einzelnen Bürgers zurückführen[1]. Hinzu kommt, daß durch die Verfügbarkeit von Rechtschutzversicherungen in Deutschland die Klagebereitschaft des Bürgers angestiegen ist. In Deutschland ist darüber hinaus die sehr anspruchsvolle Rechtsprechung, die extrem hohe, fast grenzenlose berufliche Anforderungen an den Anwalt stellt, für die Zunahme anwaltlicher Haftpflichtfälle verantwortlich[2].

---

[1] Rinsche, S.V; Mallen/Smith, Bd.1, S.19.

[2] Rinsche, S.17 Rn.I 25; Vollkommer, S.48 Rn. 90.

Ein Grund für die ansteigende Tendenz der legal malpractice Fälle in den U.S.A. ist die zunehmende Bereitschaft von Anwälten, als Sachverständige gegen Standeskollegen auszusagen, was schon seit längerer Zeit in medical malpractice Fällen (Arzthaftungsrecht) zu beobachten ist. Darüber hinaus stellt sich in diesem Zusammenhang die Frage, ob die zunehmende medienmäßige Vermarktung von anwaltlichen Dienstleistungen zum Anstieg der legal malpractice Fälle beigetragen hat. Haftpflichtklagen gegen Anwälte von verärgerten Mandanten werden immer mehr zur Regel. Eine solche Klage kann durchaus mit dem Fall eines enttäuschten Verbrauchers verglichen werden, der ein Produkt - hier die anwaltliche Dienstleistung - erstanden hat und dabei ein gutes Ergebnis erwartet hatte[3]. Folglich wird die zunehmende Tendenz anwaltlicher Werbung in den U.S.A. auch notwendigerweise die Zahl der legal malpractice Klagen erhöhen, die anwaltliche Spezialisierung zur Grundlage haben.

Den Schwerpunkt dieser rechtsvergleichenden Untersuchung bilden die zivilrechtlichen Pflichten und Verantwortungen - insbesondere Sorgfalts-, Vertrauens- und Treuepflichten - des Anwalts gegenüber dem Mandanten und deren Voraussetzungen.

Ein Ziel der rechtsvergleichenden Arbeit ist die kritische Analyse des in Deutschland und den U.S.A. geltenden Anwaltshaftungsrechts, um signifikante Unterschiede zu verdeutlichen. Dies soll dazu dienen, Möglichkeiten zur Verbesserung des deutschen Anwaltshaftungsrechts aufzuzeigen.

---

[3] Mallen/Smith, Bd.1, S.258.

Insbesondere kann der Vergleich im Zusammenhang mit der Etablierung großer Anwaltsbüros nach amerikanischem Beispiel und der zunehmenden Spezialisierung deutscher Anwälte fruchtbare Anregungen erbringen.

Um Unsicherheiten im deutschen Recht gerade bei der Spezialisierung zu überwinden, wird weiterhin analysiert, in welchem Maße das deutsche Anwaltshaftungsrecht von dem Entwicklungsvorsprung der U.S.A. in den besonderen Bereichen der großen Anwaltssozietäten und der Spezialisierung profitieren kann.

2. Teil Die Haftung des Anwalts im U.S.-amerikanischen Recht (legal malpractice)

Während bis Anfang 1970 legal malpractice Fälle in den U.S.A. sehr ungewöhnlich waren, gab es allein in den 1970er Jahren fast so viele legal malpractice Entscheidungen, wie in der gesamten vorausgegangenen Geschichte der amerikanischen Jurisprudenz[4]. Derzeit gibt es - zumindest auf der Ebene der Berufungsgerichte -keine Anzeichen für eine Verminderung der Klage-häufigkeit. Selbst wenn jedoch die Häufigkeit der legal malpractice Klagen in den kommenden Jahren nicht weiter ansteigen sollte, so stellt schon die Masse der ungelösten Sachverhalte des letzten Jahrzehnts eine Erbschaft dar, welche die Anwaltschaft mit Sicherheit in der Zukunft sehr beschäftigen wird[5].

Nach einer Einführung in die allgemeinen Haftungsgrundlagen des legal malpractice werden im folgenden die

---

[4] Mallen/Smith, Bd.1, S.19.

[5] Mallen/Smith, Bd.1, S.19.

Sorgfalts- und Vertrauenspflichten und der Sorgfaltsmaßstab (standard of care) - die eigentlichen Kernpunkte des legal malpractice - untersucht.

A. Allgemeine Haftungsgrundlagen

In den meisten anwaltlichen Haftpflichtfällen im Anwalt-Mandant Verhältnis bilden die Tatbestände negligence, fiduciary breach, breach of contract oder fraud[6] die Haftungsgrundlage, wobei negligence die häufigste und bedeutendste Grundlage darstellt[7].

Allen Haftungsgrundlagen ist gemeinsam, daß der Anwalt dem Mandanten gegenüber eine Pflicht hat, die verletzt wurde, und dadurch dem Mandanten ein Schaden entstanden ist[8].

Grundsätzlich gilt somit, daß ein Anwalt nur haftet, wenn er eine Pflicht gegenüber dem Mandanten verletzt hat. Eine solche Pflicht kann nur bestehen, wenn zwischen beiden Parteien ein Anwalt-Mandant-Verhältnis existiert[9].

Ob im konkreten Fall eine allgemeine Anwaltspflicht zu bejahen ist, kann an Hand von drei Prüfungspunkten

---

[6] Eine genaue Übersetzung und Definition dieser einzelnen Haftungsgrundlagen erfolgt in den jeweiligen Kapiteln.

[7] Meiselman, S.19; Mallen/Smith, Bd.1, S.401; Wolfram, S.209.

[8] siehe entsprechende Kapitel.

[9] McGlone v. Lacey (1968, DC.SD.) 288 F.Supp.662; Banerian v. O'Malley (1974, 1st Dist.) 42 Cal.App.3d 604, 116 Cal.Rptr.919; Berman v. Rubin (1976) 138 Ga.App. 849, 227 SE.2d 802.

festgestellt werden. Zunächst muß geprüft werden, ob zwischen dem Anwalt und seinem Mandanten ein Anwalt-Mandant-Verhältnis zustande gekommen ist. Daraufhin muß festgestellt werden, welche Art von Anwaltspflicht begründet wurde und welchen Umfang diese hat.

I. Begründung von Anwaltspflichten

1. Das Anwalt-Mandant Verhältnis

Es muß zunächst untersucht werden, wann ein solches zu bejahen ist, weil sich die allgemeinen Anwaltspflichten aus dem Anwalt-Mandant-Verhältnis ergeben. Grundsätzlich entsteht das Anwalt-Mandant Verhältnis durch die Verpflichtung eines Anwalts, berufsmäßig eine bestimmte Rechtsangelegenheit für den Mandanten zu erledigen[10].

Daraus ergibt sich die absolute Notwendigkeit zweier übereinstimmender Willenserklärungen zwischen dem Anwalt und seinem Mandanten[11], gleichgültig ob schriftlicher oder mündlicher Natur[12]. Demzufolge hat das Anwalt-Mandant-Verhältnis vertraglichen Charakter und unterliegt den allgemeinen Grundsätzen des Auftragsverhältnisses (principles of agency)[13]. Auch wenn dem Mandanten in einem Versicherungsfall der Anwalt von seiner Versicherungsgesellschaft zugewiesen wird, ändert dies

---

[10] Lawall v. Groman, 180 Pa.532, 37 A.98 (1897); Gerdin v. Princeton State Bank, 371 N.W.2d 5 (Minn.App. 1985), Entscheidung bestätigt 384 N.W.2d 868 (1986) Berufung nach Hauptverhandlung 414 N.W.2d 765 (1987).

[11] Mallen/Smith, Bd.1, S.404; Horan/Spellmire, 12-2.

[12] Lynn v. McCann (1919) 226 N.Y.654, 123 N.E.877.

[13] Meiselman, S.2; Horan/Spellmire, 12-2; Patterson, S.41; Patterson, 29 Emory L.J.909 (1980).

nichts an der vertraglichen Begründung eines Anwalt-Mandant-Verhältnisses[14]. In Fällen der Pflichtverteidigung entsteht ein Anwalt-Mandant-Verhältnis jedoch durch unmittelbare Wirkung des Gesetzes[15] und nicht durch Vertrag[16].

Ein Anwalt kann somit ebensowenig ein solches Verhältnis ohne die Zustimmung des Mandanten begründen, wie der Mandant es dem Anwalt einseitig aufbürden kann.

Im Grunde hat der Anwalt das Recht, über die Annahme oder Ablehnung eines Mandats zu entscheiden[17], so daß die persönliche Auffassung des Mandanten irrelevant ist. Dies gilt allerdings nicht, wenn der Anwalt den Mandanten durch sein Verhalten in ausreichendem Maße zu dieser Auffassung veranlaßt hat[18]. Selbst wenn der Anwalt nicht gezwungen ist, den Gebührenvorschuß - und somit das Mandat - anzunehmen, so muß der potentielle Mandant jedoch dahingehend informiert werden, sich einen anderen Anwalt zu nehmen[19].

---

[14] Bartels v. Romano, 171 N.J.Super.23, 407 A.2d 1248 (1979).

[15] Passmore v. Harrison (1973) 19 Md.App.143, 310 A.2d 205.

[16] McNary v. Sidac, 478 So.2d 712 (La.App.1985); Moore v. McComsey, 313 Pa.Super.264, 459 A.2d 841 (1983).

[17] Formento v. Joyce, 168 Ill.App.3d 429, 118 Ill.Dec. 857, 522 N.E.2d 312 (1988).

[18] Fox v. Pollack, 181 Cal.App.3d 954, 226 Cal.Rptr.532 (1986); Ginsberg v. Chastain, 501 So.2d 27 (Fla.App. 1986) (vorausgegangene Vertretung nicht ausreichend).

[19] Rice v. Forestier (1967, Tex.Civ.App.) 415 S.W.2d 711.

Ein Anwalt-Mandant-Verhältnis kann sehr früh - unter Umständen schon im Stadium einer vorbereitenden Konsultation - entstehen[20]. So kann es etwa durch die Verpflichtung eines Anwalts begründet werden, eine bestimmte Rechtsangelegenheit zur Bearbeitung anzunehmen[21], oder durch den Rat, einen bestimmten Klagegrund nicht zu verfolgen[22]. Von Anwälten vorge-nommene Ermittlungstätigkeiten können dagegen nicht ohne weiteres als eine Verpflichtung des Anwalts zur Mandatsannahme ausgelegt werden. Vielmehr haben die Gerichte anerkannt, daß Anwälte oftmals den Fall eines Mandanten zunächst untersuchen müssen, bevor sie sich zur Annahme des Mandats bereit erklären können[23].

Wie einfach ein Anwalt-Mandant-Verhältnis entstehen kann, wird im Fall King v. King[24] illustriert. In diesem Fall wurde in einem Scheidungsverfahren die Existenz eines Anwalt-Mandant-Verhältnisses in Frage gestellt. Der Ehemann hatte sich für 30 Minuten mit einem Anwalt in dessen Büro getroffen und besprach mit ihm die Möglichkeit einer Scheidung, Eheprobleme und sein Gehalt. Eine weitere Tätigkeit sollte der Anwalt nicht entfalten. Etwa zwei Jahre später reichte derselbe Anwalt im Namen der Ehefrau eine Klage auf Unterhalt bei Getrenntleben

---

[20] Meiselman, S.4; Westinghouse Electric Corporation v. Kerr-McGee Corporation, 580 F.2d 1311 (1978).

[21] Mallen/Smith, Bd.1, S.405.

[22] Togstad v. Vesely, Otto, Miller & Keefe, 291 N.W.2d 686 (Minn.1980).

[23] Setzer v. Robinson, 57 Cal.2d 213, 18 Cal.Rptr. 524, 368 P.2d 124 (1962); Guillebeau v. Jenkins, 182 Ga.App.225, 355 S.E.2d 453 (1987).

[24] King v. King, 52 Ill.App.3d 749, 367 N.E.2d 1358 (1977).

der Ehegatten ein. Der Ehemann beantragte den Ausschluß des Anwalts. Der Antrag wurde abgelehnt. Das Berufungsgericht hob die Entscheidung mit der Begründung auf, daß zwischen dem Anwalt und dem Ehemann ein Anwalt-Mandant-Verhältnis existierte, was der Vertretung der Ehefrau durch den Anwalt entgegenstand[25].

Es wird insgesamt deutlich, daß ein Anwalt-Mandant-Verhältnis auf Grund eines ausdrücklichen Vertrages, der Annahme eines Gebührenvorschusses oder sogar einer formlosen Vereinbarung entstehen kann.

2. Arten von Anwaltspflichten

a. Sorgfaltspflichten

Die aus dem Anwalt-Mandant-Verhältnis erwachsenden Pflichten und deren Reichweite, lassen sich nicht durch allgemeingültige Umschreibungen festlegen. Vielmehr kommt es auf die jeweiligen Umstände des konkreten Falles an[26]. Darüber hinaus geht es in den meisten legal malpractice Fällen weniger um die Existenz einer Anwalts-pflicht, als um den Umfang einer bestehenden Pflicht. Im einzelnen hängt die Haftpflicht eines Anwalts davon ab, ob er eine Pflicht verletzt hat, die im Rahmen seines Auftrags lag[27]. Generell wird jedoch in jedem Fall durch die Entstehung des Anwalt-Mandant-Verhältnisses die allgemeine Pflicht des Anwalts begründet, seiner anwaltlichen Tätigkeit gewöhnliche Fach- und Sachkenntnis

---

[25] Siehe insbesondere S.752 f der Entscheidung.

[26] DeVaux v. America Home Assurance Co., 387 Mass.814, 444 N.E.2d 355 (1983).

[27] Maillard v. Dowdell, 528 So.2d 512 (Fla.App.1988); Steinbach v. Meyer, 412 N.W.2d 917 (Iowa App.1987).

(ordinary skill and knowledge) zugrundezulegen[28]. Hierbei handelt es sich um die sogenannten Sorgfalts-pflichten des Anwalts.

b. Fiduciary Obligations

Darüber hinaus konstituiert das Anwalt-Mandant-Verhältnis ein unverletzliches Vertrauensverhältnis zwischen dem Anwalt und seinem Mandanten, das auf dem Grundsatz absoluter Redlichkeit und Gutgläubigkeit basiert[29]. Es stellt eine ganz besondere Beziehung größtmöglichen Vertrauens und ungeteilter Loyalität dar, die bemerkenswerter Weise nicht dem professionellen Verhältnis selbst, sondern dem sich daraus entwickelten Einfluß des Anwalts entspringt[30]. So dauert dieses Vertrauensverhältnis oftmals bis über die Beendigung des eigentlichen Anwalt-Mandant-Verhältnisses hinaus an, bis dieser Einfluß erlischt[31].

Dieses hochkarätige Vertrauensverhältnis begründet den besonderen Pflichtenbereich der sogenannten fiduciary obligations (Vertrauens- und Treuepflichten) zwischen dem Anwalt und seinem Mandanten, die durch die jeweiligen Umstände des Mandatsverhältnisses und standesrechtliche Vorschriften konkretisiert werden [32]. Gemeinsam mit dem

---

[28] Meiselman, S.19; Siehe auch unten unter Fiduciary Obligations, S.32.

[29] Pennington v. Jones (1977) 46 Ill.App.3d 65, 4 Ill.Dec.630, 360 N.E.2d 566; Turner v. Black (1960) 19 Ill.2d 296, 166 N.E.2d 588; Apple v. Apple (1950) 407 Ill.464, 95 N.E.2d 334.

[30] Meiselman, S.9.

[31] Meiselman, S.8 f.

[32] Siehe unten unter Fiduciary Obligations, S.32.

Vertrauensverhältnis bestehen die fiduciary obligations - im Gegensatz zur allgemeinen Sorgfaltspflicht - über das Ende des Anwalt-Mandant-Verhältnisses hinaus fort.

c. Grenzen der Anwaltspflichten

Selbst wenn sich die Anwaltspflichten nicht verallgemeinern lassen, sollte ein Anwalt grundsätzlich alle Schritte einleiten, die vernünftigerweise erforderlich sind, um den konkreten Auftrag zu erledigen. Die Pflichten können in einer bestimmten Angelegenheit gewohnheitsrechtlich und je nach Übung der jeweiligen Gerichtsbarkeit definiert sein[33]. Selbst wenn keine explizite Pflicht existiert, eine spezifische Aufgabe zu erfüllen, so muß sie ein Anwalt, welcher sich ihrer freiwillig annimmt, ordnungsgemäß erledigen[34].

In jedem Fall finden die anwaltlichen Pflichten gegenüber dem Mandanten ihre Grenzen in den Verpflichtungen des Anwalts gegenüber dem Gericht, der Gesellschaft[35]. So kann ein Anwalt keine Haltung einnehmen, die zwar einerseits den Interessen seines Mandanten gerecht wird, aber andererseits seine Verpflichtungen gegenüber dem Gericht, Dritten oder der Gesellschaft verletzt. Dies bedeutet im einzelnen, daß der Anwalt in seiner Stellung als Rechtspflegeorgan (officer of the court), die Ordnungsmäßigkeit und Effektivität der Rechtspflege zu gewährleisten hat, indem er z.B. die Bearbeitung von

---

[33] Mallen/Smith, Bd.1, S.409.

[34] Mallen/Smith, Bd.1, S.409.

[35] Nix v. Whiteside, 475 U.S.157 (1986); Kirsch v. Duryea, 21 Cal.3d 303, 146 Cal.Rptr.218, 578 P.2d 935 (1978); Sprague v. Moore, 136 Mich.426, 99 N.W.377 (1904).

Fällen ablehnt oder beendet, die im Rahmen geltenden Rechts offensichtlich keine Aussicht auf Erfolg versprechen[36]. Die aus seiner Stellung als Rechtspflegeorgan erwachsenden Pflichten gegenüber dem Gericht sind im Vergleich zu den Pflichten gegenüber seinem Mandanten vorrangig[37]. Dabei darf die Treue zum Mandanten auch seiner Treupflicht gegenüber dem Rechtssystems nicht vorgehen[38]. Weiterhin sind Anwälte grundsätzlich gehalten, die Interessen ihrer Mandanten nur innerhalb der gesetzlichen[39] und standesrechtlichen Grenzen und besten Gewissens[40] wahrzunehmen. So ist es dem Anwalt z.B. verboten, im Interesse seines Mandanten meineidlich geleistete Zeugenaussagen vorzulegen[41]. Die Treuepflicht gegenüber dem einen Mandanten kann nicht die Treuepflicht gegenüber einem anderen Mandanten verdrängen, sie sind absolut gleichwertig[42]. Insgesamt ist es somit die Aufgabe des Anwalts, die Interessen seines Mandanten bestmöglich zu wahren, gleichzeitig jedoch die Effektivität der Rechtspflege durch die Gerichte zu gewährleisten, die Integrität des Juristenstandes zu wahren und zur Förderung des Vertrauens der Gesellschaft in das Recht und den Juristenstand beizutragen.

---

[36] Allison v. State, 436 So.2d 792.

[37] Steinle v. Warren, 765 F.2d 95 (Wisconsin 1985).

[38] DR 7-102 (A)(2) des Model Code.

[39] Hitch v. Pima County Superior Court, 146 Ariz.588, 708 P.2d 72; vgl. auch Model Rule 1.6.

[40] Bush v. Lee, 443 So.2d 702, Revisionsantrag abgelehnt 446 So.2d 321.

[41] Askew v. State, 617 S.W.2d 642.

[42] Betts v. Allstate Insurance Co., 154 Cal.3d 688, 201 Cal.Rptr.528.

3. Umfang der einzelnen Anwaltspflichten

Die allgemeine Sorgfaltspflicht des Anwalts, seiner beruflichen Tätigkeit gewöhnliche Sach- und Fachkenntnis zugrundezulegen, wird immer mit der Entstehung eines Anwalt-Mandant-Verhältnisses begründet. Sie existiert unabhängig von ihrer Haftungsgrundlage neben den Vertrauenspflichten und erlischt mit der Ausführung des konkreten Auftrags und somit der Beendigung des Mandatsverhältnisses. Die durch das spezielle Vertrauensverhältnis zwischen dem Anwalt und seinem Mandanten konstituierten Vertrauens- und Treuepflichten bestehen über das Ende des Mandatsverhältnisses hinaus fort und werden - im Gegensatz zu der allgemeinen Sorgfaltspflicht des Anwalts - durch die konkreten Umstände des Mandatsverhältnisses, ihre Haftungsgrundlage und das anwaltliche Standesrecht konkretisiert. Im einzelnen bedeutet dies, daß die allgemeine Sorgfaltspflicht des Anwalts und die besonderen Vertrauens- und Treuepflichten bei jeder anwaltlichen Tätigkeit begründet werden. Die allgemeine Sorgfaltspflicht bleibt dabei immer gleich, wohingegen nicht in jedem Fall die gleichen fiduciary obligations eine Rolle spielen. Diese sind vielmehr von den jeweiligen Umständen des konkreten Auftrags des Mandanten abhängig.

II. Haftung aus Vertrag

Obwohl gewöhnliche Vertragselemente die Grundlage einer anwaltlichen Tätigkeit bilden, beruhen heutzutage die wenigsten legal malpractice Klagen auf einer Vertragsverletzung als Anspruchsgrundlage. Eine auf eine Vertragsverletzung gestützte legal malpractice Klage hat grundsätzlich zur Voraussetzung, daß die der Klage zugrundeliegende Verpflichtung des Anwalts, deren

Verletzung vom Mandant behauptet wird, ausdrücklich Gegenstand des fraglichen Vertrags ist[43].

Dennoch versuchen Mandanten oftmals, ihre legal malpractice Klage auf eine Vertragsverletzung zu stützen. Ein Hauptgrund hierfür ist, daß eine solche Klage der vertraglichen Verjährungsfrist[44] unterliegen würde, die für den Kläger wesentlich günstiger ist, als die Verjährungsfrist für unerlaubte Handlungen[45]. Darüber hinaus ist bei einer offensichtlichen Vertragsverletzung ein Sachverständigenbeweis sowie die Darlegung eines Sorgfaltsmaßstabs nicht erforderlich[46], was sowohl die Erfolgsaussichten der Klage erhöht, als auch die Prozeßkosten und die Prozeßdauer wesentlich begrenzt.

Grundsätzlich kommt ein Vertrag durch zwei übereinstimmende Willenserklärungen zustande[47]. Hierbei kommt es im wesentlichen darauf an, daß durch die Willenserklärungen (Angebot und Annahme) ein Konsens

---

[43] Mallen/Smith, Bd.1, S.415.

[44] Die Verjährungsfristen unterliegen einzelstaatlicher Regelung und können somit - oft auch von Fall zu Fall - sehr unterschiedlich sein. Beispielhaft wird angefüht: California (4 Jahre), vgl. Benard v. Stern, 272 Cal.App.2d 595, 77 Cal.Rptr.544 (1969).

[45] Die Verjährungsfristen unterliegen einzelstaatlicher Regelung und können somit - oft auch von Fall zu Fall - sehr unterschiedlich sein. Beispielhaft wird angeführt: California (2 Jahre), vgl. Day v. Rosenthal, 170 Cal.App.3d 1125, 217 Cal.Rptr.89 (1985).

[46] Mallen/Smith, Bd.1, S.415.

[47] Calamari/Perillo, Contracts, S.25.

hinsichtlich des Vertragsgegenstandes herbeigeführt wird[48].

1. Ausdrücklicher Vertrag

Ein ausdrücklicher Vertrag liegt nur dann vor, wenn eine schriftliche Vereinbarung gegeben ist. Generell muß die konkrete Anwaltspflicht, die der Klage zugrunde liegt, unmittelbar aus dem Dokument hervorgehen[49]. Alternativ muß das Schreiben einen bestimmten Erfolg - z.B. den Eigentumserwerb - garantieren oder die Wirksamkeit der juristischen Dienstleistung - z.B. die Wirksamkeit eines Testaments - versichert werden[50]. Nach h.M.[51] kann ein Schriftstück nur dann als ausdrücklicher Vertrag gewertet werden, wenn es die konkrete Vereinbarung mit dem Anwalt enthält, deren Verletzung in der Klage behauptet wird. Demnach wird die Kernfrage meistens darin liegen, ob das Schriftstück detailliert genug ist, um die Klage auf eine Vertragsverletzung zu stützen.

---

[48] Hahnemann Medical College & Hospital v. Hubbard, 267 Pa.Super.436, 406 A.2d 1120 (1979).

[49] Mallen/Smith, Bd.1, S.416.

[50] Busk v. Flanders, 2 Wash.App.526, 468 P.2d 695 (1970).

[51] Wettanen v. Cowper, 749 P.2d 362 (Alaska 1988); Yazzie v. Olney, Levy, Kaplan & Tenner, 593 F.2d 100 (9th Cir.1979)(California); Loftin v. Brown, 179 Ga.App.2d 337, 346 S.E.2d 114 (1986)(Georgia); Barnard v. Dilley, 134 Mich.App.375, 350 N.W.2d 887 (1984)(Michigan); Brainard v. Brown, 91 A.D.2d 287, 458 N.Y.S.2d 735 (1983)(New York).

2. Konkludenter Vertrag

Normalerweise verpflichtet sich der Anwalt stillschweigend dazu, bei der Ausübung seiner Tätigkeit gewöhnliche Sach- und Fachkenntnis zugrunde zu legen[52]. In den meisten Gerichtsbarkeiten gibt die Lehre des konkludenten Vertrages Anlaß zu einer Klage wegen unerlaubter Handlung[53]. Dieses stillschweigende Versprechen begründet gleichzeitig den Sorgfaltsmaßstab (standard of care), der dem Tatbestand negligence[54] als Grundlage dient[55]. Somit hat der Mandant in den meisten Gerichtsbarkeiten die Möglichkeit, entweder wegen Verletzung des konkludenten Vertrags oder wegen negligence zu klagen. Dies ist für den Mandanten in vielerlei Hinsicht von großer Bedeutung. So hat er dadurch die Möglichkeit, für ihn nachteilige (kritische) Aspekte des Tatbestandes negligence, wie eigenes Mitverschulden[56] und comparative fault[57], zu umgehen,

---

[52] z.B. Bucquet v. Livingston, 57 Cal.App.3d 914, 129 Cal.Rptr.514(1976)(California); Kartikes v. Demos, 214 So.2d 86 (Fla.App.1968)(Florida); Gill v. DiFatta, 364 So.2d 1352 (La.App.1978)(Louisiana); Saveca v. Reilly, 111 A.D.2d 493, 488 N.Y.S.2d 876 (1985)(New York).

[53] Mallen/Smith, Bd.1, S.417.

[54] Siehe im einzelnen zu negligence, S.23.

[55] Siehe unten unter Standard of care, S.75.

[56] Mitverschulden unterliegt einzelstaatlicher Regelung und kann somit von Staat zu Staat verschieden sein. Generell verliert der Kläger bei eigenem Mitverschulden jedoch vollständig jeden Anspruch auf Schadensersatz. Prosser & Keeton, S.474.

[57] Comparative fault/negligence gilt als Ausgleich für die überaus harte Regelung des Mitverschuldens. Danach kann ein Kläger seinen Anspruch ganz oder teilweise von jedem gemeinschaftlich haftendem Beklagten einklagen; Prosser & Keeton, S.475.

während er sich die typischerweise günstigere Verjährungsfrist des Vertragsrechts zum Vorteil machen kann[58].

3. Garantievertrag

a. Ausdrückliche Garantie

Fehlt es an einer ausdrücklichen Vereinbarung, so kann keine Garantie oder Zusicherung eines bestimmten Erfolges durch den Anwalt vorliegen[59]. Aus dem Anwalt-Mandant-Verhältnis kann auch nicht automatisch eine konkludente Garantie erwachsen[60].

Um das Vorliegen eines Garantievertrages bejahen zu können, reicht es nicht wie beim einfachen ausdrücklichen Vertrag aus, daß die in Rede stehende Verpflichtung des Anwalts im Vertrag geregelt ist. Vielmehr muß die ausdrückliche Verpflichtung vorliegen, einen konkreten Erfolg herbeizuführen [61]. Eine einfache Zusage, Empfehlung oder Meinungsäußerung des Anwalts dahingehend, daß z.B. ein Dokument den Erwartungen des Mandanten entspricht, ist hierbei unzureichend.

Am wenigsten wird sich wohl im Betätigungsfeld des Prozeßanwalts ein Garantieversprechen finden lassen, da Anwälte ganz einfach nicht in der Lage sind, einen konkreten Prozeßverlauf zu garantieren.

---

[58] Horan/Spellmire, Chapter 21-1.

[59] Corceller v. Brooks, 347 So.2d 274 (La.App.1977).

[60] Mallen/Smith, Bd.1, S.417.

[61] vgl. American Title Insurance Co. v. Seago, 486 So.2d 938 (La.App.1986).

b. <u>Garantie durch Qualifikation</u>

Die Frage nach einer Haftung aus Garantievertrag stellt sich ebenfalls, wenn Anwälte aufgrund ihrer in Medien behaupteten Qualifikationen den Erfolg einer juristischen Dienstleistung suggerieren. So setzt sich die Anwaltschaft durch die mediengestützte Vermarktung juristischer Dienstleistungen in zunehmendem Maße der Gefahr der Garantiehaftung aus, da grundlegende Werbemethoden oftmals in übertriebener Weise Qualifikationen der Anwälte und Vorhersehbarkeit eines Prozesses verfälschen[62].

Einige Urteilsbegründungen in Haftpflichtklagen gegen Anwälte lassen diese Entwicklung vermuten. So hieß es in einer neueren Entscheidung des Elften Gerichtsbezirks (11th Circuit)[63], daß der Kläger sich entschieden hatte, die Dienste des beklagten Anwalts in Anspruch zu nehmen, weil er von Umfang und Häufigkeit der Werbung seiner Kanzlei beeindruckt war. Auch andere Anwälte können

---

[62] vgl. Mallor, Implied Warranties for Legal Services Tomorrow's Issue?, 6 Ohio N.L.Rev.651 (1979); Steinberg & Rosen, Lawyer's Advertising and Warranties: Caveat Advocatus, 64 A.B.A.J. 867 (1978).

[63] Mayo v. Engel, 733 F.2d 807, 809 (11th Circuit 1984): Die Kanzlei betrieb Werbung in dem Sinne, daß sie Vertrags- und Handelsrecht, Kapitalgeschäfte, Ehescheidungen und andere Arten rechtlicher Probleme bearbeitet. Der Elfte Gerichtsbezirk bestätigte ein summary judgement (Urteil im abgekürzten Verfahren ohne Geschworenenverhandlung) zum Vorteil des Anwalts, der angeblich eine warenzeichenrechtliche Angelegenheit fahrlässig behandelt hatte. Darüber hinaus wurde der Klagepunkt der Darstellung falscher Tatsachen (misrepresentation) abgewiesen, da es unter anderem keine Beweise dafür gab, daß die Kanzlei sich als Spezialist auf dem Gebiet des Warenzeichenrechts ausgegeben hatte. Die Entscheidung hätte bei anderer Sachlage ebenso gegenteilig zum Nachteil des Anwalts ausfallen könne.

Standeskollegen in diesem Zusammenhang gerichtlich belangen, wenn sie durch falsche oder irreführende Werbung direkt geschädigt wurden[64].

Bei Werbung handelt es sich um positive Aussagen hinsichtlich den Qualifikationen der werbenden Person. Als solche wird jede Werbung im Bezug auf fachliche Fähigkeiten erhöhte Erwartungen beim Mandanten auslösen. Somit kann die Haftpflichtklage gegen einen Anwalt unter Umständen die Gestalt einer Klage wegen der Verletzung eines konkludenten Garantie- oder Gewährleistungsversprechens annehmen.

4. Berücksichtigung von Anweisungen des Mandanten

Generell kann ein Mandant seinen Anwalt anweisen, gewisse Aufgaben auf eine bestimmte Weise zu erledigen. Dadurch wird der konkreten anwaltlichen Dienstleistung vertraglicher Charakter verliehen, wobei aus deren Nichterfüllung resultierende Schädigungen des Mandanten zu einer verschuldensunabhängigen Haftung führen können[65]. Im allgemeinen hat ein Anwalt den Instruktionen seines Mandanten unverzüglich mit ver-nünftiger Sorgfalt Folge zu leisten, um nicht für alle durch deren Nichterfüllung kausal verursachten Schädigungen zu haften[66]. Diese Regel geht auf früheste amerikanische

---

[64] vgl. Reed v. Allison & Perrone, 376 So.2d 1067 (La.App.1979).

[65] Mallen/Smith, Bd.1, S.419.

[66] W.L.Douglas Shoe Co. v. Rollwage, 187 Ark.1084, 63 S.W.2d 841 (1933)(Arkansas); Shelly v. Hansen, 244 Cal.App.2d 210, 53 Cal.Rptr.20 (1966)(California); Duke & Co. v. Anderson, 275 Pa.Super.65, 418 A.2d 613 (1980)(Pennsylvania); Olfe v. Gordon, 93 Wis.2d 173, 286 N.W.2d 573 (1980)(Wisconsin).

Entscheidungen zurück und läßt nur wenige Ausnahmen zu[67]. Allerdings müssen die Anweisungen auf einen rechtmäßigen Zweck gerichtet sein[68].

Mit Ausnahme von unbestimmten Detailfragen, hat der Anwalt im Bezug auf die Ausführung der Instruktionen keinen Ermessensspielraum, es sei denn sie bedürfen der Auslegung[69]. Sollten die Anweisungen zweifelhaft sein, so muß der Anwalt den Mandanten dahingehend beraten. Ignoriert der Anwalt klare Anweisungen, so kann er sich nicht auf deren Unzweckmäßigkeit berufen[70].

Da der Anwalt gezwungen ist, den Instruktionen des Mandanten Folge zu leisten, scheidet seine Haftung aus, wenn ein anderer Weg für den Mandanten vorteilhafter gewesen wäre[71]. Werden die Anweisungen vom Mandanten zurückgezogen, so muß der Anwalt sein eigenes Urteilsvermögen einsetzen, wodurch er für jegliche schuldhafte Fehler haftbar wird[72].

Diese Vorschriften finden keine Anwendung auf Prozeßstrategien. So hat das Bundesberufungsgericht für den zehnten Bezirk (United States Court of Appeals for the Tenth Circuit) entschieden, daß ein Anwalt nicht für die

---

[67] Mallen/Smith, Bd.1, S.419.

[68] Trustees of Schools of Township 42 North v. Schroeder, 2 Ill.App.3d 1009, 278 N.E.2d 431 (1971).

[69] Mallen/Smith, Bd.1, S.420.

[70] Lichow v. Sowers, 334 Pa.353, 6 A.2d 285 (1939).

[71] Boyd v. Brett-Major, 449 So.2d 952 (Fla.App.1984) (Der Mandant riskierte wissentlich die Vollstreckung).

[72] Sjobeck v. Leach, 213 Minn.360, 6 N.W.2d 819 (1942).

Mißachtung der Anweisungen seines Mandanten haftet, die seine Prozeßstrategie betrafen[73]. Das Gericht erklärte, daß der Anwalt der Fachmann sei, dessen Aufgabe es notwendigerweise ist, die Strategie zu bestimmen. Andererseits würde der Mandant "als Anwalt fungieren", wenn er das letzte Wort hätte[74]. Folglich braucht der Anwalt Anweisungen bezüglich der Prozeßstrategie nicht zu beachten und ist immer für die Prozeßführung verantwortlich.

III. Arglistige Täuschung (Fraud or deceit)

Die arglistige Täuschung ist im U.S.-amerikanischen Recht ein weitgefaßter, elastischer und sehr ungenauer Begriff[75]. Es handelt sich um einen allgemeinen Tatbestand, der in legal malpractice Fällen oft als eine von mehreren möglichen Anspruchsgrundlagen angeführt wird. Generell ist eine arglistige Täuschung in jedem Verhalten einer Person zu sehen, das dazu bestimmt ist, einen anderen zu täuschen und dadurch die Unterdrückung der Wahrheit (sei es in Form einer Handlung oder Unterlassung schriftlicher oder mündlicher Art) oder ein anderes rechtswidriges Mittel zu dessen Nachteil zu erzielen[76]. Im Zusammenhang mit anwaltlichem Rat umfaßt der Tatbestand der arglistigen Täuschung wissentlich unrichtige Angaben, Handlungen oder Dokumente des Mandanten, die der Anwalt absichtlich dazu benutzt, um

---

[73] Frank v. Bloom, 634 F.2d 1245 (10th Cir.1980).

[74] ähnlich: Birchfield v. Harrod, 640 P.2d 1003, 1006 (Okl.App.1982).

[75] vgl. Prosser & W.Keeton, Torts §105, at 727 (5.A.1984) ("fraud" is both a confusing term and one "so vague that it requires definition in nearly every case").

[76] Ballentines's Law Dictionary, 3rd Edition (1969).

Dritte zu Handlungen oder Unterlassungen zu veranlassen. Diese können für gewöhnlich in persönlichen Vorteilen des Anwalts, finanzieller oder prozessualer Art, resultieren[77]. Hierbei können sowohl Informationen rechtlicher[78] als auch faktischer[79] Art Gegenstand der Täuschung sein. Entsprechend wurde etwa entschieden, daß eine wissentlich unrichtige Meinungsäußerung des Anwalts die Basis für eine Anspruchsgrundlage aus arglistiger Täuschung bilden kann[80]. Wenn sich ein Anwalt grob fahrlässig und mit Unwissenheit zu einer Sache äußert, so kann er sich ebenfalls der arglistigen Täuschung haftbar machen[81]. Die Darstellung gilt allerdings nur dann als Grundlage einer arglistigen Täuschung, wenn sie zum Zeitpunkt ihrer Verkündung falsch war[82]. Eine arglistige Täuschung kann nicht bejaht werden, wenn der Anwalt gutgläubig war und der falschen Darstellung ehrliche Absichten zugrunde lagen[83].

---

[77] Wolfram, S.699; vgl. auch People v. Yoakum, 191 Colo.269, 552 P.2d 291, 297 (1976)(falsche Information wurde an eine Bank übermittelt, um ein persönliches Darlehen zu erlangen).

[78] People v. Matalon, 92 Misc.2d 254, 400 N.Y.S.2d 303 (1977).

[79] Nones v. Security Title & Guaranty Co., 4 Misc.2d 1057, 162 N.Y.S.2d 761 (1956).

[80] Lietz v. Primock, 84 Ariz.273, 327 P.2d 288 (1958); Easton v. Chaffee, 8 Wash.2d 509, 113 P.2d 31 (1941).

[81] Meiselman, S.20; Berkman v. Cohn, 111 N.J.L.229, 168 A.290 (1933).

[82] Lawson v. Cagle, 504 So.2d 226 (Ala.1987).

[83] Sellers v. Knight, 185 Ala.96, 64 So. 329 (1913).

Allerdings ist sie nur schwer zu beweisen, da die erforderlichen Beweise klar, widerspruchslos und zwingend sein und in einem ausreichend substantiierten schriftsätzlichen Vortrag geltend gemacht werden müssen[84]. Demzufolge stellt die arglistige Täuschung keine sehr erfolgversprechende Haftungsgrundlage für eine Haftpflichtklage gegen Anwälte dar.

IV. Negligence

Die üblichste und wohl erfolgreichste Form eines legal malpractice Verfahrens ist die Klage wegen Verletzung der rechtlich festgelegten Sorgfaltspflicht (negligence). Diese Anspruchsgrundlage hat im Rahmen des Anwaltshaftungsrechts die selben Voraussetzungen wie eine gewöhnliche negligence Klage. Im einzelnen muß eine gesetzliche Verpflichtung bestehen, einem bestimmten Verhaltensmaßstab zu entsprechen[85], um andere vor unverhältnismäßigen Risiken zu schützen; es bedarf der Nichtbeachtung dieses Maßstabs (Pflichtverletzung), die zur Schädigung der Interessen eines Dritten führt; zwischen der Pflichtverletzung und der Schädigung muß ein verhältnismäßig enger Zusammenhang bestehen (Kausalität)[86]. Im Rahmen des legal malpractice muß durch die schuldhafte Verletzung einer Sorgfaltspflicht unmittelbar ein Schaden entstanden sein[87].

Obwohl der Wortlaut von Gericht zu Gericht unterschiedlich ist, sind die drei wesentlichen Voraus-

---

[84] Mallen/Smith, Bd.1, S.423.

[85] Siehe unten unter Standard of care, S.75.

[86] Prosser & Keeton on Torts, S.164 f.

[87] Mallen/Smith, Bd.1, S.425.

setzungen einer legal malpractice Klage wegen negligence nach h.M.[88]:

1. Die Beschäftigung des Anwalts oder eine sonstige Basis für eine Anwaltspflicht;
2. die schuldhafte Versäumnis des Anwalts, gewöhnliche Fach- und Sachkenntnis auszuüben; und
3. die unmittelbare Verursachung eines Schadens für den Mandanten durch diese Pflichtverletzung.

Demnach kann das Anwaltshaftungsrecht als eine auf den Anwaltsberuf zugeschnittene Abwandlung des gewöhnlichen negligence Tatbestandes angesehen werden[89]. Gleichwohl hat ein Gericht[90] den vertraglichen Charakter des Anwalt-Mandant-Verhältnisses betont und erklärt, daß eine legal malpractice Klage keine Klage aus unerlaubter Handlung ist. Dies ist jedoch nicht die Regel[91].

---

[88] Hulsey v. Coggin, 470 So.2d 1202 (Ala.1985) (Alabama); Phillips v. Clancy, 152 Ariz.415, 733 P.2d 300 (App.1986)(Arizona); Edwards v. Chain, Younger, Jameson, Lemucchi & Noriega, 191 Cal.App.3d 515, 236 Cal.Rptr.465 (1987)(California); Thompson v. Martin, 530 So.2d 495 (Fla.App.1988)(Florida); Jordan v. Lipsig, Sullivan, Mollen & Liapakis, P.C, 689 F.Supp.192 (S.D.N.Y.1988)(New York); Collins v. Wanner, 382 P.2d 105 (Okla.1963) (Oklahoma); Glamann v. St.Paul Fire & Marine Insurance Co., 140 Wis.2d 640, 412 N.W.2d 522 (1987)(Wisconsin).

[89] Wolfram, S.209.

[90] Chicago Title Ins.Co. v. Holt, 36 N.C.App.284, 244 S.E.2d 177 (1978).

[91] Mallen/Smith, Bd.1, S.425; Meiselman, S.19.

V. Standesrechtliche Maßstäbe

Im Anwaltshaftungsrecht werden von den Gerichten häufig standesrechtliche Maßstäbe herangezogen, um die Haftung eines Anwalts zu untersuchen[92]. Dabei wird jedoch für gewöhnlich nicht diskutiert, ob diese eine selbständige Haftungsgrundlage im Anwalt-Mandant-Verhältnis darstellen, den standard of care definieren oder lediglich angemessenes Verhalten empfehlen.

Obwohl die standesrechtlichen Vorschriften dem Schutz der Öffentlichkeit dienen sollen[93], sehen sie selbst keinen Rechtsbehelf für Schadensersatz gegen Anwälte vor[94]. So gilt prinzipiell, daß die Verletzung einer standesrechtlichen Vorschrift alleine keine Haftung aus unerlaubter Handlung oder sonstige Schadensersatzansprüche gegen einen Anwalt begründet[95]. Dieser Standpunkt entspricht

---

[92] z.B. Crest Investment Trust, Inc. v. Comstock, 23 Md.App.280, 327 A.2d 891 (1974); Noble v. Sears, Roebuck & Co., 33 Cal.App.3d 654, 109 Cal.Rptr.269 (1973); Lysick v. Walcolm, 258 Cal.App.2d 136, 65 Cal.Rptr.406 (1968).

[93] Sullivan v. Birmingham, 11 Mass.App.Ct.359, 416 N.E.2d 528 (1981); Hill v. Willmott, 561 S.W.2d 331 (Ky.App.1978).

[94] z,B. David Welch Co. v. Erskine & Tulley, 203 Cal.App.3d 884, 250 Cal.Rptr.339, (1988); Tew v. Arky, Freed, Stearns, Watson, Greer, Weaver & Harris, P.A., 655 F.Supp.1573 (S.D.Fla.1987); Kahn v. Crames, 92 A.D.2d 634, 459 N.Y.S.2d 941 (1983); Martin v. Trevino, 578 S.W.2d 763 (Tex.Civ.App.1978).

[95] siehe Fn.94; vgl. auch Miami International Realty Co. v. Paynter, 841 F.2d 348 (10th Cir.1988); Tyree v. Hendrix, 480 So.2d 1176 (Ala.1985).

auch der ausdrücklichen Intention der Verfasser des Model Code von 1969 und der Model Rules von 1983[96].

Eine grundsätzliche Unterscheidung muß innerhalb der standesrechtlichen Vorschriften zwischen nicht zwingenden Normen - Ziele, welche die Mitglieder der Anwaltschaft anstreben können - und zwingenden Disziplinarvorschriften, die für den Anwalt standesrechtliche Sanktionen zur Folge haben können, vorgenommen werden. Im Gegensatz zum Model Code sehen die Model Rules keine separaten Abschnitte für diese Unterteilung vor. Vielmehr bedienen sich die Model Rules der sprachlichen Unterschiede von Worten, wie "shall" und "shall not", um zwingendes Verhalten zu regeln und Worte wie "may", um zulässiges Verhalten zu bestimmen. Eine Verallgemeinerung sollte in diesem Zusammenhang jedoch nicht vorgenommen werden, sondern jeder Maßstab sollte einzeln im Rahmen seines Zwecks, existierender Common-Law Vorschriften und

---

[96] So heißt es in Scope [6] der Model Rules:

> "Violation of a Rule should not give rise to a cause of action nor should it create any presumption that a legal duty has been breached. The Rules are designed to provide a structure for regulating conduct through disciplinary agencies. They are not designed to be a basis for civil liability. Furthermore, the purpose of the Rules can be subverted when they are invoked by opposing parties as procedural weapons."

Im Preliminary Statement des Model Code heißt es:

> "The Code makes no attempt to prescribe either disciplinary procedures or penalties for violation of a Disciplinary Rule, nor does it undertake to define standards for civil liability of lawyers for professional conduct."

seiner logischen Anwendbarkeit hinsichtlich der Anwaltshaftung, betrachtet werden[97].

Einige kodifizierte standesrechtliche Vorschriften decken sich mit Pflichten des Common-Law, welche bei einer Verletzung zu einer legal malpractice Klage Anlaß geben können[98]. Die Anspruchsgrundlage besteht dann jedoch nicht wegen der standesrechtlichen, sondern aufgrund der zivilrechtlichen Vorschrift. Ein Gericht in Oregon stellte fest, daß die Verletzung einer standesrechtlichen Vorschrift an sich keinen Anspruch aus negligence begründet, weil es sich beim Code um kein Gesetz handelt, das den Schutz einzelner Personen vor bestimmten Formen der Schädigung bezweckt[99]. Das Gericht bemerkte weiterhin, daß die Intention des Code sei, die Integrität der Anwaltschaft und die Disziplin und Regulierung der Anwälte zu wahren.

In einer Vielzahl von Entscheidungen wurde erklärt, daß die Verletzung einer standesrechtlichen Vorschrift einen Hinweis auf die Erfüllung des negligence Tatbestandes darstellen kann[100]. Der entsprechende Sorgfaltsmaßstab und dessen Verletzung muß jedoch mittels Sachverständigenbeweises nachgewiesen werden[101]. So kann zwar ein Sachverständiger ein standesrechtliches Erfordernis

---

[97] Wolfram, 30 So.Car.L.Rev.281 (1979).

[98] Citizens State Bank of Dickinson v. Shapiro, 575 S.W.2d 375 (Tex.Civ.App.1978).

[99] Hilt v. Bernstein, 75 Or.App.502, 707 P.2d 88 (1985).

[100] z.B. Sawabini v. Desenberg, 143 Mich.App.373, 372 N.W.2d 559 (1985); Lipton v. Boesky, 110 Mich.App.589, 313 N.W.2d 163 (1981).

[101] Mallen/Smith, Bd.1, S.882, Fn.17 (siehe § 27.15).

nachgewiesen haben, das der Anwalt hätte berücksichtigen müssen[102]. Der Mandant ist jedoch gezwungen, Tatsachen darzulegen, welche die Verletzung des Standesrechts konstituieren[103].

VI. Kausalität und Schaden

Da die Voraussetzungen der Kausalität und des Schadens im Rahmen dieser Arbeit keinen Schwerpunkt bilden, diese jedoch für die Begründung einer legal malpractice Klage unabdingbar sind, werden sie im folgenden nur in Kürze erörtert.

1. Kausalität

Grundlegende Voraussetzung einer jeden legal malpractice Klage ist, daß die Pflichtverletzung des Anwalts die Schädigung des Mandanten kausal herbeigeführt haben muß[104]. Um nachzuweisen, daß die der Klage zugrundeliegende unerlaubte Handlung oder sonstige Pflichtverletzung die Schädigung des Mandanten kausal herbeigeführt hat, muß der Kläger schlüssig darlegen, daß sein Verlust geringer gewesen oder sich erst gar nicht ereignet hätte, wenn der Anwalt sich entsprechend

---

[102] Lipton v. Boesky, 110 Mich.App.589, 313 N.W.2d 163 (1981).

[103] Sawabini v. Desenberg, 143 Mich.App.373, 372 N.W.2d 559 (1985).

[104] z.B. John B. Gunn Law Corp. v. Maynard, 189 Cal.App.3d 1565, 235 Cal.Rptr.180 (1987); DWL, Inc. v. Foster, 396 So.2d 726 (Fla.App.1981), Revision abgelehnt 402 So.2d 609 (1981); Shaffer v. Jones, 650 P.2d 918 (Okl.App.1982).

verhalten hätte[105]. Handelt es sich bei dem anwaltlichen Fehler um eine Unterlassung, so muß untersucht werden, ob der Mandant von einer entsprechenden Handlung des Anwalts profitiert hätte[106].

Gelegentlich wurde festgestellt, daß die unerlaubte Handlung des Anwalts die einzige Ursache für den Schaden des Mandanten sein muß[107]. Die h.M.[108] geht jedoch davon aus, daß das Fehlverhalten des Anwalts nicht die einzige Ursache darstellen muß. Der Fehler des Anwalts muß allerdings wesentlich zu der Schädigung des Mandanten beigetragen haben[109]. Dieselben Kausalitätsvorschriften finden auch hinsichtlich der Verletzung von Vertrauens- und Treuepflichten und Vertragsverletzungen Anwendung[110].

---

105 z.B. Molever v. Roush, 152 Ariz.367, 732 P.2d 1105 (App.1986); Claire Associates by Livaditis v. Pontikes, 151 Ill.App.3d 116, 104 Ill.Dec. 526, 502 N.E.2d 1186 (1986).

106 z.B. Ross v. Adelman, 725 S.W.2d 896 (Mo.App.1987); Attorney Grievance Commission of Maryland v. Sinclair, 305 Md.430, 505 A.2d 106 (1986).

107 McGregor v. Wright, 117 Cal.App.186, 3 P.2d 624 (1931).

108 z.B. John B. Gunn Law Corp. v. Maynard, 189 Cal.App.3d 1565, 235 Cal.Rptr.180 (1987); Hart v. Browne, 103 Cal.App.3d 947, 961, 163 Cal.Rptr.356 (1980); Shealy v. Walters, 273 S.C.330, 256 S.E.2d 739 (1979); Collins v. Greenstein, 61 Hawaii 26, 595 P.2d 275 (1979); Hoppe v. Ranzini, 158 N.J.Super.158, 385 A.2d 913 (1978).

109 Villareal v. Cooper, 673 S.W.2d 631 (Tex.App.1984); Gustavson v. O'Brien, 87 Wisc.2d 193, 274 N.W.2d 627 (1979).

110 Murphy v. Edwards and Warren, 36 N.C.App.653, 245 S.E.2d 212 (1978), Revisionsantrag abgelehnt 295 N.C.551, 248 S.E.2d 728 (1978).

2. Schaden

Da der Zweck einer legal malpractice Klage für gewöhnlich die Erlangung geldlichen Schadensersatzes ist, sind die Behauptung und der Beweis eines Schadens unabdingbare Voraussetzungen einer solchen Klage[111]. In diesem Zusammenhang existieren für das Anwaltshaftungsrecht keine besonderen Vorschriften, so daß die Schadensfrage auch im Rahmen des legal malpractice den zivilrechtlichen Regelungen der jeweiligen Gerichtsbarkeit unterliegt[112].

Bei der Bestimmung des Schadens muß generell zwischen Direkt- und Folgeschäden unterschieden werden. Unter direkten Schäden versteht man solche Schäden des Mandanten, die unmittelbar und voraussehbar aus dem anwaltlichen Fehlverhalten resultieren. Folgeschäden sind solche Schäden, die aus Direktschäden resultieren und somit von bestimmten Umständen abhängen, die nicht unbedingt vorhersehbar sind.

a. Direkter Schaden

Zu den direkten Schäden zählen in einer legal malpractice Klage der Verlust der von der anwaltlichen Dienstleistung erwarteten Vermögensvorteile und alle Kosten, die durch die Nichterlangung dieser Vorteile entstehen. Der direkte Schaden ist somit regelmäßig in dem Verlust eines

---

[111] z.B. Klein v. Clay, 71 A.D.2d 594, 418 N.Y.S.2d 420 (1979), Berufung abgewiesen 49 N.Y.2d 759, 426 N.Y.S.2d 479, 403 N.E.2d 184 (1980); Fireman's Fund American Insurance Co. v. Patterson & Lamberty, Inc., 528 S.W.2d 67 (Tex.Civ.App.1975); Budd v. Nixen, 6 Cal.3d 195, 98 Cal.Rptr.849, 491 P.2d 433 (1971).

[112] z.B. Collier v. Pulliam and Lane, 81 Tenn.(13 Lea) 114 (1884).

Vermögensvorteils zu sehen, wobei Art und Umfang des Schadens von der jeweiligen Natur der anwaltlichen Dienstleistung abhängt[113]. Grundsätzlich muß der Mandant so gestellt werden, wie er im Falle der ordnungsgemäßen Erbringung der anwaltlichen Dienstleistung gestanden hätte[114]. Wenn der Schaden z.B.aus einem Fehler in der Prozeßführung resultiert, so ist er in der Differenz zwischen der tatsächlich erzielten und der zu erwartenden Entscheidung zu sehen[115]. Dabei können auch eine verpaßte Gelegenheit zum Vergleich oder die Kosten eines unvorteilhaften Vergleiches als direkter Schaden angesehen werden.

b. Folgeschaden

Unter Folgeschäden versteht man die zusätzlichen Schäden, die unmittelbar aus der unerlaubten Handlung oder sonstigem Fehlverhalten des Anwalts resultieren, aber nicht in direktem Zusammenhang mit der anwaltlichen Dienstleistung stehen. Somit handelt es sich bei Folgeschäden nicht um den Verlust der von der anwaltlichen Dienstleistung erwarteten Vermögensvorteile, sondern vielmehr um Schädigungen, die sich aufgrund dieses Verlustes ereignen. Hierzu zählt z.B. die Erhöhung des Versicherungsbeitrags eines Arztes, die aus seiner - auf einem Fehler seines Anwalts beruhenden - Verurteilung

---

[113] Hoppe v. Ranzini, 158 N.J.Super.158, 385 A.2d 913 (1978).

[114] z.B. Stansbery v. Schroeder, 226 Neb.492, 412 N.W.2d 447 (1987); Whiteaker v. State, 382 N.W.2d 112 (Iowa 1986); Freeman v. Rubin, 318 So.2d 540 (Fla.App.1975).

[115] Burke v. Roberson, 417 N.W.2d 209 (Iowa 1987); Sanders v. Townsend, 509 N.E.2d 860 (Ind.App.1987).

in einer Arzthaftungsklage resultierte[116]. Die Prozeßkosten der legal malpractice Klage werden dagegen grundsätzlich nicht als Folgeschäden eingestuft[117].

B. Fiduciary Obligations

Neben der aus dem Anwalt-Mandant-Verhältnis erwachsenden allgemeinen Sorgfaltspflicht, der anwaltlichen Tätigkeit gewöhnliche Fach- und Sachkenntnis zugrunde zu legen, können sich aus dem besonderen Vertrauensverhältnis zwischen dem Anwalt und seinem Mandanten anwaltliche Vertrauens- und Treuepflichten ergeben, die standesrechtlich konkretisiert werden. Um welche Vertrauens- und Treuepflichten es sich dabei handeln kann, wird im folgenden erörtert.

I. Allgemeine Grundsätze

Vertrauen und Loyalität bilden die Grundlagen des Anwalt-Mandant-Verhältnisses. Grundsätzlich darf der Mandant auf die ordnungsgemäße Erfüllung seines Auftrages durch den Anwalt vertrauen[118]. Die fiduciary obligations, welche die Voraussetzung dieses Vertrauens bilden, lassen sich einfach darstellen. Der Anwalt ist verpflichtet, seinen Mandanten mit ungeteilter Loyalität zu vertreten

---

[116] Kirtland and Packard v. Superior Court, 59 Cal.App.3d 140, 131 Cal.Rptr.418 (1976).

[117] z.B. Roberts v. Ball, Hunt, Hart, Brown & Baerwitz, 57 Cal.App.3d 104, 128 Cal.Rptr.901 (1976); Stinson v. Feminist Women's Health Center, Inc. 416 So.2d 1183 (Fla.App.1982).

[118] Kornbau v. Evans, 66 Cal.App.2d 677, 680, 152 P.2d 651, 653 (1944); vgl. auch, Wille v. Maier, 256 N.Y.465, 469, 176 N.E.841, 842 (1931): "I am a lawyer, I protect you, I take care of everything.".

(Loyalitätspflicht), das Vertrauen des Mandanten zu bewahren (Vertraulichkeitsgrundsatz) und dem Mandanten alle erheblichen Belange zu enthüllen (Offenbarungspflicht), die mit der Gewährleistung dieser Pflichten zusammenhängen. Die grundlegenden anwaltlichen Vertrauens- und Treuepflichten werden somit durch die Grundsätze der ungeteilten Loyalität und der Vertrauensstellung des Anwalts gegenüber seinem Mandanten getragen. Obwohl die Definition der fiduciary obligations mannigfaltig und oft von den Umständen des Einzelfalles abhängig ist, existiert diese Regel in sämtlichen Gerichtsbarkeiten der Vereinigten Staaten[119].

Die Verletzung solcher Vertrauens- und Treuepflichten wurde als unerlaubte Handlung im zivilrechtlichen Sinne, und nicht als Vertragsbruch anerkannt[120]. Hierbei waren einige Gerichte[121] der Auffassung, daß der Sorgfaltsmaßstab (standard of care)[122] die Vertrauens- und Treuepflichten umfaßt. Andere Gerichte haben jedoch festgestellt, daß die Vertrauens- und Treuepflichten vielmehr einen Verhaltensmaßstab (standard of conduct) für den Anwalt bestimmen, wobei sich der Sorgfalts-

---

[119] z.B. Westinghouse Electric Corp. v. Kerr-McGee Corp., 580 F.2d 1311 (7th Cir.1978), Revisionsantrag abgelehnt 439 U.S.955, 99 S.Ct.353, 58 L.Ed.2d 346 (1978); Day v. Rosenthal, 170 Cal.App.3d 1125, 217 Cal.Rptr.89 (1985), Revisionsantrag abgelehnt 475 U.S.1048, 106 S.Ct.1267, 89 L.Ed 2d 576 (1986); Fernandez v. Cunningham, 268 So.2d 166 (Fla.App.1972); Bingham v. Sheldon, 101 App.Div.48, 91 N.Y.S.917 (1905); Shropshire v. Freeman, 510 S.W.2d 405 (Tex.Civ.App.1974).

[120] Mallen/Smith, Bd.1, S.633.

[121] Apple v. Hall, 412 N.E.2d 114 (Ind.App.1980); Hansen v. Wightman, 14 Wash.App.78, 92-93, 538 P.2d 1238, 1248 (1975).

[122] Siehe unten unter Standard of Care, S.75.

maßstab, im Gegensatz zum Verhaltensmaßstab, auf die Fach- und Sachkenntnis des Anwalts bezieht[123].

Die Verletzung der anwaltlichen Pflicht zu ungeteilter Loyalität gegenüber dem Mandanten wird häufig in zwei verschiedenen Situationen bejaht. Die erste Situation ereignet sich, wenn der Anwalt einen persönlichen Vorteil erlangt, der sich aus einem Eigentumserwerb vom Mandanten, einem Beteiligungsgeschäft mit dem Mandanten oder ähnlichen Sachverhalten ergeben kann[124]. Weiterhin ist die Einhaltung der Pflicht zu ungeteilter Loyalität durch den Anwalt gefährdet, wenn sich Umstände ergeben, die den Interessen des Mandanten entgegenstehen. Diese Umstände können in einem persönlichen gegensätzlichen Interesse des Anwalts, dem Interesse eines ehemaligen oder nachfolgenden Mandanten oder kollidierenden Interessen von mehreren gegenwärtigen Mandanten bestehen[125].

Die Verletzung des Vertraulichkeitsgrundsatzes kann als unabhängige Pflichtverletzung oder - was häufiger der Fall ist - als Teil der Mißachtung der ungeteilten Loyalität gegenüber dem Mandanten auftreten[126].

Die fiduciary obligations ermöglichen es dem Mandanten, dem Anwalt vertrauliche Informationen anzuvertrauen, und sich vorbehaltlos darauf zu verlassen, daß seine

---

[123] z.B. Palfy v. Rice, 473 P.2d 606 (Alaska 1970); Bank of Mill Creek v. Elk Horn Coal Corp., 133 W.Va.639, 57 S.E.2d 736 (1950).

[124] Mallen/Smith, Bd.1, S.633.

[125] Mallen/Smith, Bd.1, S.633.

[126] Siehe unten unter Kapitel Grundsatz der Vertraulichkeit, S.42.

Interessen sorgfältig und qualifiziert durch den Anwalt vertreten werden. Die Gerichte konstatieren oft, daß ungetrübte Pflichttreue gegenüber dem Mandanten die Pflicht eines jeden Anwalts ist[127]. Die logische Schlußfolgerung hieraus ist, daß es kaum einen anderen Grundsatz geben kann, der für das öffentliche Interesse von so fundamentaler Bedeutung ist, wie die Einhaltung eines strengen Verhaltensmaßstabes des Anwalts gegenüber seinem Mandanten[128], ein Maßstab, der strengstens

---

[127] "An attorney owes to his client the high duty to diligently, faithfully and legitimately perform every act necessary to protect, conserve and advance the interests of his client. No deviation from that duty can be permitted. That principle of conduct is a stern and inflexible rule controlling the relationship of attorney and client so long as the relation exists."

"In all well established and accepted systems of jurisprudence regulating the affairs of mankind, fiduciaries are required to conduct themselves according to the highest ethical and moral standards. No other rule can be tolerated or permitted." Bank of Mill Creek v. Elk Horn Coal Corp., W.Va.639, 657, 57 S.E.2d 736, 748 (1950).

[128] Baker v. Humphrey, 101 U.S.(11 Otto) 494, 502, 25 L.Ed.1065 (1879):

The legal profession is found wherever Christian civilization exists. Without it, society could not well go on. But, like all other great instrumentalities, it may be potent for evil as well as for good. Hence the importance of keeping it on the high plane it ought to occupy. Its character depends upon the conduct of its members. They are officers of the law, as well as the agents of those by whom they are employed. Their fidelity is guaranteed by the highest considerations of honor and good faith, and to these is super-added the sanction of an oath. The slightest divergence from rectitude involves the breach of all these obligations. None are more honored or more deserving than those of the brotherhood who, uniting ability with integrity, prove faithful to their trusts and worthy of the confidence reposed in them. Courts of justice can best serve both the public and the profession by applying firmly upon all proper occasions the salutary rules which have been established

durchgesetzt wird[129]. Die Sicherstellung der Einhaltung dieses Maßstabs durch den Anwalt ist eine Aufgabe, welche die Gerichte in jedem vom Mandanten oder sogar von Dritten angestrengten Verfahren energisch verfolgen[130]. Ein Gericht kann und wird seine Macht dazu benutzen, um Anwälte zu einem loyalen und vertrauenswürdigen Verhalten ihren Mandanten gegenüber zu zwingen[131].

Obwohl sich die Vertrauens- und Treuepflichten bis zu den Anfängen des anwaltlichen Berufsstandes zurückverfolgen lassen, wächst deren Bedeutung erst mit der zunehmenden Komplexität der modernen anwaltschaftlichen Tätigkeit. Täglich wachsen die Anforderungen, die an die vom Anwalt auszuübende Fach- und Sachkenntnis gestellt wird. So entwickelt sich die Spezialisierung von Anwälten zum Normalfall und die Allgemeinpraxis zur Ausnahme.

II. Absicht und Motivation des Anwalts

Für gewöhnlich ereignet sich die Verletzung der Vertrauens- und Treuepflichten nicht absichtlich und ist

---

for their government in doing the business of their clients.

[129] Sanguinetti v. Rossen, 12 Cal.App.623, 630, 107 P.560, 563 (1906) (" An attorney at law should be a paragon of candor, fairness, honor and fidelity in all his dealings with those who place their trust in his ability and integrity, and he will at all times and under all circumstances be held to the full measure of what ought to be.").

[130] z.B. Pennington v. Jones, 46 Ill.App.3d 65, 4 Ill.Dec.630, 360 N.E.2d 566 (1977).

[131] Wade v. Clement, 84 Misc.2d 822, 377 N.Y.S.2d 415 (1975) (das Gericht modifizierte die Gebührenvereinbarung).

meistens eine Folge davon, daß der Anwalt seinen Pflichten unter den gegebenen Umständen keine Beachtung geschenkt hat[132]. Da Gutgläubigkeit des Anwalts die Auswirkungen eines Vertrauensbruchs auf die Integrität der Anwaltschaft oder den Schaden eines Mandanten nicht wiedergutmachen kann, sind der Geisteszustand, die Motive und Absichten des Anwalts unbeachtlich[133].

Ein Berufungsgericht in Missouri[134], dem absichtliches Fehlverhalten als unerlaubte Handlung vorgelegt wurde, bezeichnete als Anspruchsgrundlage die unerlaubte Handlung des Vertrauensbruchs oder der Untreue. Weder arglistige Täuschung noch Nötigung sind Haftungsvoraussetzungen[135]. Die fiduciary obligations werden nicht vom Geisteszustand oder Alter des Mandanten beeinflußt[136], wobei das Unrecht in der Verletzung der

---

132 Mallen/Smith, Bd.1, S.639.

133 "The power to enforce this rule does not depend upon proof of actual fraud. Its application is the same whether attorneys abuse their trust, or act on generous impulses to assume risks and burdens of clients who are poor. Its enforcement does not involve an inquiry into the motives which prompt clients to sue for profits, when viewed from an ethical standpoint. Solicitude for them on account of their improvident contacts is not the basis of relief. The doctrine is founded on public policy. It is demanded by the welfare of society. It arises from the necessity of protecting proper relations of trust and confidence wherever they exist. Adherence to a principle which deprives fiduciaries of undue profits lessens the temptation to violate confidential relations." Hamilton v. Allen, 86 Neb.401, 409-410, 125 N.W.610, 613, 28 L.R.A.723, 727 (1910).

134 Arana v. Koerner, 735 S.W.2d 729 (Mo.App.1987).

135 z.B. Thweatt v. Freeman, 73 Ark.575, 84 S.W.720 (1905).

136 z.B. Nicholson v. Shockey, 192 Va.270, 64 S.E.2d 813 (1951).

Pflichttreue gegenüber den Interessen des Mandanten zu sehen ist[137]. Wegen der Irrelevanz der Absichten oder Motive des Anwalts wird dieses Unrecht als Untreue bezeichnet.

Auch wenn eine Pflichtverletzung subjektiven Gesichtspunkten, wie Absichten oder Motiven, unterliegen kann, so ist doch der Maßstab vertrauensgemäßen Verhaltens objektiv. Hat ein Anwalt eine Pflicht verletzt, dann können Unkenntnis, ehrbare Absichten oder außergewöhnliche Fähigkeiten keine Abhilfe oder Ausrede für das Unrecht darstellen, das sich ereignet hat[138]. Die Präsenz guten Glaubens oder ehrlicher Motive kann somit zwar verhindern, daß aus Untreue arglistige Täuschung wird, kann jedoch eine Nichtbefolgung der Verpflichtungen zu kompromißloser Pflichttreue, absoluter Vertraulich-keit und vollständiger Offenbarung, nicht entschuldigen. Rechtswidrige Absichten können aber im Gegensatz hierzu in einer pönalisierenden Schadensersatzhaftung (liability for punitive damages)[139] resultieren[140].

---

[137] Gardine v. Cottey, 360 Mo. 681, 230 S.W.2d 731, 18 A.L.R.2d 1100 (1950).

[138] Norfleet v. Stewart, 180 Ark.161, 20 S.W.2d 868 (1929).

[139] Fast alle Gerichte gestatten es den Geschworenen, einem Kläger bestrafenden (punitive) bzw. exemplarischen (exemplary) Schadensersatz zuzusprechen, wenn der Beklagte absichtlich und wohlüberlegt gehandelt hat und sich das von ihm begangene Unrecht durch den typischerweise frevelhaften Charakter einer Straftat kennzeichnet. Er wird zusätzlich und über den vollständigen eigentlichen Schadensersatz hinaus mit der Zielsetzung gewährt, den Beklagten zu bestrafen, ihn von der Wiederholung und andere von der Nachahmung solchen Unrechts abzuschrecken. Gelegentlich wurden punitive damages sogar im Zusammenhang mit Schäden erwähnt, die rechtlich nicht zur Entschädigung berechtigen, wie z.B. verletzte Gefühle oder Verfahrenskosten. Zur Bejahung

Der Mandant hat demnach das Recht, von seinem Anwalt neben beruflich kompetentem Verhalten, auch die sorgfältige Einhaltung der Vertrauens- und Treuepflichten zu erwarten. Um welche konkreten Vertrauens- und Treuepflichten es sich im Einzelfall handeln kann, wird im folgenden dargestellt.

III. Standesrechtliche Grundsätze

Die durch das Anwalt-Mandant Verhältnis begründeten Anwaltspflichten werden durch standesrechtliche Grundsätze konkretisiert. Diese wurden durch die American Bar Association (Amerikanische Anwaltsvereinigung) im Model Code of Professional Responsibility von 1969 als disziplinarische und standesrechtliche Regeln kodifiziert. Diese Kodifikation wurde - oftmals mit Abweichungen - von fast allen amerikanischen Bundesstaaten übernommen. Der Model Code von 1969 wurde dann durch die Model Rules of Professional Conduct der American Bar Association von 1983 ersetzt, welche die selben Grundsätze in einem anderen Format und mit weitgehend neugefaßtem Wortlaut festhalten. Viele Bundesstaaten beziehen sich immer noch auf ihre Version des Model Code von 1969, eine steigende Anzahl hat jedoch bereits die Gesamtheit oder Teile der Model Rules von 1983 kodifiziert[141].

---

eines Anspruchs auf pönalisierenden Schadensersatz ist wesentlich mehr als die schlichte Begehung einer unerlaubten Handlung erforderlich. Vielmehr müssen schulderhöhende Umstände, wie z.B. Böswilligkeit oder ein betrügerisches bzw. bösgläubiges Motiv seitens des Beklagten vorliegen.

Prosser & Keeton on Torts, S.9 f.

[140] Ball v. Posey, 176 Cal.App.3d 1209, 222 Cal.Rptr.746 (1986).

[141] Mallen/Smith, Bd.1, S.641.

Obwohl sich die standesrechtlichen Prinzipien zu den anwaltlichen Vertrauens- und Treuepflichten bis in die Anfänge des Anwaltsberufes zurückverfolgen lassen, entstand die erste Kodifikation erst im 20. Jahrhundert[142]. Ungleich den disziplinarischen Regelungen über negligence werden die Vorschriften über die anwaltlichen Vertrauens- und Treuepflichten oft zitiert und von Gerichten herangezogen, um in zivilen Schadensersatzprozessen die Angemessenheit anwaltlichen Verhaltens zu prüfen. Diese unterschiedliche Behandlung ist im wesentlichen darauf zurückzuführen, daß sich die disziplinarischen Regelungen über die anwaltlichen Vertrauens- und Treuepflichten bereits im Common Law etabliert hatten[143], wohingegen die Maßstäbe bezüglich negligence erst in dem Model Code von 1969 als standesrechtliche Gesichtspunkte zum Tragen kamen.

Disziplinarische Vorschriften haben üblicherweise bindende Wirkung für den Bundesstaat, in dem sie übernommen wurden. Die meisten Bundesgerichte haben allerdings kraft ihrer Aufsichtsgewalt den Model Code von 1969 als maßgebende Rechtsquelle für das Standesrecht - und somit für die Verletzung anwaltlicher Vertrauens- und Treuepflichten - aller Anwälte anerkannt, die vor ihnen auftreten[144].

---

[142] Siehe Preamble and Preliminary Statement, ABA Model Code of Professional Responsibility, Anhang 1, S.211.

[143] z.B. David Welch Co. v. Erskine & Tulley, 203 Cal.App.3d 884, 250 Cal.Rptr.339 (1988).

[144] z.B. Golden Nugget, Inc. v. Ham, 95 Nev.45, 589 P.2d 173 (1979), Berufung nach Hauptverfahren 98 Nev.311, 646 P.2d 1221 (1982); Einige Bundesgerichte haben jedoch aufgrund lokaler Vorschriften die Kodifikation anerkannt, die in ihrem Bundesstaat in Kraft ist.

Beschuldigt der Mandant seinen Anwalt der Verletzung von Vertrauens- und Treuepflichten, so muß er einen Verstoß gegen den standesrechtlichen Verhaltensmaßstab durch den Anwalt beweisen. Hierbei ist zu beachten, daß die standesrechtlichen Grundsätze allerdings nicht automatisch unmittelbare rechtliche Wirkung entfalten. Vielmehr muß in der konkreten legal malpractice Klage bewiesen werden, daß zur Zeit der behaupteten Rechtsverletzung tatsächlich entsprechende Sorgfalts- und Verhaltensmaßstäbe im Anwaltsberuf existierten[145]. So kann etwa ein fehlender Sachverständigenbeweis zu diesem Punkt die Vernichtung der Anwaltshaftpflichtklage eines Mandanten bedeuten, wohingegen eine Pflichtverletzung unter Umständen so offensichtlich sein kann, daß der Sachverständigenbeweis überflüssig ist[146].

1. Grundsatz der Vertraulichkeit

Ein einwandfreies, effektives Tätigwerden des Anwalts setzt voraus, daß dem Mandant die uneingeschränkte Offenlegung jeglicher Geheimnisse oder vertraulicher Informationen gegenüber seinem Anwalt ermöglicht wird. Somit liegt der Kernpunkt der anwaltlichen Vertrauens- und Treuepflichten in dem außerordentlichen Vertrauen, auf dem das Anwalt-Mandant Verhältnis beruht[147], wobei die Erhaltung dieses Verhältnisses die kompromißlose Gewährleistung der Vertraulichkeit solcher Offenbarungen erfordert. Der Grundsatz der absoluten Vertraulichkeit, welcher einer Anzahl anderer anwaltsrechtlicher Bereiche

---

[145] Mallen/Smith, Bd.1, S.642.

[146] Mallen/Smith, Bd.1, S.642.

[147] Clement v. Prestwich, 114 Ill.App.3d 479, 70 Ill.Dec.161, 448 N.E.2d 1039 (1983).

- insbesondere den conflicting interests[148] - zugrundeliegt, kann unter Umständen auch im Zusammenhang mit potentiellen Mandanten Anwendung finden, selbst wenn der Anwalt das Mandat letztendlich nicht annimmt[149].

Der Grundsatz der Vertraulichkeit ist der wichtigste, umfassendste und umstrittenste Pflichtenbereich des Anwalts. Er ist bedeutend, weil er den Anwalt befähigt, seinen Mandanten zu schützen; er ist umfassend, weil er zwei Seiten hat, die beweisrechtliche und die standesrechtliche; und er ist umstritten, weil seine Auslegung unter Umständen auch gelegentlich den Schutz schutzunwürdiger Mandanten ermöglicht.

Die beweisrechtliche Seite des Vertraulichkeitsgrundsatzes wird vom attorney-client privilege (Anwaltsgeheimnis), einem schon lange existierenden

---

[148] Siehe unten bei Interessenkonflikten, S.54.

[149] Desbiens v. Ford Motor Co., 81 A.D.2d 707, 439 N.Y.S.2d 452 (1981) Hier bestätigte das Berufungsgericht die Entscheidung der ersten Instanz, die gemäß dem Antrag der Klägerin, die Anwälte der Ford Motor Co. ihres Amtes als gegnerische Prozeßbevollmächtigte enthob (disqualify). Die Klägerin hatte die Anwälte ursprünglich nach einem Verkehrsunfall im Zusammenhang mit einer Klage gegen den Unfallverursacher konsultiert, den Fall aber letztendlich über einen anderen Rechtsanwalt abgewickelt. Wegen desselben Unfalls strengte die Klägerin später eine Produkthaftungsklage gegen die Ford Motor Co. an, die durch die ursprünglich von der Klägerin konsultierten Anwälten vertreten wurde. Das erstinstanzliche Gericht war der Auffassung, daß zwischen der Klägerin und den Anwälten ein Vertrauensverhältnis entstanden war, obwohl sie das Mandat letztlich nicht angenommen hatten. Aufgrund dessen und der Tatsache, daß beide Klagen auf dasselbe Ereignis zurückgingen und viele der Rechtsfragen identisch waren, entschied das Berufungsgericht, daß die Anwälte rechtmäßig ihres Amtes enthoben worden waren;

vgl.auch Hughes v. Paine, Webber, Jackson & Curtis, Inc., 565 F.Supp. 663 (N.D.Ill.1983);

Produkt der beweisrechtlichen Vorschriften des Common Law[150], dargestellt. Der standesrechtliche Zweig des Vertraulichkeitsgrundsatzes, ein Produkt des anwaltlichen Berufsrechts[151], ist eine relativ neue Fortentwicklung des attorney-client privilege. Tatsächlich kam die standesrechtliche Vertraulichkeitspflicht erstmals im Model Code of Professional Responsibility von 1969 zu ihrer vollen Entfaltung.

a. Der Model Code von 1969

Der Code von 1969 ergreift im Zusammenhang mit der Definition des Vertraulichkeitsgrundsatzes entscheidende Maßnahmen.

Canon 4 des Model Code of Professional Responsibility von 1969 verlangt vom Anwalt die Wahrung der vertraulichen Informationen (confidences) und Geheimnisse (secrets) seines Mandanten. Unter confidences versteht man in diesem Zusammenhang alle Informationen, die nach geltendem Recht der jeweiligen Gerichtsbarkeit vom Anwaltsgeheimnis (attorney-client privilege) geschützt sind (DR 4-101 (A) des Model Code)[152]. Das von sämtlichen Bundesstaaten der Vereinigten Staaten anerkannte Anwaltsgeheimnis ist ein Grundsatz des Beweisrechts, der den Anwalt oder dessen Mandanten davor schützt, von anderen Parteien im Prozeß über ihre confidences befragt zu werden[153]. Unter secrets sind dagegen andere Informationen des Mandanten zu verstehen, die Bestandteil

---

[150] Patterson, S.177.

[151] Patterson, S.177.

[152] Siehe Anhang 1, S.213.

[153] Wolfram, S.242.

des Anwalt-Mandant-Verhältnisses sind und nicht bereits vom Schutzbereich des Anwaltsgeheimnisses erfaßt werden (DR 4-101 (A) Model Code)[154]. Die Vorschrift des Code über secrets unterscheidet sich im wesentlichen in zwei Punkten von der Regelung zu den confidences. Zum einen ist ihr Schutzbereich erheblich größer. Die vertraulichen Informationen umfassen lediglich die Informationen des Mandanten, welche vom Schutzbereich des Anwaltsgeheimnisses erfaßt werden. Hier geht es im einzelnen um die Informationen, die unmittelbar zwischen dem Anwalt und seinem Mandanten ausgetauscht wurden. Dagegen deckt der Begriff der Geheimnisse auch solche Informationen ab, die nicht vom Anwaltsgeheimnis geschützt werden. Hierzu zählen insbesondere Informationen, die durch Ermittlungen, öffentliche Akten oder Zeugen erhältlich sind. Zum anderen unterliegen Geheimnisse im Rahmen des Model Code von 1969 nicht automatisch dem Grundsatz der Geheimhaltung, der den Schutz der vertraulichen Informationen bestimmt. Eine Information des Mandanten wird vielmehr nur unter zwei Voraussetzungen zu einem Geheimnis im Sinne von DR 4-101(A) des Code. Einerseits kann der Mandant selbst verlangen, daß der Anwalt bestimmte Informationen nicht preisgibt, oder ihr Bekanntwerden müßte potentielle Nachteile für den Mandanten insich bergen. Dabei weist nichts im Code von 1969 darauf hin, daß das Verlangen nach Geheimhaltung des Mandanten vernünftig sein muß. Sogar irrationale Befürchtungen oder Vorstellungen des Mandanten über mögliche Konsequenzen der Enthüllung bestimmter Informationen machen ihre Einstufung als Geheimnis im Sinne von DR 4-101(A) des Code notwendig[155].

---

[154] Siehe Anhang 1, S.213.

[155] Wolfram, S.297.

Der Code von 1969 begrenzt den Begriff der Geheimnisse auf die Informationen, welche Bestandteil des Anwalt-Mandant-Verhältnisses sind. Hat ein Anwalt einmal Informationen von seinem Mandanten erhalten, die den Status eines Geheimnisses im Sinne des Code erlangt haben, so bleibt dieser auf unbestimmte Zeit erhalten. Gemäß EC 4-6 des Model Code bleiben die diesbezüglichen anwaltlichen Vertrauens- und Treuepflichten über die Beendigung des Anwalt-Mandant-Verhältnisses hinaus bestehen.

Aber selbst zu diesen komplexen Normen gibt es eine Anzahl von Ausnahmen. So heißt es z.B. in DR 4-101(C)(2), daß der Anwalt vertrauliche Informationen oder Geheimnisse enthüllen darf, wenn dies aufgrund disziplinarischer Richtlinien gestattet oder aufgrund bestehenden Rechts oder gerichtlicher Verfügung angeordnet wird. Weiterhin ist es einem Anwalt nach DR 4-101(C)(3) erlaubt, die Absichten seines Mandanten, eine Straftat zu begehen, und die zur Verhinderung dieser Straftat erforderliche Information zu offenbaren. Schließlich kann der Anwalt im Sinne von DR 4-101(C)(4) des Code, solche vertraulichen Informationen oder Geheimnisse enthüllen, die zum Einziehen seiner Gebühren erforderlich sind.

b. Die Model Rules von 1983

Die Model Rules von 1983 erweitern den Schutzbereich des Vertraulichkeitsgrundsatzes in einer Anzahl wesentlicher Aspekte.

MR 1.6[156] umfaßt alle Informationen, unabhängig vom Zeitpunkt ihres Bekanntwerdens beim Anwalt und ihrer Geeignetheit, den Mandanten im Falle ihrer Enthüllung zu benachteiligen, wobei auch eine eingeschränkte Ausnahme im Bezug auf zukünftige Schädigungen von Mandanten vorgesehen ist. Hierbei liegt eine der wesentlichsten Erweiterungen zu den Regelungen im Code von 1969 darin, daß sich das Verbot in den Rules von 1983 über "confidences and secrets" hinaus auch auf "information" erstreckt, wobei eine zusätzliche Besonderheit darin zu sehen ist, daß der Schutz der Information nicht von der Informationsquelle abhängig ist.

Der Grundsatz der Vertraulichkeit ist ohnedies eng mit den standesrechtlichen Verpflichtungen[157] des Anwalts und dem Anwaltsgeheimnis verknüpft, die Schutz vor der Enthüllung von Informationen Dritten gegenüber gewährleisten. Die Pflicht der Vertraulichkeit umfaßt nun jedoch mehr als die bloße - ohnehin durch das Anwaltsgeheimnis geschützte - Anwalt-Mandat-Kommunikation[158] und

---

[156] Siehe Anhang 2, S.224.

[157] Siehe ABA Code of Professional Responsibility, EC 4-1 bis 4-6 und DR 4-101, Anhang 1, S.212 f.

[158] Der Inhalt einer jeden Anwalt-Mandant-Kommunikation genießt den Schutz des Anwaltsgeheimnisses, wenn sie für den Gegenstand der konkreten anwaltlichen Tätigkeit relevant ist. Die Ausdrucksweise des Mandanten ist hierbei unwesentlich, so daß sie in mündlicher oder schriftlicher Form stattfinden kann. Dies gilt auch für den Gebrauch von Handzeichen, Gesten und sonstigen Mitteln der Kommunikation. Maßgeblich ist jedoch, daß sich die Kommunikation zeitlich während der Existenz eines Anwalt-Mandant-Verhältnisses ereignet hat. Weiterhin ist erforderlich, daß die Kommunikation zwischen dem Anwalt und seinem Mandanten stattgefunden hat. Gespräche zwischen dem Anwalt und einem Zeugen, der nicht Mandant ist, fallen z.B. nicht unter das Anwaltsgeheimnis.

kann sich auf vertrauliche Informationen und Geheimnisse des Mandanten erstrecken, selbst wenn diese auch von anderen Quellen erhältlich sind[159]. Dabei kommt es nicht darauf an, ob der Anwalt die Information vor, während oder nach der Vertretung erhalten hat.

So maßgebend der erweiterte Schutzbereich des Vertraulichkeitsgrundsatzes in den Model Rules von 1983 auch erscheint, so sehr wird die Bedeutung des Unterschiedes zwischen den Vorschriften des Model Code und der Model Rules in ihrer praktischen Anwendung überschätzt[160]. Ein Anwalt wird tatsächlich in den seltensten Fällen vor oder nach der Vertretung eines Mandanten Informationen über diesen erlangen. Kommt dies aber unter Umständen doch vor, werden diese Informationen von den Model Rules - im Gegensatz zum Model Code - vertraulich behandelt.

Der Regelungsgehalt der sehr weit gefaßten Vorschrift MR 1.6 der Model Rules von 1983 läßt sich grundlegend dahingehend zusammenfassen, daß ein Anwalt ohne Zustimmung des Mandanten mit niemandem über die Angelegenheiten seines Mandanten sprechen darf, es sei denn die Ausführung des Auftrags erfordert es. Eine begrenzte Ausnahme dieser Regelung wird in MR 1.6(b) vorgesehen, wo es heißt:

---

siehe im einzelnen: C.McCormick, Evidence § 89, at 214 (E.Cleary 3d ed.1984); 8 J.Wigmore, Evidence §§ 2307, 2317 (J.McNaughton rev.1961).

[159] Buntrock v. Buntrock, 419 So.2d 402 (Fla.App.1982); siehe MR 1.9(b).

[160] Wolfram, S.298.

"(b) A lawyer may reveal such information to the extent the lawyer reasonably believes necessary:

> (1) to prevent the client from committing a criminal act that the lawyer believes is likely to result in imminent death or substantial bodily harm; or
>
> (2) to establish a claim or defense on behalf of the lawyer in a controversy between the lawyer and the client, to establish a defense to a criminal charge or civil claim against the lawyer based upon conduct in which the client was involved, or to respond to allegations in any proceeding concerning the lawyer's represen-tation of the client."

Dem Prinzip der Vertraulichkeit wird demnach so große Bedeutung für die Integrität des Anwalt-Mandant-Verhältnisses beigemessen, daß ein Anwalt sogar solche Informationen vertraulich behandeln muß, die auf eine mögliche Schädigung Dritter[161] durch den Mandanten

---

[161] Als Ausnahme erlauben - nicht zwingend - die Model Rules of Professional Conduct in Rule 1.5(b) dem Anwalt die Enthüllung von Informationen über seinen Mandanten lediglich in dem Maße, wie er es vernünftigerweise für erforderlich hält "(1) to prevent the client from committing a criminal act that the lawyer believes is likely to result in imminent death or substantial bodily harm." Siehe ABA Model Code of Professional Responsibility, DR 7-102 und ABA Formal Opinion 341, Anhang 1, S.218 f. u. Anhang 3, S.229 ff.

hinweisen[162], wenn sie nicht gerade unter die extremen Ausnahmen von MR 1.6(b)(1) fallen[163].

Darüber hinaus beinhalten die Rules von 1983 - im Gegensatz zum Code von 1969 - im Rahmen des Vertraulichkeitsgrundsatzes auch ausdrückliche anwaltliche Richtlinien hinsichtlich adverse representation. So heißt es in Rule 1.9, daß der Anwalt:

> "(b) shall not use information relating to the representation to the disadvantage of the former client except as Rule 1.6 would permit with respect to a client or when the information has become generally known."

Diese Richtlinie modifiziert die Grundsätze des Common Law dahingehend, daß Anwälte nunmehr eine Verletzung des Vertraulichkeitsgrundsatzes gegenüber ehemaligen Mandanten dadurch rechtfertigen können, daß die betreffende Information auch von anderen Quellen erhältlich war[164]. Hierdurch wurde das Common Law zwar abgeändert, aber die Frage, ob diese Richtlinie die Regeln des Common Law endgültig ablösen wird und deren weitere Entwicklung bleiben offen.

Auch im Zusammenhang mit dem Grundsatz der Vertraulichkeit sind die Motive des Anwalts für seinen Vertrauensbruch unerheblich, da die Rechtsverletzung in der unerlaubten Offenlegung der Informationen zu sehen

---

162 Mallen/Smith, Bd.1, S.643.

163 Patterson v. Knight 519 So.2d 469 oder Hawkins v. King County 602 P.2d 361.

164 vgl. Emle Industries, Inc. v. Patentex, Inc. 478 F.2d 562 (2d Cir.1973).

ist. Anwaltliche Haftpflicht kann somit bejaht werden, wenn der Anwalt vertrauliche Informationen seines Mandanten - etwa als Vergeltungsmaßnahme - an das Finanzamt weitergibt[165], die Informationen zur Erlangung persönlicher Vorteile nutzt[166] oder im Interesse bzw. zum Vorteil eines anderen Mandanten einsetzt[167].

2. Independent Judgement

Canon 5 des Model Code von 1969[168] bestimmt, daß ein Anwalt in Vertretung seines Mandanten unabhängige - d.h. weisungsunabhängige und nur seinem eigenen Urteilsvermögen unterworfene - Entscheidungen treffen muß. Dieser Gesichtspunkt entspringt dem Grundsatz der ungeteilten Loyalität des Anwalts gegenüber seinem Mandanten und bedeutet im einzelnen, daß der Anwalt seine Entscheidungen im Rahmen des Gesetzes, ausschließlich im Interesse seines Mandanten und frei von jeglichen entgegenstehenden Einflüssen auszuüben hat. Weder seine persönlichen Interessen noch die Interessen anderer Mandanten und am wenigsten die Bedürfnisse Dritter dürfen die Loyalität des Anwalts gegenüber seinem Mandanten trüben.

Die unterschiedlichen Interessen anderer Parteien, die diesem Grundsatz entgegenstehen könnten, werden in besonderen standesrechtlichen Vorschriften berück-

---

[165] vgl.Sherman v. Klopfer, 32 Ill.App.3d 519, 336 N.E.2d 219 (1975).

[166] vgl.Alexander v. Russo, 1 Kan.App.2d 546, 571 P.2d 350 (1970).

[167] vgl.American National Bank v. Bradford, 28 Tenn.App.239, 188 S.W.2d 971 (1945).

[168] Siehe Anhang 1, S.214 ff.

sichtigt. DR 5-101(A) des Code von 1969[169] enthält etwa eine Regelung , die es dem Anwalt verbietet ein Mandat anzunehmen, wenn sich aus seinen eigenen finanziellen, geschäftlichen oder persönlichen Interessen Konflikte ergeben können. DR 5-101(B) und DR 5-102 beschäftigen sich mit der Stellung des Anwalts als Prozeßzeuge.

Die Betrachtungsweise der Model Rules von 1983 richtet sich weniger auf den Grundsatz der ungeteilten Loyalität, sondern vielmehr auf die Arten von Rechtshandlungen, die zu standesrechtlichen Bedenken führen können. Somit hat die allgemeine Vorschrift Rule 1.7 der Model Rules von 1983 lediglich entgegenstehende Interessen verschiedener Mandanten und die gleichzeitige Vertretung von Mandanten mit gegensätzlichen Interessen zum Gegenstand. Die Unmenge verschiedener geschäftlicher und finanzieller Beziehungen, die zwischen dem Anwalt und seinem Mandanten bestehen können, werden von Rule 1.8 erfaßt. Die Vertretung eines gegenwärtigen Mandanten zum Nachteil der Interessen eines ehemaligen Mandanten wird schließlich in Rule 1.9 der Model Rules behandelt[170].

3. Offenbarungspflicht

Wesentlicher Bestandteil des Grundsatzes der ungeteilten Loyalität und des Vertraulichkeitsgrundsatzes ist die Verantwortung des Anwalts, seinen Mandanten unverzüglich über jegliche wichtige Informationen zu unterrichten, die diese anwaltlichen Vertrauens- und Treuepflichten beeinträchtigen könnten[171]. Im einzelnen bedeutet dies,

---

[169] Siehe Anhang 1, S.216.

[170] Siehe unter Adverse Representation, S.61.

[171] Mallen/Smith, Bd.1, S.677.

daß alle Informationen vollständig dargelegt werden müssen, welche das Niveau der anwaltlichen Tätigkeit beeinflussen können[172]. Dabei reicht die vollständige Offenlegung aller Informationen nicht aus, vielmehr kommt es darüber hinaus auf die Erläuterung ihrer rechtlichen Signifikanz an[173].

Somit muß der Anwalt alle Tatsachen darlegen, die seine Fähigkeit beeinflussen könnten, den anwaltlichen Vertrauens- und Treuepflichten zu entsprechen. Im einzelnen umfaßt dies die Aufklärung über alle persönlichen Interessen des Anwalts, das entgegenstehende Interesse eines ehemaligen Mandanten oder das gegensätzliche Interesse eines anderen gegenwärtigen Mandanten[174].

Vor allem wenn die Loyalität des Anwalts in Frage steht, sollte die Pflicht der Darlegung aller Informationen auch die Empfehlung an den Mandanten umfassen, die Richtigkeit der geleisteten rechtlichen Beratung zu überprüfen oder einen anderen Anwalt um unabhängige Rechtsberatung zu ersuchen[175]. Hierbei sollte das Erfordernis und der Vorteil einer unabhängigen Beratung sorgfältig erläutert werden.

---

[172] Day v. Rosenthal, 170 Cal.App.3d 1125, 217 Cal.Rptr.89 (1985), Berufung abgelehnt.

[173] Miller v. Sears, 636 P.2d 1183 (Alaska 1981)(im vorliegenden Fall ging es um die rechtliche Bedeutung bestimmter Urkunden).

[174] Siehe im einzelnen in den entsprechenden Kapiteln dieser Arbeit, S.55 u. 61.

[175] Green v. Evans, 156 Mich.App.145, 401 N.W.2d 250 (1985)(1987 veröffentlicht).

Der Umfang der im konkreten Fall durch den Anwalt offenzulegenden Information wird generell an dem gemessen, was ein Anwalt üblicherweise seinem Mandanten offenbaren sollte[176].

Im allgemeinen ist es dem Anwalt verboten, bei Vorliegen obengenannter Umstände das Mandat anzunehmen[177]. Er ist jedoch ausnahmsweise dann von der Einhaltung dieser anwaltlichen Vertrauens- und Treuepflicht befreit, wenn der Mandant gemäß Rule 1.7 (a)(2) oder 1.7 (b)(2) der Model Rules von 1983 sein Einvernehmen erklärt hat[178]. Dies bedeutet, daß der Anwalt das Mandat annehmen darf, wenn der Mandant in Kenntnis der gegebenen Umstände zustimmt. Der Anwalt darf den Mandanten jedoch nicht um dessen Zustimmung ersuchen oder gar das Mandat annehmen, wenn ein unvoreingenommener Anwalt zu der Auffassung kommt, daß der Mandant der Vertretung durch den voreingenommenen Anwalt nicht zustimmen sollte. Wenn mehrere Mandanten im Spiel sind, muß die Frage der kollidierenden Interessen mit jeder einzelnen betroffenen Partei erörtert werden[179].

IV. Interessenkonflikte

Interessenkonflikte stellen, unabhängig von ihrer Größe, ihrer geographischen Lage oder dem Bereich der

---

[176] Burien Motors, Inc. v. Balch, 9 Wash.App.573, 513 P.2d 582 (1973) (in diesem Fall handelte es sich um einen Grundstücksmakler, der auch als Anwalt tätig war).

[177] siehe etwa Rule 1.7 (a) und 1.7 (b) der Model Rules von 1983, Anhang 2, S.225.

[178] Siehe Anhang 2, S.225.

[179] Comment [5] zu Rule 1.7 der Model Rules, Anhang, S.226.

Spezialisierung, für jede Kanzlei eine beachtliche Gefahr dar. Somit spielt das Problem der Interessenkonflikte auch als haftungsrechtlicher Aspekt in allen Bereichen der anwaltlichen Tätigkeit eine bedeutende Rolle.

Der Begriff der kollidierenden Interessen (conflicting interests) bezieht sich in dieser Arbeit auf die gleichzeitige Vertretung entgegenstehender Interessen, wohingegen die Vertretung eines gegenwärtigen Mandanten im Gegensatz zu den Interessen eines ehemaligen Mandanten im folgenden Kapitel als entgegenstehende Vertretung (adverse representation) behandelt wird.

Obwohl beide Alternativen auf einem Interessenkonflikt zwischen mehreren Mandanten beruhen, haben sie grundlegend verschiedene Vertrauens- und Treuepflichten zum Inhalt. Im Zusammenhang mit mehreren gleichzeitigen Mandanten sind in erster Linie die Verletzung der Treuepflicht und des independent judgement betroffen. Demgegenüber geht es vor allem um die Verletzung des Grundsatzes der Vertraulichkeit, wenn ein ehemaliger Mandant im Spiel ist.

1. Conflicting interests

a. Allgemeine Grundsätze

Das Verbot für den Anwalt, gleichzeitig kollidierende Interessen zu vertreten, ist von grundlegender Bedeutung[180] und findet seinen Ursprung in dem alten

[180] Mallen/Smith, Bd.1, S.700.

Grundsatz, daß ein Mann niemals zwei Herren dienen solle[181]. Die Vertretung kollidierender Interessen zieht überaus weitreichende Konsequenzen nach sich. Für den Anwalt kann eine solche Vertretung etwa zu disziplinarischen Maßnahmen, der endgültigen Mandatsenthebung durch das Gericht, legal malpractice Klagen oder dem Verlust seines Anspruchs auf Gebühren führen. Für einen Mandanten könnte sie unter Umständen zur Aufhebung einer vorteilhaften Vereinbarung, Transaktion oder eines begünstigenden zivilrechtlichen Urteils führen. Vor allem kommt es aber zu einem Verlust öffentlichen Vertrauens in die Integrität der Anwaltschaft, der Justiz und der Rechtsprechung[182].

Obwohl das Verbot, kollidierende Interessen zu vertreten, gleichgeblieben ist, haben sich die Grenzen dieser Pflichten verändert, was in einem Anstieg des Maßstabs von Loyalität und fachlicher Kompetenz in der Anwaltschaft resultierte. So wird die Vertretung kollidierender Interessen, die noch vor etwa 50 Jahren - wenn nicht sogar gebilligt - verzeihbar war[183], heute

---

181 Jeffry v. Pounds, 67 Cal.App.3d 6, 136 Cal.Rptr.373 (1977); Cinema 5, Ltd. v. Cinerama, Inc., 528 F.2d 1384 (2d Cir.1976).

182 Mallen/Smith, Bd.1, S.701.

183 "Were this not the rule, the common practice of attorneys in acting for both partners in drawing articles of copartnership or drawing agreements for the dissolution of copartnership, in acting for both the grantor and the grantee in the sale of real property, in acting for both the seller and purchaser in the sale of personal property, in acting for both the lessor and the lessee in the leasing of property, and in acting for both the lender and the borrower in handling a loan transaction, would be prohibited even though done in the utmost good faith and with the full consent of all parties concerned. In each of these instances there is the possibility of conflict, in the interests of the

ausdrücklich verurteilt[184]. Wesentlicher Grund für diese Entwicklung war die allgemeine Akzeptanz des Code of Professional Responsibility der American Bar Association von 1969 und seine Annahme durch Gesetz, gerichtliche Verfahrensvorschriften und Entscheidungen[185]. Diese allgemeine Entwicklung wurde durch die Übernahme der Model Rules von 1983 weitergeführt. Eine steigende Anzahl von Staaten hat die Model Rules - wenn auch gelegentlich modifiziert - mittlerweile umgesetzt[186].

b. Auswirkungen der standesrechtlichen Grundsätze

Sowohl der Model Code von 1969 als auch die ursprünglichen Canons of Professional Ethics[187], wurden im Zusammenhang mit conflicting interests weitläufig von Gerichten herangezogen und zitiert[188]. Mit ihrer zunehmenden Akzeptanz in den einzelnen Bundesstaaten, berufen sich immer mehr Gerichte auch auf die Model Rules

---

persons represented, but it cannot be said as a matter of law that an attorney is prohibited from acting for both parties in such cases with the knowledge and consent of both." Lessing v. Gibbons, 6 Cal.App.2d 598, 45 P.2d 258, 261 (1935).

[184] Mallen/Smith, Bd.1, S.702.

[185] Mallen/Smith, Bd.1, S.702.

[186] Siehe ABA/BNA Lawyer's Manual on Professional Conduct, Current Reports.

[187] 1908 American Bar Association Canons of Ethics.

[188] z.B. Glueck v. Jonathan Logan, Inc., 512 F.Supp.223 (S.D.N.Y.1981), bestätigt 653 F.2d 746 (2d Cir.1981); William H. Raley Co., Inc. v. Superior Court, 149 Cal.App.3d 1042, 197 Cal.Rptr.232 (1983).

von 1983 als einschlägige Rechtsquelle[189]. Im allgemeinen gehen die Gerichte ausdrücklich davon aus, daß der Code von 1969, die Rules von 1983 oder spezielle einzelstaatliche Versionen nicht nur eine Richtlinie für berufliche Verantwortlichkeit verkörpern, sondern darüber hinaus auch Gesetzeskraft haben können[190]. Dieser Aspekt findet jedoch deutlich seine Grenzen in der Intention sowohl des Model Code, als auch der Model Rules, nicht als Grundlage für zivilrechtliche Haftpflicht zu gelten[191].

aa. Independent Judgement

Im Model Code von 1969 stellen Canon 5 und DR 5-105(A) und (B) die zentralen standesrechtlichen Verbotsvorschriften gegen die gleichzeitige Vertretung mehrerer Mandanten mit entgegenstehenden Interessen dar[192].

Die Disciplinary Rules, welche bindenden Charakter haben und ein Minimum anwaltlichen Verhaltens unter Androhung disziplinarischer Maßnahmen für den Fall der Zuwiderhandlung bestimmen, sind grundlegend in DR 5-105 festgehalten. DR 1-105 (A) und (B) untersagen die

---

189 z.B. Matter of Petition for Review of Opinion 552 of Advisory Committee on Professional Ethics, 102 N.J.194, 507 A.2d 233 (1986).

190 vgl. Fiandaca v. Cunningham, 827 F.2d 825 (1st Cir.1987); Norton v. Tallahassee Memorial Hospital, 511 F.Supp.777 (N.D.Fla.1981).

191 Siehe oben unter Standesrechtliche Maßstäbe, S.25.

192 z.B. Hamilton v. Merrill Lynch, 645 F.Supp.60 (E.D.Pa.1986); Ransburg Corp. v. Champion Spark Plug Co., 648 F.Supp. 1040 (N.D.Ill.1986); Alexander v. Superior Court, 141 Ariz.157, 685 P.2d 1309 (1984); Aysseh v. Lawn, 186 N.J.Super.218, 452 A.2d 213 (1982).

gleichzeitige Vertretung mehrerer Mandanten für solche Fälle, in denen die Gefahr unterschiedlicher Interessen besteht oder die Entscheidungsfähigkeit des Anwalts beeinträchtigt werden könnte. Hierbei befaßt sich Abschnitt (A) mit der Annahme eines Mandats, wohingegen Abschnitt (B) die Weiterführung eines bereits bestehenden Mandats erfaßt. Die einzige Ausnahme zum Verbot der gleichzeitigen Vertretung kollidierender Interessen erscheint in DR 5-105 (C). Hier wird dem Anwalt eine solche Vertretung gestattet, wo er offensichtlich in der Lage ist, eine angemessenen Repräsentation aller Parteien zu gewährlesiten und "informed consent"(siehe zur Umschreibung DR 5-105 (C)) stattgefunden hat.

Demgegenüber sehen die Model Rules von 1983 genau formulierte Vorschriften zur Verhinderung der gleichzeitigen Vertretung kollidierender Interessen vor. In zwei Abschnitten unterscheidet Rule 1.7 konkludent zwischen subjektiven und objektiven Interessenkonflikten. In Rule 1.7 (a) wird eine Vertretung untersagt, die in direktem Gegensatz zu den Interessen eines Mandanten stehen würde, wohingegen die Vorschrift von Abschnitt (b) Anwendung findet, wenn die Vertretung des einen Mandanten durch die Verantwortungen des Anwalts gegenüber dem anderen Mandanten erheblich beeinträchtigt werden könnte[193].

bb. Auswirkungen des Vertraulichkeitsgrundsatzes

Nur wenige der Entscheidungen, die sich bisher mit der Vertretung kollidierender Interessen auseinandergesetzt

---

[193] vgl. Matter of Petition for Review of Opinion 552 of Advisory Committee on Professional Ethics, 102 N.J.194, 507 A.2d 233 (1986).

haben, erörtern in diesem Zusammenhang Canon 4 des Model Code, bzw. neuerdings Rule 1.6 der Model Rules, welche besagen, daß der Anwalt die vertraulichen Informationen und Geheimnisse seines Mandanten wahren soll[194]. Dies läßt sich hauptsächlich dadurch begründen, daß die primäre Schädigung des Mandanten nicht im Mißbrauch seiner vertraulichen Informationen, sondern in der Verletzung der ungeteilten Loyalität zu sehen ist. In der Tat existieren in Fällen der gleichzeitigen Vertretung mehrerer Mandanten normalerweise keine gemeinsamen vertraulichen Informationen, die mißbraucht werden könnten[195].

Obwohl der drohende Verlust der Loyalität[196] wohl die größte Gefahr darstellt, kann der Mißbrauch der Vertraulichkeiten des Mandanten ein ebenso großes Problem darstellen. Ungeachtet ihrer bisherigen Mißachtung durch die Gerichte als Grundlage für disziplinarische Maßnahmen gegen Anwälte - wie etwa die Mandatsenthebung - stellt die Verletzung des Vertraulichkeitsgrundsatzes somit auch im Zusammenhang mit der gleichzeitigen Vertretung kollidierender Interessen eine bedeutende Bedrohung dar.

Bedenken im Bezug auf den Grundsatz der Vertraulichkeit gewinnen noch größere Bedeutung, wenn das Gericht entscheiden muß, ob ein "disqualifizierter" Anwalt eines der Mandate weiterführen darf. Grundsätzlich wird in einem solchen Fall zwingend vermutet, daß der Anwalt über vertrauliche Informationen verfügt, wenn er während der

---

[194] Siehe oben unter Grundsatz der Vertraulichkeit, S.42.

[195] Mallen/Smith, Bd.1, S.713.

[196] Siehe näher Canon 5 des Model Code, Anhang 1, S.214 ff.

vorangegangenen gleichzeitigen Vertretung mehrerer Mandanten mit kollidierenden Interessen Zugang zu vertraulicher Information hatte und dem fraglichen Prozeß derselbe Streitgegenstand zugrunde liegt[197]. Somit wird Canon 4 des Model Code unter diesen Umständen generell die Weiterführung jeglicher Mandate ausschließen[198].

Obwohl der Grundsatz der Vertraulichkeit in Rule 1,6 der Model Rules von 1983 verankert ist, bleibt er in Rule 1.7 - der Kernvorschrift zur Problematik der kollidierende Interessen - und ihrer Kommentierung unerwähnt. Ungeachtet dessen, bleibt das Risiko eines Vertrauensmißbrauchs als ernstzunehmender Faktor bestehen, wenn es darum geht festzustellen, ob die Qualität der anwaltlichen Vertretung durch den Interessenskonflikt erheblich eingeschränkt werden könnte[199].

2. Adverse Representation

Im Gegensatz zur gleichzeitigen Vertretung kollidierender Interessen mehrerer gegenwärtiger Mandanten hat die Problematik der Vertretung eines Mandanten, dessen Interessen mit den Interessen eines ehemaligen Mandanten kollidieren (adverse representation), erst seit kurzer Zeit an Bedeutung gewonnen. Obwohl das Verhalten eines Anwalts gegenüber ehemaligen Mandanten schon lange geregelt wurde[200], haben sich die maßgebenden standes-

---

[197] Siehe unten unter Adverse Representation, S.61.

[198] siehe Alexander v. Superior Court, 141 Ariz.157, 685 P.2d 1309 (1984) (in diesem Fall wurde vertrauliche Information verneint).

[199] Warpar Manufactoring Corp. v. Ashland Oil, Inc. 606 F.Supp.852 (N.D.Ohio 1984).

[200] Siehe im einzelnen: Drinker, Legal Ethics (1953).

rechtlichen Entwicklungen in Kodifikationen und dem Fallrecht erst in den vergangenen Jahrzehnten ergeben.

a. Allgemeine Grundsätze

Ebenso wie die Problematik der conflicting interests kann die Vertretung eines gegenwärtigen Mandanten im Gegensatz zu den Interessen eines ehemaligen Mandanten sehr schwerwiegende Folgen für alle Beteiligten nach sich ziehen. So kann sie für den Anwalt - wie bei der gleichzeitigen Vertretung kollidierender Interessen - neben der Haftpflicht auch disziplinarische Maßnahmen, die Mandatsenthebung oder den Verlust seines Gebührenanspruchs zur Folge haben. Für den ehemaligen Mandanten könnte ein Schaden aus dem Mißbrauch von vertraulichen Informationen oder etwa in Höhe der Kosten für einen Antrag auf "Disqualifizierung" des ehemaligen Anwalts resultieren[201]. Dem gegenwärtigen Mandanten könnten ähnliche Kosten etwa durch einen entsprechenden Gegenantrag oder die Verzögerung des Prozesses entstehen[202]. Die Kernfragen im Zusammenhang mit der Problematik der adverse representation betreffen den potentiellen Mißbrauch vertraulicher Informationen und den Verlust des Vertrauens durch den Mandanten.

b. Standesrechtliche Grundsätze

Weder der Code von 1969 noch sein Vorgänger - die Canons of Professional Ethics von 1908 - sahen spezielle Vorschriften hinsichtlich der Vertretung eines gegenwärtigen Mandanten im Gegensatz zu den Interessen

---

[201] Mallen/Smith, Bd.1, S.754.

[202] Mallen/Smith, Bd.1, S.754.

eines ehemaligen Mandanten vor. Beide Kodifikationen wurden allerdings mit der Hilfe richterlicher Auslegung sehr weitreichend interpretiert und herangezogen, um außer in Anwaltshaftpflichtfällen z.B. in Disziplinarverfahren gegen Anwälte oder Streitigkeiten unter Mandanten als Richtlinie zu dienen[203].

Im Gegensatz zu den vorangegangenen standesrechtlichen Kodifikationen der American Bar Association widmen sich die Model Rules von 1983 in Rules 1.9 f. ausdrücklich der adverse representation.

aa. Grundsatz der Vertraulichkeit

Im Gegensatz zur anwaltlichen Loyalitätspflicht anerkennen sowohl das Fallrecht[204] als auch die standesrechtlichen Kodifikationen, daß die Unverletzlichkeit der vertraulichen Informationen eines Mandanten über die Beendigung des Mandatsverhältnisses

---

[203] z.B. Norton v. Tallahassee Memorial Hospital, 511 F.Supp.777 (N.D.Fla.1981); Armstrong v. McAlpin, 606 F.2d 28 (2d Cir.1979); Sapienza v. New York News, Inc., 481 F.Supp. 676 (S.D.N.Y.1979); Rice v. Baron, 456 F.Supp.1361 (S.D.N.Y.1978).

[204] United States v. Standard Oil Co., 136 F.Supp.345, 355 (S.D.N.Y.1955),

> "The rationale behind this rule is as sound as it is elementary. The confidences communicated by a client to his attorney must remain inviolate for all time if the public is to have reverence for the law and confidence in its guardians... . The client must be secure in his belief that the lawyer will be forever barred from disclosing confidences reposed in him.";

vgl. auch Donohoe v. Consolidated Operating & Production Corp., 691 F.Supp.109 (N.D.Ill.1988); Original Appalachian Artworks, Inc. v. May Department Stores Co., 640 F.Supp.751 (N.D.Ill.1986).

hinaus bestehen bleibt[205]. Dies setzt allerdings voraus, daß der Mandant die Wahrung seiner vertraulichen Informationen nachweisbar erwarten durfte und sie auch erwartet hat[206]. Diese Erwartung muß z.B. in Streitfällen zwischen Mandanten verneint werden, die vorher von einem Anwalt gemeinschaftlich vertreten wurden[207]. Hinsichtlich einstmals geteilter ver-traulicher Informationen können sie in einer späteren adverse representation nicht ernsthaft auf den Schutz des Vertraulichkeitsgrundsatzes vertrauen.

bb. Independent Judgement

Obwohl das Konzept der Loyalitätspflicht die Bereitschaft des Anwalts beeinflussen kann, einen ehemaligen Mandanten zu verklagen, wird ein früheres Mandatsverhältnis in der Regel keinen Einfluß auf die persönliche Loyalität des Anwalts gegenüber seinem gegenwärtigen Mandanten haben, da die uneingeschränkte Loyalität und somit die Verantwortlichkeit des Anwalts den Interessen seines gegenwärtigen Mandanten gilt[208]. Das auf dem Grundsatz der ungeteilten Loyalität des Anwalts gegenüber seinem Mandanten basierende Erfordernis des independent judgement[209] bleibt hier in ähnlicher Weise unberührt, da es im Rahmen der adverse representation fast immer um den

---

[205] Siehe oben unter Fiduciary Obligations, S.9 u.32.

[206] z.B. Meyerland Community Improvement Association v. Temple, 700 S.W.2d 263 (Tex.Civ.App.1985); Allegaert v. Perot, 565 F.2d 246 (2d Cir.1977).

[207] z.B. Kempner v. Oppenheimer & Co., Inc., 662 F.Supp.1271 (S.D.N.Y.1987)(Arbeitgeber und Arbeitnehmer).

[208] Mallen/Smith, Bd.1, S.758.

[209] Siehe oben unter Independent Judgement, S.51.

Mißbrauch von vertraulichen Informationen des ehemaligen Mandanten geht und derzeitige Mandanten darüber hinaus häufig befürchten, ihr Anwalt werde aus Loyalität zum ehemaligen Mandanten in ihrer Angelegenheit nicht aggressiv genug vorgehen. Der Aspekt des independent judgement spielt folglich im Rahmen der adverse representation keine nennenswerte Rolle.

V. Judgemental Liability

Die Tätigkeit des Juristen erfordert regelmäßig den Gebrauch seines Urteilsvermögens, um Probleme zu lösen, die selbst unter Fachleuten strittig sind. Anwälte sind hierbei in besonderem Maße der Gefahr ausgesetzt, in diesem Zusammenhang Fehler zu begehen, da ihre Tätigkeit - ungleich jedem anderen Berufsstand - eine Arbeitsweise umfaßt, in welcher sie ständig kontradiktorische Standpunkte einnehmen und vertreten müssen[210].

Diese Gefahr besteht für alle Sparten des anwaltlichen Berufes, da selbst der beratende Anwalt der Tatsache ins Auge sehen muß, daß das Recht keine genauen und eindeutigen Antworten für Probleme bereithält und maßgebend von den rechtlichen Ansichten der Gerichte abhängig ist. Auch Richter räumen ein, daß die Zuverlässigkeit ihrer Auffassungen ausschließlich von der Unwiderruflichkeit ihrer Entscheidungen abhängt[211].

---

210 Mallen/Smith, Bd.1, S.811.

211 People v. Clark, 109 Cal.App.3d 88, 167 Cal.Rptr.51 (1980). Sogar ein Gericht stellte einst fest, daß ein Anwalt seine Bibliothek mit einer Kristallkugel ausstatten müsse, wenn er sichergehen wolle, daß kein Gericht jemals seiner Auffassung widersprechen würde, Denzer v. Rouse, 48 Wisc.2d 528, 180 N.W.2d 521 (1970).

Um im Interesse seines Mandanten überhaupt eine Entscheidung treffen zu können, muß der Anwalt im Rahmen seiner Tätigkeit, sowohl in der Beratung als auch im Prozeß, in jedem Fall von seinem Urteilsvermögen Gebrauch machen und eine Einschätzung der Rechtslage vornehmen (Rechtsprüfungspflicht), unabhängig davon ob es sich um eine klare oder unklare Rechtslage handelt.

Demnach kommt es im wesentlichen darauf an, daß der Anwalt sich ein Bild von der für den konkreten Fall maßgeblichen Rechtslage macht. Daraufhin wird der Anwalt, weil er sich entsprechend informiert hat, regelmäßig mehrere Möglichkeiten sehen, den Interessen seines Mandanten gerecht zu werden. Nunmehr muß der Anwalt von seinem Urteilsvermögen Gebrauch machen und sich für eine der Möglichkeiten entscheiden, um im Interesse des Mandanten den sichersten Weg gehen und somit die für ihn sicherste Entscheidung treffen zu können (Risikovermeidungspflicht).

Inwieweit der Anwalt aus dem Gebrauch seines Urteilsvermögens haftet (judgemental liability), wird im folgenden untersucht.

1. Rechtsprüfungspflicht

Es ist die grundlegende Pflicht eines jeden Anwalts, sich Kenntnis über allgemeines Fallrecht, Kodifikationen und Rechtsfragen zu verschaffen (Rechtsprüfungspflicht)[212].

Bei der Erörterung der Rechtsprüfungspflicht des Anwalts muß eine wesentliche Unterscheidung getroffen werden. Rechtliches Wissen besteht sowohl aus präsentem als auch

---

212 Meiselman, S.14; Mallen/Smith, Bd.1, S.817.

erlernbarem Wissen, wobei letzteres durch wissenschaftliche Nachforschungen situativ erarbeitet werden muß. Dem Anwalt kann nur ein Verstoß gegen die Rechtsprüfungspflicht vorgeworfen werden, wenn er nicht über das unabdingbare präsente Wissen verfügte und die ausreichende Einarbeitung in die jeweiligen Rechtsprobleme seines Mandanten versäumt hat[213].

Zweifelhaft ist, ob ein Anwalt seine Rechtsprüfungspflicht verletzt, wenn er die Rechtslage nicht durch die für Anwälte üblichen Nachforschungen und zugänglichen Rechtsquellen ermitteln kann. Diese Frage wird regelmäßig dahingehend beantwortet, daß die Kenntnis bestimmter Rechtsgrundsätze nur dann vom Anwalt verlangt werden kann, wenn dieser die Möglichkeit hatte, die Rechtslage zu prüfen. Ein Gericht stellte hierzu fest, daß ein Anwalt nicht zur perfekten Kenntnis des Rechts verpflichtet ist[214]. Vielmehr reicht es auch hier aus, wenn der Anwalt solche Nachforschungen anstellt, wie sie von einem normalen Anwalt erwartet werden[215]. Dies gilt insbesondere dann, wenn vom Anwalt eine sofortige Initiative verlangt wurde, ohne Zeit für eine eingehende Rechtsprüfung zu haben[216]. Somit wird vom Anwalt auch im Rahmen der Rechtsprüfungspflicht lediglich die Zugrundelegung der im Vergleich zu anderen Anwälten gewöhnlich zu erwartenden Fach- und Sachkenntnis verlangt.

---

[213] Mallen/Smith, Bd.1, S.820.

[214] Breedlove v. Turner, 9 Mart.(o.s.) 353 (La.1821).

[215] Mecartney v. Wallace, 214 Ill.App.618 (1919).

[216] Breedlove v. Turner, 9 Mart.(o.s.) 353 (La.1821).

Der Anwalt hat seinen Kenntnisstand durch wissenschaftliche Nachforschungen derart zu vertiefen, daß es ihm möglich ist, die für die Lösung der konkreten Rechtsfragen seines Mandanten maßgebenden Rechtsgrundsätze zu bestimmen[217].

a. Kenntnis des Rechts

aa. Gefestigte Rechtslage

Von einem Anwalt wird zumindest erwartet, daß er Kenntnis von der allgemein anerkannten und zweifelsfrei definierten Rechtsprechung hat[218]. Es muß sich um veröffentlichtes Recht - wie z.B. gefestigte Rechtsprinzipien oder veröffentlichte Gerichtsurteile[219] - handeln, so daß es der gesamten Anwaltschaft allgemein zugänglich und wohlbekannt ist[220]. Dieselben Voraussetzungen finden auf Kodifikationen, Verordnungen[221] und juristische Lehrbücher[222] Anwendung. Zudem muß ein Anwalt sowohl die Prozeßvorschriften der Gerichte kennen, vor

---

217 z.B. Dixon v. Perlman, 528 So.2d 637 (La.App.1988); Citizen's Loan, Fund & Savings Association v. Friedley, 123 Ind.143, 23 N.E.1075 (1890).

218 z.B. Davis v. Damrell, 119 Cal.App.3d 883, 174 Cal.Rptr.257 (1981); Baird v. Pace, 156 Ariz.418, 752 P.2d 507 (App.1987).

219 Citizen's Loan, Fund & Savings Association v. Friedley, 123 Ind.143, 23 N.E.1075 (1890).

220 Hill v. Mynatt, 59 S.W.163 (Tenn.Ch.App.1900); Goodman & Mitchell v. Walker, 30 Ala.482, 68 Am.Dec.134 (1858).

221 Mallen/Smith, Bd.1, S.817.

222 Smith v. Lewis, 13 Cal.3d 349, 118 Cal.Rptr.621, 530 P.2d 589 (1975).

denen er praktiziert[223], als auch mit den Pflichten und Funktionen der Urkunds- und Verwaltungsbeamten vertraut sein[224] und die Grundsätze der Prozeßtaktik, des mündlichen Vortrages und der Schriftsätze beherrschen[225].

Neuere Entscheidungen tendieren zu der Auffassung, daß die historische Beschränkung dieser Grundsätze auf in der Anwaltschaft wohlbekanntes Recht aufgrund der hochentwickelten Forschungsmethoden und -geräte, die dem modernen Anwalt zur Verfügung stehen, in der heutigen Zeit keine Gültigkeit mehr hat[226]. Demnach muß der Wissensstand eines wohlinformierten Anwalts zusätzlich solche Rechtsgrundsätze umfassen, die ohne weiteres durch standardisierte Forschungsinstrumente - wie z.B. computerisierte Fallkatalogisierung und Entscheidungssammlungen - erhältlich sind[227]. In diesem Zusammenhang stellt sich die Frage, inwieweit die tatsächliche Ausstattung des einzelnen Anwaltsbüros eine Rolle spielt. Die Beantwortung dieser Frage muß eindeutig aus der Sicht des Mandanten vorgenommen werden. So erwartet ein Mandant - unabhängig von der Ausstattung des Anwaltsbüros - von

---

[223] Hillegass v. Bender, 78 Ind.225 (1881); Citizen's Loan Fund & Savings Association v. Friedley, 123 Ind.143, 23 N.E. 1075 (1890).

[224] Toczylowski v. General Bindery Co., 359 Pa.Super.572, 519 A.2d 500 (1986); Hillegass v. Bender, 78 Ind.225 (1881).

[225] Citizen's Loan, Fund and Savings Association v. Friedley, 123 Ind.143, 23 N.E.1075 (1890); Hillegass v. Bender, 78 Ind.225 (1881).

[226] Metzger v. Silverman, 62 Cal.App.3d Supp.30, 133 Cal.Rptr.355 (1976); Smith v. Lewis, 13 Cal.3d 349, 118 Cal.Rptr.621, 530 P.2d 589 (1975).

[227] Smith v. Lewis, 13 Cal.3d 349, 118 Cal.Rptr.621, 530 P.2d 589 (1975).

seinem Anwalt zeitgemäß informiert, beraten und auch sonst in seinen rechtlichen Angelegenheiten betreut zu werden. Dies muß dann im heutigen Zeitalter technischer Hochentwicklung auch computergestützte Forschungsmethoden und Büroverwaltung umfassen, die mittlerweile zur Grundausstattung der meisten Anwaltskanzleien gehören.

Eine Rechtslage kann sich mit der Zeit ändern. Was heute als richtig anerkannt ist, kann morgen als falsch angesehen werden, und umgekehrt. 1983 wurde diese Problematik im Fall Sharpe v. Superior Court[228] aufgeworfen. In diesem Fall ging es um anwaltlichen Rat hinsichtlich der Frage, ob eine Frau einen Unterhaltsanspruch aus der Militärrente ihres ehemaligen Ehemannes geltend machen konnte. Obwohl gemäß den derzeit geltenden bundesrechtlichen Statuten ein solcher Anspruch nicht bestand, existierte dennoch gegenteiliges fehlerhaftes Fallrecht, nach welchem der Frau ein entsprechender Unterhaltsanspruch zugestanden hätte. Weil er versäumt hatte, das für sie vorteilhaftere fehlerhafte Fallrecht zu ermitteln und anzuwenden, verklagte die Frau ihren Anwalt. Das Gericht entschied jedoch, daß das Versäumnis eines Anwalts, zum Zeitpunkt der Bearbeitung des konkreten Falles fehlerhaftes Fallrecht zu ermitteln und anzuwenden, nicht zur legal malpractice Klage gegen ihn berechtigt[229].

---

[228] 143 Cal.App.3d 469, 192 Cal.Rptr.16 (1983).

[229] Im einzelnen heißt es:

" Where under federal statutes in effect at time attorney represented client in separate maintenace action, wife had no property right in her ex-spouse's military pension, attorney's failure to research community property status of federal military retirement benefits and to apply incorrect case law which conferred community property

In der Regel werden Anwälte somit nicht als haftbar angesehen, wenn sie Ansichten vertreten, die der durchschnittliche Anwalt als falsch ansieht oder andererseits Ansichten verneinen, die für gewöhnlich als richtig anerkannt sind[230].

bb. Unklare Rechtslage

Wenn die Rechtslage wirklich streitig oder noch nicht gefestigt ist, werden wissenschaftliche Nachforschungen und faktische Ermittlungen den Anwalt nicht zu einem korrekten Ergebnis führen. Wo verschiedene Ansichten akzeptabel sind, könnte sich das Urteilsvermögen des Anwalts als einzig zuverlässiger Maßstab erweisen[231].

Seit 1975 gilt grundsätzlich, daß ein Anwalt nicht für Fehler in der Einschätzung unklarer Rechtslagen haftet[232]. Dies setzt allerdings voraus, daß sich der Anwalt überhaupt ein persönliches Urteil bildet, welches auf angemessenen Nachforschungen beruht[233]. Hierbei ist die Nachforschungspflicht nicht auf Rechtsfragen

---

interest in those military pension benefits did not constitute malpractice."

Sharpe v. Superior Court, 143 Cal.App 3d 469, 192 Cal.Rptr.16 (1983).

[230] Procanik v. Cillo, 226 N.J.Super.132, 543 A.2d 985 (1988).

[231] Mallen/Smith, Bd.1, S.821.

[232] Smith v. Lewis, 13 Cal.3d 349, 118 Cal.Rptr.621, 530 P.2d 589 (1975); siehe auch: George M. Webb, Attorney Malpractice - Attorney's Liability for Failure to Research - Smith v. Lewis, in 1 Glendale L.Rev.280 (1977).

[233] Smith v. Lewis, 13 Cal.3d 349 (358-359), 118 Cal.Rptr.621 (627), 530 P.2d 589 (595).

begrenzt. 1976 wendete ein Berufungsgericht in Florida denselben Grundsatz in einem Fall an, in dem der Anwalt seinen Mandanten im Zusammenhang mit einem Vertrag beriet, ohne ihn gelesen zu haben[234]. Das Gericht entschied, daß diese Unterlassung eine Haftungsgrundlage darstellen könnte, obwohl ausreichend sorgfältige Anwälte nach Lesen desselben Schriftstücks denselben Rat hätten geben können[235]. In Angelegenheiten, die die Einschätzung der Rechtslage durch den Anwalt erfordern, hat der Mandant ein Recht auf eine wohlbegründete - auf ausreichenden Nachforschungen basierende - Beurteilung.

In den folgenden Jahren wurde dieser Grundsatz durch die Gerichte dahingehend ausgeweitet, daß selbst in zweifelhaften Fällen ausreichende Nachforschungen seitens der Anwälte erwartet werden, um eine intelligente und "informed" Würdigung der Rechtslage im Interesse ihrer Mandanten vornehmen zu können[236]. Somit ist der Anwalt nur dann von der Haftung für Fehler in der Einschätzung einer unklaren Rechtslage ausgenommen, wenn er tatsächlich eine wohlbegründete Einschätzung vorgenommen und somit sein Urteilsvermögen eingesetzt hat.

---

[234] Dillard Smith Construction Co. v. Greene, 337 So.2d 841 (Fla.App.1976).

[235] Dillard Smith Construction Co. v. Greene, 337 So.2d 841 (843).

[236] z.B. Baird v. Pace, 156 Ariz.418, 752 P.2d 507 (App.1987); Aloy v. Mash, 38 Cal.3d 413, 212 Cal.Rptr.162, 696 P.2d 656 (1985); Davis v. Damrell, 119 Cal.App.3d 883, 174 Cal.Rptr.257 (1981); Dillard Smith Construction Co. v. Greene, 337 So.2d 841 (Fla.App.1976); Helmbrecht v. St.Paul Insurance Co., 122 Wis.2d 94, 362 N.W.2d 118 (1985).

cc. Kenntnis des Rechts anderer Einzelstaaten

Die Rechtskenntnis des Anwalts kann nicht immer auf das Recht des Einzelstaates beschränkt sein, in welchem der Anwalt praktiziert. In einer modernen Gesellschaft mit blitzschneller Kommunikation und raschem Transportwesen repräsentieren Anwälte häufig Mandanten, deren Geschäfte oder sonstigen rechtlichen Belange in andere nationale Einzelstaaten übergreifen. Anwälte sind in der Regel nicht im Recht anderer Gerichtsbarkeiten erfahren. Dennoch ist allgemein anerkannt, daß sie bei der Bearbeitung entsprechender Fälle die notwendige Sach- und Fachkenntnis zugrundelegen müssen, was auch die Kenntnis des Rechts aller Gerichtsbarkeiten umfaßt, die in der konkreten Sache berührt sind[237].

Ein Anwalt ist demnach verpflichtet, sich in dem Maße mit dem Recht anderer Einzelstaaten - sowie gegebenenfalls ausländischem Recht - vertraut zu machen, wie es für die ordnungsgemäße Vertretung seines Mandanten erforderlich ist[238]. Aufgrund dieser Umstände, ergeben sich für die anwaltliche Praxis mehrere Alternativen. Einerseits könnte sich die Rechtslage als unkompliziert erweisen, so daß sich der Anwalt die gebotene Rechtskenntnis durch wissenschaftliche Forschungsarbeit aneignen kann. Andererseits kann im konkreten Fall die Einschaltung eines anderen Anwalts mit fundierter Kenntnis des fremden Rechts oder eines ortsansässigen Anwalts geboten sein, wenn die Rechtslage des fremden Einzelstaates zu komplex

---

[237] Mallen/Smith, Bd.1, S.818, Meiselman, S.14.

[238] Rekeweg v. Federal Mutual Insurance Co., 27 F.R.D.431 (N.D.Ind.1961) (In diesem Fall war ein Anwalt aus Indiana verpflichtet, das Verjährungsrecht Oklahomas zu kennen).

ist. Die Versäumnis der Einschaltung eines ortsansässigen Anwalts kann insbesondere dann zur Haftpflicht führen, wenn dem Anwalt die eigene Unwissenheit hinsichtlich lokaler Faktoren bewußt war, die für die Vertretung der Interessen seines Mandanten bedeutend waren[239].

2. Ergebnis

Grundsätzlich haftet ein Anwalt nicht für einen Fehler im Gebrauch seines Urteilsvermögens[240]. Dies setzt allerdings voraus, daß sich der Anwalt im Rahmen der Rechtsprüfungspflicht, zusätzlich zu seinen notwendigerweise bereits vorhandenen Grundkenntnissen, über alle rechtlichen Aspekte informiert, die für die bestmögliche und risikoärmste Vertretung der Interessen seines Mandanten erforderlich sind. Der Anwalt muß sich in einer vernünftigen Weise bemühen, ein Verständnis für die rechtlichen Probleme zu entwickeln.

Die Frage nach der Haftung des Anwalts hat im Zusammenhang mit einer unklaren Rechtslage besondere Bedeutung, da hier - mehr als bei einer klaren Rechtslage - immer mehrere Ansichten möglich sind. Es ist allgemein anerkannt, daß ein Anwalt generell nicht für Fehler in der Einschätzung unklarer Rechtslagen haftet, wenn er seiner Entscheidung eine wohlbegründete (well-informed) Rechtsprüfung zugrundegelegt und somit tatsächlich mit Hilfe seines Urteilsvermögens eine echte Einschätzung der Rechtslage vorgenommen hat.

---

239 Stern, S.86.

240 z.B. Copeland Lumber Yards, Inc. v. Kincaid, 69 Or.App.35, 684 P.2d 13, Revision abgelehnt 298 Or.37, 688 P.2d 845.

VI. Standard of Care

Die einst maßgebliche Frage, auf welche Haftungsgrundlage sich der Mandant gegen seinen Anwalt berufen soll, hat weitestgehend an Bedeutung verloren, da heute im wesentlichen der gleiche Maßstab auf alle Haftungsgrundlagen Anwendung findet[241]. Demnach dient der standard of care mehreren Arten von legal malpractice Klagen als Prüfungsmaßstab der Haftung. Die üblichsten Haftungsgrundlagen des Anwaltshaftungsrechts sind negligence[242] und die Verletzung des konkludenten Vertrages, der anwaltlichen Tätigkeit gewöhnliche Sach- und Fachkenntnis zugrunde zu legen[243]. Darüber hinaus kann der standard of care einer Klage wegen der Verletzung eines ausdrücklichen Vertrages[244] oder der Anwaltspflichten[245] als Grundlage dienen.

Obwohl es eine Vielzahl von Entscheidungen gibt, die sich auf einen standard of care berufen, haben bisher nur wenige Gerichte seine Voraussetzungen analytisch hervorgehoben. Alle Entscheidungen legten jedoch bei der Bestimmung der Angemessenheit anwaltlichen Verhaltens die gleichen Kriterien zugrunde, so daß sich dennoch eine Definition des standard of care erstellen läßt. Demnach muß ein Anwalt seiner Tätigkeit die Sach- und Fachkenntnis zugrundelegen, über die gewöhnlicherweise

---

[241] Meiselman, S.18.

[242] Siehe oben, S.23.

[243] Siehe oben, S.15.

[244] Siehe oben, S.15.

[245] Siehe oben, S.32.

Anwälte unter den gleichen Umständen verfügen[246]. Unter dem Kriterium der gleichen Umstände versteht man in diesem Zusammenhang etwa Umstände der jeweiligen Lokalität und spezielle Fähigkeiten des Anwalts.

Wenn der Anwalt es versäumt, seiner Tätigkeit die in der Anwaltschaft übliche Sorgfalt zugrunde zu legen, so kann er für alle daraus kausal resultierenden finanziellen Schädigungen seines Mandanten haftbar gemacht werden[247].

1. Einzelkriterien des standard of care

a. Anwaltliche Kompetenz

Die in Entscheidungen am häufigsten zitierten Voraussetzungen anwaltlicher Kompetenz umfassen Sach- und Fachwissen, Sorgfalt, Eifer und Eignung des Anwalts, wobei diese Komponenten in den seltensten Fällen einzeln als alleiniges Prüfungskriterium des standard of care angeführt werden[248]. Hodges v. Carter[249], eine der ersten Entscheidungen in diesem Kontext, wurde seither häufig - sowohl in prozessualen, als auch außer-prozessualen Angelegenheiten - als Richtlinie für anwaltliche Kompetenz und Sorgfalt zitiert. Dort heißt es:

---

[246] Horan/Spellmire, 13-1; Meiselman, S.16; Mallen/Smith, Bd.1, S.857; Wolfram, S.209 u. 212; Stern, S.83.

[247] Restatement of Torts (Second), § 299 A (1965); siehe dazu grundsätzlich, Woodruff v. Tomlin, 593 F.2d 33, 43 (6th Cir.1979), Revision abgelehnt 449 U.S.888, 101 S.Ct.246, 66 L.Ed.2d 114 (1980); Smith v. Lewis, 13 Cal.3d 349, 118 Cal.Rptr.621, 530 P.2d 589 (1975).

[248] Mallen/Smith, Bd.1, S.857.

[249] 239 N.C.517, 80 S.E.2d 144, 145-146 (1954).

"Ordinarily when an attorney engages in the practice of the law and contracts to prosecute an action in behalf of his client, he impliedly represents that (1) he possesses the requisite degree of learning, skill, and ability necessary to the practice of his profession and which others similarily situated ordinarily possess; (2) he will exert his best judgement in the prosecution of the litigation entrusted to him; and (3) he will exercise reasonable and ordinary care and diligence in the use of his skill and in the application of his knowledge to his client's cause."

Für gewöhnlich wird der Sorgfaltsmaßstab als "skill and knowledge"[250] oder "care and skill"[251] bezeichnet. Der Eifer, den der Anwalt der Ausübung seiner Tätigkeit zugrundelegt, wird oft im Zusammenhang mit dem Können[252] des Anwalts oder seiner Sorgfalt[253] als wesentliches Kriterium angeführt. Die Formulierungen des standard of care, die diese Kriterien zum Inhalt haben, sind zahlreich. Die Gerichte beschränken sich jedoch generell

---

[250] z.B. Mageary v. Hoyt, 91 Ariz.41, 369 P.2d 662 (1962); Dillard Smith Construction Co. v. Greene, 337 So.2d 841 (Fla.App.1976); St.Pius X House of Retreats, Salvatorian Fathers v. Diocese of Camden, 88 N.J.571, 443 A.2d 1052 (1982).

[251] z.B. National Savings Bank v. Ward, 100 U.S. (10 Otto) 195, 25 L.Ed. 621 (1879); Sprague v. Morgan, 185 Cal.App.2d 519, 8 Cal.Rptr.347 (1960); Shanley v. Barnett, 168 Ill.App.3d 799, 119 Ill.Dec.592, 523 N.E.2d 60 (1988); Hoyer v.Frazee, 323 Pa.Super.421, 470 A.2d 990 (1984).

[252] z.B. Rhine v. Haley, 238 Ark.72, 378 S.W.2d 655 (1964); Siegel v. Kranis, 29 A.D.2d 477, 288 N.Y.S.2d 831 (1968).

[253] z.B. Sarti v. Udall, 91 Ariz.24, 369 P.2d 92 (1962).

auf "care, skill and diligence"[254] und "skill, knowledge and care"[255]. Die Vielzahl der Formulierungen ist darauf zurückzuführen, daß die Gerichte versuchen, die Kompetenz eines Anwalts nicht abstrakt zu formulieren, sondern ihr im Kontext mit der vom Anwalt im konkreten Fall ausgeübten Tätigkeit Bedeutung zu verleihen[256]. Demgemäß wird sich das Gericht bei der Bestimmung des standard of care auf das Kriterium der Rechtskenntnis konzentrieren, wenn dem konkreten Fall ein Rechtsirrtum des Anwalts zugrundeliegt[257]. Wenn einem Anwalt bei der Erstellung eines rechtlichen Dokuments Fehler unterlaufen sind, richtet sich die Aufmerksamkeit des Gerichts auf die Fachkenntnis des Anwalts[258]. Wo der Anwalt eine gesetzliche Frist versäumt hat, wird das Gericht sich wiederum schwerpunktmäßig mit dem Eifer und der Sorgfalt des Anwalts bei der Bearbeitung des Falles befassen[259].

Abgesehen von den vielfältigen Formulierungen des standard of care, basieren alle seine Voraussetzungen auf einem gemeinsamen grundlegenden Ausgangspunkt. Es handelt sich hierbei um den Aspekt des "reasonable attorney", welcher als Maßstab für das angemessene Verhalten aller

---

[254] z.B. Wright v. Williams, 47 Cal.App.3d 802, 121 Cal.Rptr.194 (1975); Cleckner v. Dale, 719 S.W.2d 535 (Tenn.App.1986).

[255] z.B. Dean v. Conneticut, 419 So.2d 148 (Miss.1982).

[256] Meiselman, S16; Mallen/Smith, Bd.1, S.860.

[257] Vgl. Mageary v. Hoyt, 91 Ariz.41, 369 P.2d 662 (1962).

[258] z.B. Wright v. Williams, 47 Cal.App.3d 802, 121 Cal.Rptr.194 (1975).

[259] Vgl. Theobald v. Byers, 193 Cal.App.2d 147, 13 Cal.Rptr.864 (1961).

Anwälte gilt, die eine Haftung vermeiden wollen[260]. Im Unterschied zu einer gewöhnliche Klage wegen negligence wird somit die Pflichtverletzung durch den Anwalt nicht am Maßstab der "reasonable person", sondern daran gemessen, inwieweit das Verhalten des Anwalts von der üblichen Praxis innerhalb der Anwaltschaft abweicht[261]. Unter üblicher Praxis ist hierbei zu verstehen, daß ein Anwalt seine Tätigkeit verglichen mit anderen Anwälten unter den gleichen Umständen ehrlich und vernünftig ausüben muß[262].

Das Niveau der Sach- und Fachkenntnis oder anderer erforderlicher Eigenschaften des Anwalts, muß nicht das höchste sein[263]. So wird im Restatement of Torts zwar mehr als nur ein Minimum beruflicher Kompetenz gefordert[264]; diese Regelung wurde allerdings im Rahmen des legal malpractice in den seltensten Fällen von den Gerichten akzeptiert[265]. Die überragende Präferenz der Gerichte lag bislang darin, die Leistung des Anwalts an dem zu messen, was im Vergleich zur Sach- und

---

[260] Wolfram, S.209; Mallen/Smith, Bd.1, S.861.

[261] Meiselman, S.15 f.

[262] (Meiselman, S.14; Mallen/Smith, Bd.1, S.857;) Theobald v. Byers, 193 Cal.App.2d 147, 13 Cal.Rptr.864, 87 A.L.R.2d 986.

[263] z.B. Morrison & Whitlock v. Burnett, 56 Ill.App.129 (1894).

[264] Restatement of Torts (Second), § 299 A, Reporter's Notes at 75, Comment a: "Skill...is something more than the mere minimum competence..."; Comment e: "...the standard of skill and knowledge required of the actor who practices a profession is that which is commonly possessed by members of that profession in good standing.".

[265] Meiselman, S.15; Mallen/Smith, Bd.1, S.861.

Fachkenntnis anderer Standeskollegen üblich[266] und vernünftig[267] ist. Folglich ist im Zusammenhang mit der Haftung des Anwalts gegenüber seinem Mandanten grundsätzlich weder minimale, durchschnittliche noch maximale Kompetenz, sondern das Minimum an im Vergleich zu anderen Anwälten üblicher Kompetenz erforderlich.

b. Spezialisierung des Anwalts

Die steigende Tendenz zur Spezialisierung im Anwaltsberuf nimmt in zunehmenden Maße Einfluß auf den standard of care. Es fragt sich vor allem, ob auch hier die Fähigkeiten und Erfahrungen eines gewöhnlichen Anwalts als Sorgfaltsmaßstab ausreichen und zugrundegelegt werden können oder ob ein neuer Maßstab gefunden werden muß. Die Gerichte beantworten diese Frage mit zunehmender Häufigkeit dahingehend, daß ein Anwalt, der sich einem rechtlichen Spezialgebiet zuwendet, dasselbe Maß an beruflichen Qualifikationen und Erfahrungen aufbringen muß, welches ein Spezialist dieses Gebietes besitzt[268]. Darüber hinaus hat noch kein Gericht die Auffassung

---

[266] z.B. Sarti v. Udall, 91 Ariz.24, 369 P.2d 92 (1962); Wright v. Williams, 47 Cal.App.3d 802, 121 Cal.Rptr.194 (1975); Dillard Smith Construction Co. v. Greene, 337 So.2d 841 (Fla.App.1976); Siegel v. Kranis, 29 A.D.2d 477, 288 N.Y.S.2d 831 (1968); Cook v. Irion, 409 S.W.2d 475 (Tex.Civ.App.1966).

[267] z.B. Herston v. Whitesell, 348 So.2d 1054 (Ala.1977), Berufung nach Hauptverhandlung 374 So.2d 267 (1979); Smitherman v. Superior Court, 5 Ariz.App.170, 424 P.2d 461 (1967); Grago v. Robertson, 49 A.D.2d 645, 370 N.Y.S.2d 255 (1975).

[268] z.B. Day v. Rosenthal, 170 Cal.App.3d 1125, 217 Cal.Rptr.89 (1985)(Im konkreten Fall ging es um Steuerrecht); Bowman v. Doherty, 235 Kan.870, 686 P.2d 112 (1984) (Im konkreten Fall ging es um Strafrecht); Rodriguez v. Horton, 95 N.M.361, 622 P.2d 261 (App.1980) (Im konkreten Fall ging es um Arbeitsrecht).

zurückgewiesen, daß Spezialisten einem strengeren standard of care entsprechen müssen; der Aspekt hat lediglich bis vor einigen Jahren keine Rolle gespielt.

Es ist ein anerkannter Grundsatz des Rechts der unerlaubten Handlungen[269] und des Arzthaftungs-rechts[270], daß ein Berufstätiger, der den Anschein erweckt, ein höheres Maß an Sach- und Fachkenntnis zu besitzen als durchschnittliche Mitglieder seines Berufsstandes, einem höheren Maßstab entsprechen muß als Allgemeinkundige.

1975 wurde die Problematik der Spezialisierung des Anwalts in Wright v. Williams aufgeworfen[271]. Wright hatte seinen Anwalt wegen des Kaufes eines seetüchtigen Schiffes konsultiert. Da der Auftrag außerhalb seines Betätigungsfeldes lag, verwies er seinen Mandanten an Williams, einen Spezialisten im Seerecht. Wright verklagte Williams, weil dieser versäumt hatte, das Eigentumsrecht an dem Schiff in angemessener Weise zu überprüfen[272]. Im einzelnen stellte das Gericht fest:

> "One who holds himself out as a legal specialist performs in similar circumstances to other specialists but not to general practicioners of the law. We thus conclude that a lawyer holding himself

---

[269] Restatement of Torts (Second), § 299 A, comment d (1957); Prosser, Law of Torts § 32, at 165 f.

[270] z.B. Ayres v. Parry, 192 F.2d 181 (3d Cir.1951), Revisionsantrag abgelehnt, 343 U.S. 980 (1952); Harris v. Campbell, 2 Ariz.App.351, 409 P.2d 67 (1965).

[271] 47 Cal.App.3d 802, 121 Cal.Rptr.194 (1975).

[272] Gemäß dem Merchant Marine Act von 1920 war es Wright versagt, das Schiff im Küstenhandel einzusetzen, da es ehemals einem Ausländer gehört hatte.

out to the public and to the profession as specializing in an area of the law must exercise a skill, prudence and diligence exercised by other specialists of ordinary skill and capacity specializing in the same field."[273]

Das Gericht entschied grundlegend, daß ein Anwalt, welcher der Öffentlichkeit und insbesondere seinen Mandanten gegenüber den Eindruck erweckt, im Gegensatz zum allgemeinkundigen Anwalt juristische Spezialkenntnisse zu besitzen, einem entsprechend höheren standard of care entsprechen muß. Somit wurde dieser Grundsatz, der schon im allgemeinen für unerlaubte Handlungen und speziell für das Arzthaftungsrecht Geltung hatte, auch auf das Anwaltshaftungsrecht übertragen.

Diese Grundsätze werden nach und nach von den Gerichten übernommen und weiterentwickelt[274]. Im allgemeinen stellt sich im Rahmen des standard of care die Frage, ob es sich bei dem betreffenden Rechtsgebiet überhaupt um ein anerkanntes Spezialgebiet handelt[275]. Die Bestimmung rechtlicher Spezialgebiete muß durch die Gerichte von Fall zu Fall unter Berücksichtigung besonderer Umstände - wie ggf. entsprechende Regelungen der Anwaltskammer und des Juristenstandes (z.B. Zulassungen von Amts wegen) -

---

[273] Wright v. Williams, 47 Cal.App.3d 802 (809-810), 121 Cal.Rptr.194 (199); vgl. auch Specialization: An Overview, 69 Cum.L.Rev. 453 (1975).

[274] Walker v. Bangs, 601 P.2d 1279 (1979); Rodriguez v. Horton, 95 N.M.356, 622 P.2d 261 (App.1980); Russo v. Griffin, 147 Vt.20, 510 A.2d 436 (1986).

[275] Mallen/Smith, Bd.1, S.871.

vorgenommen werden[276]. Zulassungen von Amts wegen auf nationaler Ebene gibt es für rechtliche Spezialgebiete bisher nicht. Dennoch gibt es spezielle Bereiche, wie z.B. Bundessteuerrecht, Wertpapierrecht, Patentrecht und Konkursrecht, die nationalrechtliche Bedeutung haben[277].

Es reicht jedoch nicht aus, daß es sich bei dem betreffenden Rechtsgebiet im konkreten Fall um ein ausdrücklich anerkanntes rechtliches Spezialgebiet handelt. Vielmehr muß das Gericht darüber hinaus prüfen, ob dem Fehlverhalten des Anwalts innerhalb dieses Spezialgebiets auch dessen entsprechend höherer standard of care zugrundegelegt werden kann. Dies ist fraglich, da Anwälte in einem breiten Spektrum materiellrechtlicher und prozessualer Grundsätze ausgebildet sind und es folglich in vielen - auch speziellen - Rechtsgebieten grundlegende Prinzipien gibt, die bei der Zulassung zur Anwaltschaft geprüft werden und somit jedem Anwalt bekannt sein sollten. Das Gericht muß also untersuchen, ob die Hilfe eines Sachverständigen beansprucht werden muß, um festzustellen, ob es sich bei der vom Kläger in Frage gestellten Kenntnis des beklagten Anwalts tatsächlich um Spezialkenntnisse des betreffenden Spezialgebietes oder um allgemein von jedem Anwalt zu erwartendes Wissen handelt[278].

---

[276] Zum Beispiel sind Patent- oder Seerechtsanwälte in den wenigsten Bundesstaaten ausdrücklich als Spezialisten zugelassen, werden jedoch in den meisten Bundesstaaten als solche anerkannt.

[277] Russo v. Griffin, 147 Vt.20, 510 A.2d 436 (1986).

[278] Vgl. Bucquet v. Livingston, 57 Cal.App.3d 914, 129 Cal.Rptr.514 (1976)(Dem vorliegenden Fall lag Steuerrecht als amtlich zugelassenes Spezialgebiet zugrunde. Das Gericht entschied jedoch, daß der in Frage stehende rechtliche Grundsatz jedem Anwalt bekannt sein sollte, der sich mit Vermögensplanung befaßt).

Ein Anwalt kann folglich nur der Haftung eines Spezialisten ausgesetzt werden, wenn er sich in einem anerkannten Spezialgebiet betätigt hat und zur Bestimmung des angemessenen standard of care ein Sachverständiger herangezogen werden muß.

Ein Anwalt darf jedoch nur am gewöhnlichen Sorgfaltsmaßstab gemessen werden, wenn er den Mandanten über seine begrenzte Sach- und Fachkenntnis und Erfahrungen im Zusammenhang mit dem konkreten Auftrag informiert und die Konsultation eines Spezialisten empfohlen hat[279].

c. Lokalität

Bei der Bestimmung des standard of care kann es häufig auch auf die Berücksichtigung besonderer Umstände der Lokalität ankommen[280].

Die Unterschiede im Bezug auf Berufserfahrung und Fachwissen zwischen städtischen und ländlichen Anwälten, wurden schon 1767 in der englischen Entscheidung Pitt v. Yalden[281] gesehen, wo das Gericht feststellte, daß es sich bei den Verteidigern um Anwälte vom Lande handelte, die wahrscheinlich nicht mit dem fraglichen Rechtsgrundsatz vertraut waren. Obwohl die juristische Ausbildung und die Kommunikationssysteme heutzutage

---

[279] Horne v. Peckham, 97 Cal.App.3d 404, 158 Cal.Rptr.714 (1979).

[280] z.B. Lipscom v. Krause, 87 Cal.App.3d 970, 151 Cal.Rptr.465 (1978); Watkins v. Sheppard, 278 So.2d 890 (La.App.1973); Patterson & Wallace v. Frazer, 79 S.W.1077 (Tex.Civ.App.1904).

[281] 4 Burr. 2060, 98 Eng.Rep.74 (K.B.1767).

insgesamt deutlich besser sind, ist die Qualität der rechtlichen Dienstleistung in städtischen Gebieten in der Regel höher als in weniger besiedelten Gegenden[282]. So kann es etwa vorkommen, daß juristische Probleme, die in industriellen und städtischen Gebieten alltäglich sind, dem in ländlichen Gebieten üblichen Landanwalt unbekannt sind.

Der Aspekt der Lokalität stellt in begrenztem Maße eine besondere Form der Spezialisierung dar, die auf der im betreffenden geographischen Gebiet üblichen Sach- und Fachkenntnis beruht. So muß ein Anwalt mit den Vorschriften, der Praxis und den Gewohnheiten der entsprechenden lokalen Gerichtsbarkeit vertraut sein, in der er praktiziert, da diese lokalen Umstände für die Repräsentation eines Mandanten maßgebend sein können[283]. Über diesen Aspekt hinaus wird der prinzipiell auf dem Grundsatz der gewöhnlichen Sach- und Fachkenntnis basierende standard of care jedoch nicht beeinflußt.

Gelegentlich wird daher ein den örtlichen Umständen entsprechender "lokaler" Sorgfaltsmaßstab angewendet[284]. Andere Gerichte bevorzugen einen standard of care für den Anwalt auf staatlicher Ebene[285]. Die meisten Gerichtsbarkeiten legen jedoch - unabhängig von der besonderen

---

[282] Meiselman, S.35.

[283] Siehe oben, S.74.

[284] Wright v. Williams, 47 Cal.App.3d 802, 121 Cal.Rptr.194 (1975); Ramp v. St.Paul Fire & Marine Insurance Co., 263 La.774, 269 So.2d 239, 55 A.L.R.3d 967 (1972).

[285] Feil v. Wishek, 193 N.W.2d 218 (1971); Hansen v. Wightman, 14 Wash.App.78, 538 P.2d 1238 (1975).

Lokalität der anwaltlichen Praxis - einen bundesweit einheitlichen standard of care zugrunde[286].

Auch wenn in verschiedenen Gebieten unterschiedliche lokale Umstände auftreten können, muß der Anwendung eines bundesweit einheitlichen standard of care der Vorzug gegeben werden. Alle Anwälte genießen grundsätzlich - von einzelstaatlichem Recht abgesehen - bundesweit die gleiche juristische Ausbildung. Darüber hinaus sind sie für gewöhnlich nur in dem Einzelstaat zur anwaltlichen Praxis zugelassen, in dem sie ansässig sind. Da sich der Anwalt im Rahmen der Rechtsprüfungspflicht ohnehin grundsätzlich über alle ihm unbekannten Rechtsfragen zu informieren oder einen besser informierten Kollegen einzuschalten hat, ist die Anwendung eines auf lokale Umstände zugeschnittenen standard of care nicht erforderlich. Dies gilt dann insbesondere für außerhalb der dem Anwalt vertrauten Lokalität liegende Fälle und damit verbundene ihm unbekannte oder für seinen eigenen Gerichtsbezirk unübliche Umstände.

2. <u>Ergebnis</u>

Im Hinblick auf die Haftung des Anwalts gilt somit grundsätzlich, daß der Anwalt der Ausübung seiner Tätigkeit - sei es die Prozeßführung für den Mandanten,

---

[286] vgl. Russo v. Griffin, 147 Vt.20, 510 A.2d 436 (1986); Gleason v Title Guaranty Co., 300 F.2d 813 (5th Cir.1962), Berufungsverfahren zurückgewiesen 317 F.2d 56 (5th Cir.1963); Im Reporter zum Restatement of Torts (Second) § 299 A heißt es auf S.75:

> "The standard is not, however, that of the particular locality. If there are only three physicians in a small town, and all three are highly incompetent, they cannot set a standard of utter inferiority for a fourth who comes to town."

dessen Beratung oder sonstige rechtliche Betreuung - die gleiche Sorgfalt und Vernunft zugrundezulegen hat, die unter anderen vernünftigen Anwälten unter den gleichen Umständen üblich ist. Das Niveau der erforderlichen Sach- und Fachkenntnis muß dabei nicht das höchste sein, sondern vielmehr dem Minimum der üblichen Kompetenz anderer vernünftiger Anwälte entsprechen. Hinzu kommt, daß jeder Anwalt, der nach außen hin den Anschein erweckt, rechtliche Spezialkenntnisse zu besitzen, gleich einem Experten des entsprechenden Spezialgebietes haftet und somit einem höheren standard of care entsprechen muß.

VII. Dauer der Pflichtenbindung

Hat der Anwalt ein Mandat angenommen, so bestehen das entsprechende Anwalt-Mandant-Verhältnis und somit die sich daraus ergebenden Sorgfalts- und Vertrauenspflichten grundsätzlich bis zur Erledigung des Auftrags durch den Anwalt fort. Der Anwalt verpflichtet sich, dem Mandanten bis zur Erfüllung seiner Aufgabe als Rechtsbeistand zu dienen. Dieses Verhältnis kann in der Regel nur durch den Mandanten oder das Gericht vorzeitig aufgehoben werden[287]. Der Anwalt darf seinem Mandanten nicht ohne vernünftigen Grund und angemessene Frist kündigen[288], wohingegen der Mandant seinem Anwalt

[287] Hunt v. Kolken, 49 A.D.2d 747, 372 N.Y.S.2d 698 (1975); Hammond v. Weiss, 46 Mich.App. 717, 208 N.W.2d 578 (1973).

[288] Passanante v. Yormark (1975) 138 N.J.Super. 233, 350 A.2d 497; Graham v. Loris (1978, S.C.) 248 S.E.2d 594; Fisher v. State, 248 So.2d 479 (Fla.S.Ct.1971); Westinghouse Electric Corporation v. Kerr-McGee Corporation, 580 F.2d 1311 (1978).

jederzeit und ohne jegliche Begründung das Mandat entziehen kann[289].

Andererseits erweitert ein Anwalt-Mandant-Verhältnis keineswegs automatisch die Pflichten des Anwalts auf andere Rechtsangelegenheiten des Mandanten, die nicht Bestandteil dieses konkreten Auftragsverhältnisses sind.

Eine Verallgemeinerung ist auch in diesem Zusammenhang nicht möglich. Wie bei der Bestimmung der Anwaltspflichten kommt es vielmehr auf die jeweiligen Umstände des Einzelfalls an[290].

3. Teil Die Haftung des Rechtsanwalts im deutschen Recht

Auch im deutschen Recht häufen sich die zivilrechtlichen Klagen gegen Anwälte, wenn auch nicht so dramatisch wie in den U.S.A. Pro Jahr gibt es etwa 800 Anwaltshaftpflichtprozesse, wobei die Zahl der außergerichtlich geregelten Fälle wahrscheinlich wesentlich höher liegt[291]. Nach Auskunft des größten deutschen Haftpflichtversicherers[292], meldet jeder Rechtsanwalt - ob allein oder in Sozietät praktizierend - alle vier bis fünf Jahre einen Schadensfall, wobei die Hälfte aller

---

[289] Prial v. Supreme Court Uniformed Officers Asso. (1977) 91 Misc.2d 115, 397 N.Y.S.2d 528; Martini v. Leland, 116 Misc.2d 231, 455 N.Y.S.2d 354 (1982); Rosenfeld, Meyer & Susman v. Cohen, 146 Cal.App.3d 200, 194 Cal.Rptr.180 (1983).

[290] Mallen/Smith, Bd.1, S.410.

[291] Vollkommer, S.VII; Borgmann/Haug, S.V.

[292] Antwortschreiben auf eine persönliche Anfrage vom 08.07.1991.

Schadensfälle zu Zahlungen führt, deren Höhe in etwa 90% der Fälle durch einen Vergleich über den Haftpflichtanspruch bestimmt wird. Diese Entwicklung läßt sich dadurch erklären, daß die Mandantschaft gegenüber den Anwälten immer kritischer geworden ist und z.B. nach einem verlorenen Prozeß die Verantwortung oft beim Anwalt gesucht wird[293].

A. Allgemeine zivilrechtliche Haftungsgrundlage

I. Begründung von Anwaltspflichten

Es gibt keinen gesetzlich näher ausgestalteten Anwaltsvertrag als besonderen Vertragstyp und somit keine einheitliche Regelung der Anwaltshaftung als solche[294]. Mit Ausnahme des praktisch bedeutungslosen § 44 S.2 BRAO findet sich weder in der Bundesrechtsanwaltordnung[295] noch in sonstigen Gesetzen eine Norm, welche die Voraussetzungen anwaltlicher Haftung festlegt[296]. Daher ist die Anwaltshaftung aus den allgemeinen Rechtsgrundsätzen herzuleiten.

---

[293] Rinsche, S.V.

[294] Vollkommer, S.VII; Rinsche, S.1.

[295] Das BVerfG hat entschieden, daß die anwaltlichen Standesrichtlinien weder zur Konkretisierung der Generalklausel des § 43 BRAO über die anwaltlichen Berufspflichten noch als normative Regelung dieser Pflichten herangezogen werden kann (BVerfG NJW 88, 191 ff).

[296] Rinsche, S.1.

1. Haftung aus dem Mandatsverhältnis

Haftungsgrundlage stellt überwiegend das Vertragsverhältnis zwischen Mandant und Anwalt dar[297]. Es handelt sich hierbei meistens um einen Dienstvertrag gem. § 611 BGB[298], der eine entgeltliche Geschäftsbesorgung gem. § 675 BGB zum Gegenstand hat[299]. Dieser kommt durch die Beauftragung des Anwalts durch den Mandanten und deren Annahme durch den Anwalt zustande.

Eine Weigerung, das Mandat anzunehmen, ist gem. § 44 S.1 BRAO durch den Anwalt unverzüglich anzuzeigen. Aus der Verletzung dieser Pflicht können ggf. Schadensersatzpflichten für den Anwalt resultieren (§ 44 S.2 BRAO)[300].

Bei fehlendem Vertragsverhältnis reichen dauernde berufliche Beziehungen zwischen Anwalt und Mandant als Grundlage für vertragliche Haftpflicht aus, was allerdings ein Vertrauensverhältnis zwischen beiden voraussetzt[301]. Dabei kann schon eine unentgeltliche Beratung die Haftung des Anwalts herbeiführen, wenn seine

---

[297] Rinsche, S.1 Rn.I 2; Vollkommer, S.120; Eine außervertragliche Haftung des Anwalts kann beispielsweise bei dessen Tätigwerden als Testamentsvollstrecker oder Konkursverwalter vorliegen.

[298] Borgmann/Haug, S.41,46; Boergen, S.13; Hanna, S.3, 5, 84; Soergel/Kraft, Vor § 611 Rn. 35, 82; MüKo-Seiler, § 675 Rn.6; ausnahmsweise kann es sich auch um einen Werkvertrag handeln, wenn z.B. ein bestimmter Arbeitserfolg vereinbart wurde, vgl. BGH NJW 65, 106.

[299] Zum früheren - mittlerweile gegenstandslos gewordenen - Meinungsstreit vgl. Schliebner, S.1 f.

[300] Vgl. hierzu Schlee, AnwBl 88, 354.

[301] BGH WM 69, 247; Soergel/Siebert-Mühl, § 611-853 (Bd.3), Rn.7 zu § 676.

betreffende Tätigkeit gewollt und der Rat erkennbar für den Ratsuchenden von erheblicher Bedeutung ist[302].

2. Positive Vertragsverletzung

Die anwaltliche Haftung ergibt sich in der Praxis fast ausschließlich aus der fahrlässigen Verletzung von Nebenpflichten[303], wobei es sich meistens um die allgemeinen Sorgfaltspflichten handelt, die dem Anwalt gegenüber seinem Mandanten obliegen. Dies ergibt sich vor allem daraus, daß der wesentliche Schaden des Mandanten nicht im Minderwert der Beratung und Betreuung im Rahmen des Mandatsverhältnisses, sondern regelmäßig in der durch die Pflichtverletzung - welche typischerweise fast immer eine Unterlassung ist[304] - verursachten Minderung seines Vermögens liegt (etwa Kostenbelastung und Beeinträchtigung materiell-rechtlicher Rechtspositionen)[305].

Demzufolge kommt für einen vertraglichen Schadensersatzanspruch des Mandanten die positive Vertragsverletzung (Forderungsverletzung)[306] als Anspruchsgrundlage in Frage[307]. Da vorsätzliche Pflichtverletzungen in der anwaltlichen Praxis äußerst selten vorkommen, treten die

---

[302] BGH NJW 72, 678; BGH WM 78, 576.

[303] Rinsche, S.17 Rn.I 25.

[304] Borgmann/Haug, S.147 § 25 4.; Löwisch, AcP 165, 421 ff (423).

[305] Vollkommer, S.121 Rn.214, Rn.396.

[306] Zur "Bezeichnungsproblematik" vgl. Jauernig/Vollkommer §276 Anm. V 1 c.

[307] vgl. OLG Düsseldorf in AnwBl.86, 39 ff; OLG Hamm in VersR 81, 936; Jauernig/Vollkommer, § 276 Anm.V 1 c; Vollkommer, S.121; Prinz in VersR 86, 317; Heinemann, NJW 90, 2345 (2347).

anwaltlichen Pflicht-verletzungen meistens als fahrlässige positive Vertragsverletzung auf[308].

Interessanterweise existiert bzgl. der für die P.V.V. erforderlichen Pflichtverletzungen im Anwaltshaftungsrecht eine Besonderheit. So geht man im allgemeinen bei der P.V.V. von einer Unterteilung der Pflichtverletzungen in die drei Fallgruppen der Schlechterfüllung einer Hauptpflicht, der Verletzung von leistungsbezogenen Nebenpflichten und der Verletzung von Schutzpflichten aus[309].

Im Bereich des Anwaltshaftungsrechts ist eine solche Unterteilung nicht zweckmäßig, da sich hier Hauptpflicht, Nebenpflichten und Schutzpflichten in einer wechselseitigen Abhängigkeit befinden[310], d.h., daß die eine Pflicht nicht ohne die Erfüllung der anderen Pflichten bestehen kann, zumal der Anwalt die Interessen des Mandanten nach allen Seiten hin wahrzunehmen hat[311]. Diesen Anforderungen kann nur Rechnung getragen werden, wenn der Anwalt - soweit notwendig - alle anwaltlichen Pflichten erfüllt. Maßgeblich ist hierbei, daß es sich bei allen anwaltlichen Pflichten um Vertragspflichten

---

[308] Borgmann/Haug, S.144; Rinsche, S.47 Rn.I 72; Vollkommer, S.152; Borgmann in Beck'sches Rechtsanwalts-Handbuch, S.823 E II Rn.4; Ostler, JA 83, 109 (112); Beispiele für vorsätzliche Pflichtverletzungen sind das vorsätzliche Verjährenlassen einer begründeten Forderung (dazu BGH NJW 83, 461) und die Untreue (näher dazu Roxin, Beck'sches Rechtsanwalts-Handbuch, E III Rn.64 ff.).

[309] Hierzu näher Jauernig/Vollkommer, § 276 Anm.V 2 a, b, c.

[310] Siehe im einzelnen Vollkommer, S.122.

[311] BGHZ 96, 352 (354); BGH NJW 88, 486 (487).

handelt[312], deren schuldhafte Verletzung durch den Anwalt zu dessen Haftung aus P.V.V. führt.

II. Rechtswidrige und schuldhafte Pflichtverletzung

Da die Haftung des Anwalts somit in der Regel an die fehlerhafte oder unzureichende Erfüllung seiner Pflichten aus dem Anwaltsvertrag anknüpft, stellt die vertragliche Pflichtverletzung den maßgeblichen haftungsrechtlichen Ausgangspunkt jeder Regreßforderung gegen den Anwalt dar[313].

Die Verletzung von Anwaltspflichten durch den Anwalt kann allerdings nur dann zu dessen Haftung führen, wenn er rechtswidrig und schuldhaft gehandelt hat[314]. Rechtswidrigkeit und Verschulden sind dabei selbständige Haftungsvoraussetzungen, die unabhängig von der im konkreten Fall einschlägigen Haftungsgrundlage immer vorliegen müssen[315]. Im Rahmen der vertraglichen Haftung ist die Rechtswidrigkeit gleichbedeutend mit objektiver Pflichtwidrigkeit[316]. Diese führt wiederum nur zu einer Schadensersatzpflicht des Anwalts, wenn diesem auch

---

312 Borgmann/Haug, S.145; Vollkommer, S.122; Larenz, Schuldrecht I, § 2 I (S.10 ff.); a.A. Stoll, Die Lehre von den Leistungsstörungen, 1936, S.28 f.

313 Vollkommer, S.120; Rinsche, S.1 Rn.I 2.

314 Rinsche, S.46 Rn.I 71; Vollkommer, S.146; Borgmann/Haug, S.148; Hartstang, Anwaltsrecht, S.545. Im übrigen kann hier nur kurz auf Rechtswidrigkeit und Schuld eingegangen werden, da deren eingehende Erörterung nicht der Zielsetzung dieser Arbeit entspricht.

315 Vollkommer, S.146.

316 Palandt-Heinrichs, § 276 Anm.2 d; Borgmann/Haug, S.149; Rinsche, S.46 Rn.I 71; Boergen, S.47; Scheffler, NJW 61, 577 (578).

Verschulden vorgeworfen werden kann. Gem. § 276 I BGB hat er grundsätzlich Vorsatz und Fahrlässigkeit zu vertreten. Da in der anwaltlichen Praxis fast ausschließlich fahrlässige Pflichtverletzungen vorkommen, kommt es für die Haftungsfrage maßgeblich auf die Einhaltung eines objektiven Sorgfaltsmaßstabs durch den Anwalt an[317], wonach gem.§ 276 I 2 BGB fahrlässig handelt, wer die im Verkehr erforderliche Sorgfalt außer acht läßt[318]. Insoweit korrespondiert die Verschuldensfrage mit dem Aspekt der Rechtswidrigkeit, in deren Zusammenhang ebenfalls ein Verstoß gegen die standesüblichen Sorgfaltspflichten zu untersuchen ist[319].

III. Schaden und Kausalität

Die Verletzung anwaltlicher Pflichten kann nur dann zur Haftung des Anwalts gegenüber seinem Mandanten führen, wenn letzterem dadurch ein Schaden entstanden ist[320].

---

[317] BGH NJW 80,2465; Palandt-Heinrichs, § 276 Anm.4 B a; MüKo-Hanau, § 276 Rn.78; Staudinger-Löwisch, § 276 Rn.16; Vollkommer, S.151; Rinsche, S.47 Rn.I 72; Borgmann in Beck'sches Rechtsanwalts-Handbuch, S.823 E II Rn.4.

[318] Zum wissenschaftlichen Streit um die genaue Begriffsbestimmung der Fahrlässigkeit, siehe Borgmann/Haug, § 26.

[319] Rinsche, S.47 Rn.I 72; Vollkommer, S.146 m.w.N.; Im übrigen kann darin eine Besonderheit gesehen werden, daß unter Umständen die Erkrankung des Anwalts eine Fahrlässigkeit ausschließen kann: vgl. BGH VersR 79, 374; BGH VersR 85, 47. Hier wurde festgestellt, daß ggf. auch familiäre Sorgen des Anwalts als Entschuldigungsgrund angesehen werden können.

[320] Da Schaden und Kausalität somit zwar wesentliche Voraussetzungen der Anwaltshaftung darstellen, deren eingehende Erörterung jedoch nicht der Zielsetzung dieser Arbeit entspricht, wird im folgenden nur kurz auf diesen Problemkreis eingegangen; umfassend hierzu Vollkommer, S.193 ff. (zur Kausalität) und S.227 ff. (zum Schaden).

Da zum Schadensbegriff keine Legaldefinition existiert, kommen in diesem Zusammenhang generell die hierzu entwickelten allgemeinen Grundsätze von Rechtsprechung und Literatur zur Anwendung[321]. Danach hat der Anwalt seine Partei grundsätzlich so zu stellen, wie sie bei pflichtgemäßem Verhalten des Anwalts stehen würde[322]. Die Frage ob und in welchem Umfang ein Schaden eingetreten ist, hängt dabei oft von dem hypothetischen Verlauf der Dinge seit dem Zeitpunkt des anwaltlichen Fehlers ab[323]. So muß in diesem Zusammenhang stets erörtert werden, wie sich die Angelegenheit entwickelt hätte und wie die Vermögenslage des Mandanten sein würde, wenn der Anwalt pflichtgemäß gehandelt hätte[324].

Daneben ist auch der Nachweis über die Kausalität der fehlerhaften Anwaltstätigkeit zu erbringen[325]. So muß der Mandant beispielsweise nachweisen, daß er mit an Sicherheit grenzender Wahrscheinlichkeit den Prozeß gewonnen hätte, wenn sein Anwalt etwa eine Frist nicht versäumt hätte, wohingegen ein absolut unwahrscheinlicher Kausalverlauf nicht zur Haftung des Anwalts führen kann[326].

---

[321] Vgl. BGH WM 86, 199 (203); OLG Düsseldorf VersR 88, 522; Palandt-Heinrichs, Anm.2 vor § 249 BGB m.w.N.

[322] BGH WM 85, 203 (204); BGH WM 88, 905 (907); BGH WM 88, 337 m.w.N.

[323] Hartstang, Anwaltsrecht, S.556; Rinsche, S.67 Rn.I 110.

[324] BGH WM 88, 905.

[325] BGH NJW 88, 200; BGH NJW 88, 706.

[326] Borgmann in Beck'sches Rechtsanwalts-Handbuch, S.827 E II Rn.25.

B. Pflichtverletzung als Haftungsvoraussetzung

Hieraus ergibt sich nunmehr, daß es im Anwaltshaftungsrecht grundlegend auf die Verletzung einer im Mandatsverhältnis bestehenden Anwaltspflicht als Haftungsvoraussetzung ankommt.

Im folgenden werden deshalb die zivilrechtlichen Anwaltspflichten untersucht, die sich aus dem Vertrag des Anwalts mit seinem Mandanten ergeben.

I. Zivilrechtliche Pflichten des Anwalts - Allgemeine Grundsätze

Die anwaltlichen Pflichten gegenüber dem Mandanten werden von der Rechtsprechung sehr weit gefaßt. Entsprechend heißt es in einer Entscheidung des BGH[327]:

> "Nach der ständigen Rechtsprechung des BGH ist ein Rechtsanwalt kraft des Anwaltsvertrags verpflichtet, die Interessen seines Auftraggebers nach jeder Richtung und umfassend wahrzunehmen."

Demzufolge kann ganz allgemein gesagt werden, daß der Anwalt verpflichtet ist, seinen Mandanten möglichst umfassend zu beraten und dessen Interessen, im Rahmen der gesetzlichen und standesrechtlichen Grenzen, optimal wahrzunehmen[328].

Aus dieser Generalklausel der Sorgfaltspflichten lassen sich verschiedene individuelle Anwaltspflichten ableiten.

---

[327] BGH NJW 88, 2880 (2881).

[328] Rinsche, S.1 Rn.I 2; Ponschab, Beck'sches Rechtsanwalts-Handbuch, S. 818, Rn.13.

So setzt die Rechtsprechung ein fast lückenloses Wissen über die jeweilige Rechtslage und exakte Kenntnis des betreffenden Sachverhalts voraus. Diese Pflichten basieren auf dem Grundsatz der ungeteilten Treue gegenüber dem Mandanten[329], der jedoch auch seine Grenzen hat. So ist etwa eine unrichtige Darstellung, die zwar dem Interesse des Mandanten entspricht, jedoch zur Erregung eines Irrtums bei einem Dritten führt, nicht durch die Pflicht des Anwalts zur bestmöglichen Wahrnehmung der Belange des Auftraggebers gerechtfertigt[330]. Ganz im Gegenteil kann sich der Anwalt sogar strafbar machen, wenn er sich etwa mit Zustimmung seines Mandanten unter Verschweigen ihm bekannter gegenteiliger Tatsachen positiv über dessen Zahlungsfähigkeit äußert und somit den Gläubiger von Sicherungsmaßnahmen gegen seinen Mandanten abhält[331].

Um welche Pflichten es sich im einzelnen handelt, wird im folgenden untersucht.

II. Pflicht zur umfassenden Beratung und Wahrnehmung der Interessen des Mandanten

1. Allgemeines

Der Umfang der Anwaltspflichten hängt generell von der Art des Mandats ab[332]. Wird der Anwalt z.B. lediglich zu einem bestimmten, deutlich begrenzten Gesichtspunkt

---

[329] Friedländer, § 28 Rz.9; Borgmann/Haug, S.78; Kalsbach, BRAO, nach § 43 Richtl. § 31 Rz.1; Isele, S.78.

[330] BGH NJW 72, 678; BGH WM 78, 576.

[331] BGH VersR 72, 441.

[332] Rinsche, S.18 (Rn.I 27).

befragt, so bezieht sich seine Auskunftspflicht auch nur auf diesen Punkt[333]. Regelmäßig möchte der Mandant jedoch die Lösung eines bestimmten Problemfalls vom Anwalt erfahren. In diesen Fällen kommt es nun maßgeblich auf die anwaltliche Pflicht zur umfassenden Beratung an. Hierbei setzt die Rechtsprechung[334] voraus, daß der um eine Beratung ersuchte Rechtsanwalt zu einer umfassenden und möglichst erschöpfenden Belehrung, Beratung und Betreuung verpflichtet ist und den Mandanten vor möglichen Schädigungen schützen muß. So muß er etwa Unkundige über die Folgen ihrer Erklärungen belehren und vor Irrtümern bewahren[335]. Wird der Anwalt im Zusammenhang mit einer schriftlichen Vereinbarung um Rat gebeten, so muß er dafür Sorge tragen, daß diese genau den Willen der Parteien wiedergibt und keine zweifelhaften Auslegungen zuläßt[336].

Der Anwalt kann sich nicht darauf berufen, von seinem Mandanten einen begrenzten Auftrag erhalten zu haben. Er muß den Mandanten darüber hinaus auch auf weitere Ansprüche hinweisen, die möglicherweise bestehen könnten[337]. Diese Anforderungen betreffen im Rahmen des erteilten Auftrags alle Rechtsfragen, so etwa auch Steuern und sonstige öffentliche Abgaben[338].

---

[333] Rinsche, S.18 (Rn.I 27).

[334] BGH VersR 60, 932; BGH VersR 63, 387 f.; BGH VersR 84, 283 (284); BGH NJW 88, 563 (566); BGH NJW 88, 706; BGHZ 89, 178 (179).

[335] BGH VersR 68, 969.

[336] BGH VersR 60, 546; BGH VersR 60, 932.

[337] Rinsche, S.19 (Rn.I 27).

[338] Borgmann/Haug, S.103.

2. Prozeßrisiko

Die Frage nach dem Prozeßrisiko ist einer der bedeutendsten Beratungsgegenstände in diesem Zusammenhang. So verlangt die Rechtsprechung[339] vom Anwalt, daß er seinem Mandanten über Erforderlichkeit, Aussichten und Gefahren des Rechtsstreits aufklärt, soweit dieser zu einer eigenen Beurteilung nicht in der Lage ist. Demnach reicht es etwa in Fällen mit äußerst zweifelhaften Erfolgsaussichten eines Prozesses nicht aus, wenn ein Anwalt zum Prozeß rät und lediglich darauf hinweist, daß ein Risiko bei keinem Prozeß auszuschliessen sei[340]. Vielmehr muß der Anwalt von sich aus deutlich auf den Grad des Prozeßrisikos und die Wahrscheinlichkeit eines Prozeßverlustes aufmerksam machen[341]. Rät der Anwalt seinem Mandanten beispielsweise zu einem Vergleich, so muß er alle damit verbundenen Vor- und Nachteile im Rahmen seiner Informationen, Kenntnisse und Erfahrungen gewissenhaft und vorausschauend berücksichtigen[342]. Demnach darf er keinen Vergleich vorschlagen oder sogar unwiderruflich abschließen, wenn aufgrund der Prozeßlage begründete Aussicht auf ein dem Mandanten günstigeres Urteil besteht[343].

---

[339] BGH VersR 63, 387 (388).

[340] Rinsche, S.37 (Rn.I 58).

[341] BGH NJW 84, 791; BGH NJW 85, 264; BGH NJW 88, 2113; Soergel-Wolf, § 276 Rn.179.

[342] BGH VersR 68, 450.

[343] BGH VersR 61, 276; BGH VersR 61, 467.

3. Kostenrisiko

Neben der Belehrung über das Prozeßrisiko stellt die Belehrung über das Kostenrisiko einen weiteren Beratungsgegenstand dar. Sie erlangt für den Mandanten dadurch spezielle Bedeutung, daß mit der Gefahr des Prozeßverlustes gleichzeitig finanzielle Zusatzbelastungen verbunden sind[344].

Der Anwalt ist allerdings grundsätzlich nicht dazu verpflichtet, den Mandanten von sich aus über das Kostenrisiko prozessualer Schritte aufzuklären[345]. Auf ausdrückliches Befragen durch den Mandanten, ist der Anwalt dennoch gehalten, die zu erwartenden Kosten zumindest in etwa darzulegen[346], wobei eine detailierte Kostenberechnung nicht erforderlich ist[347].

Bei einer außergerichtlichen Beratung treffen den Anwalt generell die gleichen Pflichten, die es bei der Prozeßführung zu beachten gilt. So muß der Anwalt auch hier seinen Mandanten auf die Zweifelhaftigkeit einer mit wesentlichen Risiken verbundenen Rechtslage aufmerksam machen[348]. Insbesondere gilt es - wie bei jeder anwalt-

---

[344] Vollkommer, S.90 Rn.170.

[345] Rinsche, S.148 Rn.I 230; Vollkommer, S.90 Rn.170.

[346] vgl. LG Flensburg in AnwBl.87, 193; Gerold-Schmidt-Madert, Rn.9 zu § 1 BRAGO; Riedel-Sußbauer-Fraunholz, Rn.7 zu § 1 BRAGO; Vollkommer, S.90 Rn.170.

[347] OLG Düsseldorf in AnwBl.87, 147 (148); Münch.Komm.-Seiler, § 675 Rn.10; Borgmann/Haug, S.109; Schlee, AnwBl.88, 408.

[348] BGH VersR 83, 34; Rinsche, Rn.I 59; Vollkommer, S.92 Rn.173.

lichen Tätigkeit - den Mandanten vor vermeidbaren Nachteilen und unnötigen Schritten zu bewahren[349].

4. Eigene anwaltliche Fehler

Die Pflicht zur Beratung und Belehrung des Mandanten reicht über die Aufklärung über das Prozeßrisiko hinaus sogar bis zur Aufklärung über eigene anwaltliche Fehler. Diese Verpflichtung des Anwalts, seinen Mandanten auf die Möglichkeit eines Regreßanspruchs gegen sich selbst hinzuweisen und ihn ggf. zu geeigneten Maßnahmen gegen die Verjährung dieses Anspruchs zu raten, ergibt sich nach st. Rspr. des BGH[350] schon aus dem Anwaltsvertrag. Sie ist schon insofern von besonderer Bedeutung, als die weitaus meisten Fälle anwaltlicher Haftpflicht Schadensersatzansprüche des Mandanten betreffen, die aus der Verletzung von Pflichten aus dem Anwaltsvertrag resultieren[351].

Der Anwalt ist also im Rahmen der anwaltlichen Beratungs- und Belehrungspflicht verpflichtet, seinen Mandanten auf eigene anwaltliche Pflichtverletzungen hinzuweisen und ihn dahingehend zu belehren, daß demzufolge Haftpflichtansprüche gegen ihn bestehen können. Versäumt es ein Mandant demnach, infolge der Verletzung dieser Hinweis- und Belehrungspflicht durch den Anwalt, seinen Schadensersatzanspruch vor Eintritt der dreijährigen

---

[349] BGH NJW 86, 182 (183); OLG Düsseldorf VersR 85,347; Soergel/Wolf, § 276 Rn.176 mit weiteren Rechtsprechungsbeispielen.

[350] BGH VersR 67, 979; BGH VersR 68, 1042; dazu Anm. Scheffler in AnwBl 69, 50 ff. und Brandner AnwBl 69, 384; BGH NJW 79, 264.

[351] Rinsche, Rn.I 120.

Verjährungsfrist des § 51 BRAO geltend zu machen, so billigt ihm die Rechtsprechung[352] - ungeachtet der Verjährung des Primäranspruchs - einen sog. sekundären Schadensersatzanspruch zu.

5. Grenzen der Beratungs- und Belehrungspflicht

Die anwaltliche Beratungs- und Belehrungspflicht findet ihre Grenzen in der Belehrungsbedürftigkeit des Mandanten. So ist generell davon auszugehen, daß ein Rechtslaie einer wesentlich umfangreicheren und umfassenderen rechtlichen Belehrung bedarf[353] als eine prozeßerfahrene oder sogar juristisch vorgebildete Person[354]. Die bedeutsamste Aufgabe des Anwalts muß es in diesem Zusammenhang somit sein, den Umfang der juristischen Vorkenntnisse seines Mandanten und dessen Verständnis für Rechtsfragen zu ermitteln[355].

Der Umfang der anwaltlichen Belehrungspflicht mindert sich, wenn der Mandant mit Kenntnis seines Anwalts in derselben Auftragssache auch noch anderweitig rechtliche Betreuung - etwa durch seine Rechtsabteilung - erhält[356].

Für entbehrich hält der BGH eine rechtliche Belehrung des Mandanten, wenn der Anwalt erkennt, daß seinem Mandanten

---

[352] RGZ 158, 130 (134); BGH VersR 67,979; BGH NJW 75, 1655; NJW 79, 264; NJW 84, 2204; NJW 85, 2250 ff; BGH VersR 86, 186; NJW 87, 326 ff; Jessnitzer, Anm.3 ff zu § 51 BRAO; Borgmann/Haug, S.268 ff; Vollkommer, S.96 (Rn.178); Zimmermann NJW 85, 720 ff (kritisch).

[353] BGH VersR 71, 641 (642); Borgmann/Haug, S.105.

[354] BGH NJW 88, 3013 (3014).

[355] Vollkommer, S.84 Rn.159.

[356] Borgmann/Haug, S.106; Vollkommer, S.85 Rn.160.

die Risiken des Geschäfts oder der ins Auge gefaßten rechtlichen Gestaltung bekannt sind und er diese auch bei einer Belehrung auf sich nehmen würde[357].

III. Exakte Kenntnis des in Frage stehenden Sachverhalts

Grundlage für jede anwaltliche Tätigkeit ist eine möglichst optimale Aufklärung des dem Mandatsverhältnis zugrundeliegenden Sachverhalts[358]. Hierbei ist zu beachten, daß sowohl der Rechtsanwalt als auch der Mandant gleichermaßen für die Sachverhaltsaufklärung verantwortlich ist. Beide müssen sich während des gesamten Mandatsverhältnisses gegenseitig informieren und aufklären[359].

1. Informationspflicht des Mandanten

Zunächst ist der Mandant verpflichtet, den Anwalt möglichst umfassend über alle wesentlichen Umstände zu informieren. Demnach muß der Mandant alle Tatsachen offenlegen, die nach seiner persönlichen Einschätzung für die Durchführung des Auftrags durch den Anwalt von Bedeutung sind[360].

Die Höhe der Anforderungen, die hier an den Mandanten zu stellen sind, hängen hauptsächlich davon ab, ob dieser

---

[357] BGH NJW 77, 2073 (2074); BGH VersR 87, 178; Borgmann/Haug, S.106; Vollkommer, S.84 Rn.159.

[358] Vollkommer, S.52 Rn.98.

[359] BGH NJW 82, 437; BGH WM 83, 614.

[360] Vollkommer, S.52 Rn.99; Rinsche, S.20 Rn.I 29.

juristische Vorkenntnisse besitzt oder ob es sich bei ihm um einen juristischen Laien handelt[361].

Nach ständiger Rechtsprechung[362] darf der Anwalt aufgrund des gegenseitigen Vertrauensverhältnisses erwarten, daß die Informationen des Mandanten richtig und zuverlässig sind. Somit besteht für den Anwalt in diesem Zusammenhang keine Nachforschungspflicht[363]. Der Mandant ist damit auch verpflichtet, beim Anwalt durch Mißver-ständnisse oder Schreibfehler entstandene Fehlinfor-mationen umgehend zu korrigieren und vor allem auch Änderungen rechtlicher oder tatsächlicher Art mitzu-teilen[364].

Diese Regelung, daß der Anwalt den Angaben seines Mandanten vertrauen darf und ihn insoweit keine Nachforschungspflicht trifft, bezieht sich ausschließlich auf Informationen hinsichtlich eines gegenwärtigen oder vergangenen Tatsachenablaufs. Folgerungen des Mandanten auf die Zukunft zählen nicht dazu. Vielmehr ist der Rechtsanwalt hier gehalten, durch eigene Nachforschungen den sichersten Weg zu beschreiten[365].

Die Informationspflicht des Mandanten und das Vertrauen des Anwalts auf die Richtigkeit der Informationen beschränken sich, wie schon gesagt, regelmäßig auf

---

[361] Vollkommer, S.52 Rn.99.

[362] BGH NJW 61, 601 (602); NJW 85, 1154; vgl. auch schon Friedländer, Exkurs vor § 30 Rz.31; Münch.Komm.-Seiler, § 675 Rn.12; Soergel-Wolf, § 276 Rn.178.

[363] Rinsche, Rn.I 33; Müller, JR 69, 161 (163).

[364] Borgmann/Haug, S.81; Hartstang, Der deutsche Rechtsanwalt, S.136.

[365] Borgmann in AnwBl.91, 649 (650).

Auskünfte tatsächlicher Art. Die Richtigkeit von Angaben rechtlicher Natur darf der Rechtsanwalt nicht ohne weiteres unterstellen, vielmehr hat er rechtliche Folgerungen selbst zu ziehen[366].

So hat der BGH in einer Entscheidung vom 11.7.91[367] einem Anwalt angelastet, sich auf die Angaben seiner Mandanten hinsichtlich der Leistungsfähigkeit einer Gesellschaft, mit welcher sie gemeinsam eine gesamt-schuldnerische Verpflichtung übenommen hatten, verlassen zu haben. Entgegen allen Erwartungen fiel die Gesell-schaft in Konkurs, und die Mandanten konnten den im Innenverhältnis allein von der Gesellschaft zu tragenden Teil nicht auf diese abwälzen. Wenn der Anwalt seinen Mandanten jedoch die beschränkte Erbenhaftung bei Übernahme der Verpflichtung vorbehalten hätte, wären diese weitgehend frei geworden.

2. Aufklärungspflicht des Rechtsanwalts

Da der Anwalt damit rechnen muß, daß sein Mandant wegen fehlender Rechtskenntnisse die Bedeutung einzelner Punkte verkennt[368], trifft ihn zusätzlich die Pflicht, durch ergänzende Fragestellung alle vom Mandanten nicht vorgebrachten Einzelheiten zu klären, die nach seiner persönlichen Einschätzung für die Durchführung des Auftrags maßgeblich sind[369]. Hierzu gehören insbesondere alle in Betracht kommenden Beweismittel und alle

---

[366] BGH NJW 61, 601 (602).

[367] AnwBl.91, 649 (650).

[368] Vollkommer, S.53 Rn.100.

[369] BGH NJW 61, 601 (602); NJW 85, 1154 (1155); Borgmann/Haug, S.85; Borgmann in AnwBl.91, 649.

rechtlich relevanten Tatsachen[370], so z.B. die Frage, welche Zeugen für bestimmte Vorgänge benannt werden können und welche Vertragspapiere vorliegen[371]. Diese anwaltliche Pflicht erlangt dadurch ihre Signifikanz, daß aus Fehlern bei der Sachverhaltsauf-klärung oftmals Fehler bei der rechtlichen Handhabung des Auftrags resultieren[372].

Grundsätzlich ist der Anwalt lediglich dazu verpflichtet, sich die erforderlichen Informationen vom Mandanten zu beschaffen. Es ist somit nicht notwendig, daß er wie ein Privatdetektiv Ermittlungen anstellt[373]. Vielmehr beschränkt der BGH[374] die Pflicht des Anwalts zu eigenen Ermittlungen auf solche Maßnahmen, die der Anwalt von seiner Kanzlei aus vornehmen kann.

Hingegen kann eine Pflicht des Anwalts zur eigenen Aufklärung dann angenommen werden, wenn der Anwalt zumindest besser und unproblematischer als sein Mandant bestimmte Unterlagen beibringen oder einsehen kann, so z.B. durch Heranziehen von Gerichtsakten[375]. Um der Gefahr einer Pflichtverletzung aus dem Weg zu gehen, muß

---

[370] Vollkommer, S.55 Rn.106; Rinsche, S.24, Rn.I 39.

[371] Rinsche, S.24, Rn.I 39.

[372] Borgmann, in Beck'sches Rechtsanwalthandbuch, S.826, Rn.18.

[373] Rinsche, S.22 (Rn.I 33); Müller, JR 69, 161 (164).

[374] BGH VersR 81, 982 (984).

[375] Rinsche, S.23 (Rn.I 35).

der Anwalt jedenfalls immer die verfügbaren schriftlichen Unterlagen zur Kenntnis nehmen und sorgfältig prüfen[376].

Angesichts ihrer besonderen Relevanz für die einwandfreie Ausführung seines Auftrags darf der Rechtsanwalt die Sachverhaltsaufklärung unter keinen Umständen seinem Büropersonal überlassen. Da selbst ein erfahrener Bürovorsteher nicht über die notwendige Fachkenntnis verfügen wird, würde ggf. durch Fehler bei der Informationsübermittlung eine weitere Gefahrenquelle für anwaltliche Haftpflicht entstehen[377].

Dem Anwalt steht es hingegen frei, einen angestellten Anwalt oder Assessor mit der Befragung des Mandanten zu betrauen[378], wobei der Anwalt für deren Fehler bei der Sachverhaltsaufklärung dem Mandanten gegenüber gem. § 278 BGB haftet[379]. Rechtsreferendaren wird dagegen noch die praktische Erfahrung fehlen, um der schwierigen Aufgabe der Mandantenbefragung gerecht zu werden[380].

Die wesentlichste Grenze der anwaltlichen Aufklärungspflicht bildet - ähnlich wie bei der Beratungs- und Belehrungspflicht - der Mandant selbst. So kommt es hier maßgeblich auf seinen Bildungsstand und das Ausmaß seiner

---

[376] BGH VersR 83, 34; Vollkommer, S.55, Rn.105; Rinsche, S.23 (RN.I 36).

[377] Vgl. BGH VersR 81, 982 (984); Vollkommer, S.53, Rn.101; Borgmann/Haug, S.83; Borgmann, AnwBl.83, 25.

[378] Rinsche, S.24, Rn.I 38.

[379] Rinsche, S.63, Rn.I 104.

[380] Borgmann/Haug, S.83; Vollkommer, S.53, Rn.100 Fn.31. Oft führte die Beratung durch Referendare zur Haftpflicht des Anwalts: vgl. BGH NJW 61, 601 und NJW 81, 2741 (aus Fn.30 Borgmann/Haug, S.83).

Vorkenntnisse an[381]. Somit gilt die Aufklärungspflicht des Anwalts lediglich für solche Tatsachen, bezüglich welcher angenommen werden muß, daß der Mandant aufgrund Unerfahrenheit, Unkenntnis oder eines offensichtlichen Irrtums seine Lage verkennt, so daß eine alles umfassende Aufklärungspflicht des Anwalts zu verneinen ist[382]. Der BGH führte in diesem Zusammenhang aus, daß der Umfang der Hinweis- und Belehrungspflicht sich nach den Umständen des Einzelfalls bestimmt[383], womit deutlich wird, daß die Aufklärungspflicht des Anwalts keineswegs an einem pauschalisierten Maßstab[384] gemessen werden kann.

Darüber hinaus wird die anwaltliche Pflicht zur Sachverhaltsaufklärung durch den eingangs zu diesem Punkt erörterten Grundsatz begrenzt, daß der Anwalt grundsätzlich auf die Richtigkeit der Informationen seines Mandanten vertrauen darf, wonach auch keine über die Befragung des Mandanten hinausgehende Nachforschungspflicht besteht.

IV. Umfassendes Wissen über die jeweilige Rechtslage (Rechtsprüfungspflicht)

Erst nach einer gründlichen Prüfung der Rechtslage, ist ein Anwalt zur zuverlässigen juristischen Beratung und sonstigen Beratung seines Mandanten in der Lage. Somit ist es neben der Ermittlung des zugrundeliegenden Sachverhaltes primär die Aufgabe des Anwalts, für seinen

---

[381] Vollkommer, S.56, Rn.109; Friedländer, Exkurs vor § 30 Rz.31.

[382] Borgmann/Haug, S.85.

[383] BGH NJW 82, 437.

[384] Vollkommer, S.56, Rn.109.

Mandanten die Rechtslage zu prüfen und danach die erforderlichen rechtlichen Maßnahmen zu empfehlen oder einzuleiten. Dies setzt voraus, daß sich der Anwalt unter Berücksichtigung der allgemeinen rechtswissenschaftlichen Methoden[385] nach gewissenhafter juristischer Prüfung selbst eine Rechtsanschauung bildet[386]. Hierbei fragt sich, welche Rechtskenntnisse von einem pflichtgemäß handelnden Anwalt zu erwarten sind.

Bei der Beantwortung dieser Frage ist zu unterscheiden zwischen dem präsenten und situativ erarbeitbaren Wissen des Anwalts. In erster Linie dient das präsente Wissen des Anwalts dazu, dem Mandanten eine erste besonnene Schilderung der Rechtslage zu geben[387]. Zudem kann sich der Anwalt mit Hilfe seines präsenten Wissens die konkreten Rechtsprobleme des jeweiligen Auftrages bewußt machen[388]. Im Gegensatz dazu kann es auch Mandate geben, die eine umgehende Rechtsprüfung und entsprechende Auskunft oder Maßnahme des Anwalts erforderlich machen. In solchen Eilfällen kann ein Anwalt nur dann der Rechtsprüfungspflicht nachkommen, wenn er über ein entsprechendes, den jeweiligen Erfordernissen des konkreten Auftrages genügendes, präsentes Wissen verfügt[389].

Angesichts dieser Differenzierung kann eine Verletzung der Rechtsprüfungspflicht bejaht werden, wenn der Anwalt

---

385 BGHZ 97, 372 (380); Müller, JR 69, 161 (164 m.w.N.).

386 RGZ 87, 183 (187).

387 Vollkommer, S.63.

388 vgl. E. Schneider, MDR 72, 745 (746).

389 Vollkommer, S.62.

nicht über eine zur Vertiefung geeignete präsente Rechtskenntnis verfügte oder keine ausreichende Einarbeitung in die konkreten Rechtsfragen des betreffenden Falles vorgenommen hat.

Im folgenden wird nun erörtert, welche Rechtskenntnisse im einzelnen vom Anwalt erwartet werden.

1. Kenntnis deutscher Gesetze

Generell wird von einem pflichtgemäß handelnden Anwalt eine detaillierte und im wesentlichen lückenlose Gesetzeskenntnis gefordert[390]. In diesem Zusammenhang spielt auch die Differenzierung zwischen präsentem und situativ zu erarbeitendem Wissen eine bedeutende Rolle. So reicht der einmal erlangte Kenntnisstand des Anwalts keineswegs aus, er muß vielmehr ständig die Gesetzesentwicklung beachten und seine Gesetzeskenntnis auf dem neuesten Stand halten[391]. Dies gilt insbesondere dann, wenn die betreffenden Gesetze solche Rechtsgebiete berühren, mit denen der Anwalt in seiner Praxis gewöhnlich zu tun hat[392]. Eine etwaige Unkenntnis des Anwalts wird aber auch bei für die Anwaltspraxis unüblichen Rechtsgebieten nicht entschuldigt. Vielmehr erwartet der BGH vom Anwalt, daß dieser sich in jedem Fall Kenntnis über die entsprechenden gesetzlichen Vorschriften verschafft, wenn er ein Mandat einmal

---

[390] OLG Hamm, VersR 81, 936: "Gesetzeskenntnis, zumindest des BGB bis ins Detail wird in der Rechtsprechung vom Anwalt fast ausnahmslos gefordert."; Borgmann/Haug, S.90; Rinsche, S.26, Rn.I 44; Ponschab, Beck'sches Rechtsanwalts-Handbuch, S.818 Rn.15.

[391] BGH NJW 52, 425; BGH NJW 58, 825; Vollkommer, S.64; Borgmann/Haug, S.90.

[392] BGH VersR 77, 835; Hartstang, S.465 f.

angenommen hat[393]. Darüber hinaus wird eine Unkenntnis ebensowenig durch eine längere Krankheit des Anwalts entschuldigt[394].

Demnach verlangen die Gerichte neben der detaillierten Kenntnis des BGB - was aufgrund der Bedeutung des BGB in der juristischen Ausbildung durchaus gerechtfertigt ist - auch die Kenntnis anderer deutscher Gesetze, einschließlich neuer Gesetze und Spezialvorschriften wie z.B. des Steuerrechts[395]. Hierbei ist zu beachten, daß allein im Bundesgesetzblatt jährlich neue Gesetze auf annähernd 3000 Seiten veröffentlicht werden[396], so daß es für den Anwalt kaum möglich sein kann, sich neben der Ausübung seiner alltäglichen Tätigkeit ausreichende Kenntnis über alle neuen Gesetze und Gesetzesänderungen zu verschaffen. Eindeutig erkennbare Entschuldigungsgründe für Rechtsirrtümer anerkennt der BGH jedoch derzeit nur im Zusammenhang mit Gesetzesänderungen. Dies gilt insbesondere, wenn die betreffende Änderung erst seit kurzer Zeit existiert[397], keine eindeutige

---

[393] BGH MDR 58, 496 (497).

[394] BGH VersR 72, 1024 (In diesem Fall hatte der Anwalt geltend gemacht, aufgrund längerer Krankheit nichts von einer Änderung grundlegender Verfahrensvorschriften durch das Nichtehelichengesetz gewußt zu haben).

[395] vgl. BGH NJW 82, 1866.

[396] 1988 wies das Bundesgesetzblatt Teil I 2660 Seiten auf. 1989 waren es 2564 und 1990 noch 2116 Seiten.

[397] BGH VersR 78, 826.

Übergangsregelung bestand[398] oder bei der Auslegung der Neuregelung Rechtsunsicherheit vorherrschte[399].

Aufgrund der Tatsache, daß jede Mandatsübernahme gleichermaßen eine sorgfältige Bearbeitung durch den Anwalt erfordert, muß sich der Anwalt - soweit nicht vorhanden - die dafür notwendige Gesetzeskenntnis erarbeiten[400]. Dies gilt insbesondere dann, wenn es um ein juristisches Spezialgebiet geht[401], wobei vernünftigerweise nur die Kenntnis der Gesetze erwartet werden kann, die für den konkreten Fall von Bedeutung sein können[402]. Sieht sich der Anwalt hierzu nicht in der Lage, so muß er das Mandat ablehnen oder seinen Mandanten an einen Kollegen mit entsprechenden Spezialkenntnissen verweisen[403].

---

398 BGH FamRZ 78, 227 (Diese Entscheidung betraf das 1. EheRG).

399 BGH FamRZ 72, 90 (91); BGH NJW 79, 877.

400 BGH MDR 58, 496 (497); Hübner, NJW 89, 5 (7); Vollkommer, S.66; Rinsche, S.27 Rn.45; Borgmann/Haug, S.90; MüKo/Hanau, §276 Rn.151; Soergel/Wolf, §276 Rn.174.

401 z.B. eine Klage vor dem Finanzgericht.

402 Rinsche, S.27 Rn.I 45.

403 OLG Köln VersR 79, 580 (Das Gericht führte im einzelnen aus: "Sache des Anwalts wäre es gewesen, sich zunächst einmal mit seinem von ihm ganz richtig taxierten Mandanten zu unterhalten und ihm klarzumachen, welche Konsequenzen der von K. initiierte Weg hatte. Wenn er dazu mangels Kenntnis des Zwangsversteigerungsrechts bei der Kürze der zur Verfügung stehenden Zeit nicht in der Lage war, hätte er das Mandat nicht übernehmen dürfen.").

2. Kenntnis ausländischen Rechts

Grundsätzlich ist ein Anwalt verpflichtet, sich auch die Kenntnis ausländischen Rechts zu verschaffen, was insbesondere dann gilt, wenn der Anwalt sich zur Übernahme eines entsprechenden Mandats bereit erklärt[404]. So stellte der BGH[405] in diesem Zusammenhang fest:

> "Wenn ein RA die Vertretung einer Partei übernimmt, so muß von ihm verlangt werden, daß, wenn er nicht bereits entspr. Rechtskenntnisse auf dem in Betracht kommenden Rechtsgebiet besitzt, er sich diese Kenntnisse verschafft und sich insbesondere über die in Frage kommende höchstrichterl. Rspr. unterrichtet. Ein RA, der dies unterläßt, wird in der Regel nicht in der Lage sein, seine Partei sachgemäß zu beraten und die Schritte zu unternehmen, die ihre Interessen am besten wahren."

Dabei darf sich der Anwalt noch nicht einmal ohne weiteres auf die Vor- oder Mitarbeit eines im betreffenden ausländischen Recht erfahrenen Kollegen verlassen[406]. Somit sollte sich der Anwalt grundsätzlich ausreichende Kenntnis des in Frage stehenden ausländischen Rechts aneignen oder die konkrete Beratung und Übernahme des Mandats ablehnen.

---

[404] BGH NJW 72, 1044; Borgmann/Haug, S.92.

[405] BGH MDR 59, 646.

[406] BGH NJW 72, 1044: "Ein deutscher Rechtsanwalt ist zwar grundsätzlich nicht von der Verpflichtung befreit, sich die für die Ausführung des ihm erteilten Auftrags erforderlichen Kenntnisse ausländischen Rechts zu verschaffen.".

3. Kenntnis der Rechtsprechung

a. Höchstrichterliche Rechtsprechung

Neben der Kenntnis der Gesetze wird vom Anwalt grundsätzlich auch die Kenntnis der höchstrichterlichen Rechtsprechung erwartet[407]. Dementsprechend verlangt der BGH, daß der Anwalt nicht nur die in der amtlichen Sammlung abgedruckten Entscheidungen beachtet, sondern sich zudem in den verfügbaren Fachzeitschriften über den neuesten Stand der Rechtsprechung informieren muß[408].

Hierbei stellt sich die Frage, ob der Anwalt verpflichtet ist, sich seine Kenntnis über die Entwicklung der Rechtsprechung mit Hilfe aller existierender Fachzeitschriften anzueignen. Diesbezüglich ist festzustellen, daß die Rechtsprechung, insbesondere des BGH, durchaus in einigen Punkten differenziert und nicht unbedingt von einer umfassenden auf allen erdenklichen Fachzeitschriften beruhenden Informationspflicht des Anwalts ausgeht. So verlangt die Rechtsprechung zwar, daß ein Anwalt neben den amtlichen Entscheidungssammlungen auch die zur Verfügung stehenden Fachzeitschriften beachten muß[409]. Andererseits wird jedoch wenigstens zwischen

---

[407] So heißt es in BGH NJW 89, 1150 (1156): "Der Prozeßbevollmächtigte der Bekl. mußte die angeführte Rechtsprechung kennen."; siehe auch Rinsche, S.30 Rn.I49; Vollkommer, S.67; Hartstang, S.467; Müller, JR 69, 161 (164 Anm.40-41).

[408] BGH NJW 52, 425; BGH NJW 58, 825; Zustimmend Soergel/Wolf, § 21 Rn.174; MüKo/Ulmer, § 675 Rn.11.

[409] BGH NJW 52, 425; BGH NJW 57, 750 (751); BHG NJW 58, 825; BGH MDR 58, 496: "Es widerspricht der Sorgfaltspflicht eines gewissenhaften Rechtsanwalts, Rechtsfragen nur anhand der sog. amtlichen Entscheidungssammlung zu prüfen...".

allgemeinen und speziellen juristischen Fachzeitschriften differenziert.

Dieses wird besonders deutlich in einer Entscheidung des OLG Düsseldorf[410], wo festgestellt wird:

> "Es gehört zu den Pflichten eines Rechtsanwalts, sich unverzüglich Kenntnis von veröffentlichten höchstrichterlichen Entscheidungen zu verschaffen und diese bei der Ausführung seiner Mandate fortan zu berücksichtigen. Die Außerachtlassung einer BGH-Entscheidung ist jedenfalls in einem Zeitpunkt, in dem die Veröffentlichung in einer allgemeinen juristischen Zeitschrift[411] schon sechs Wochen zurücklag, nicht mehr unverschuldet. Das gilt auch dann, wenn sich der zu berücksichtigende Rechtssatz nicht aus dem veröffentlichten Leitsatz, sondern nur aus den tragenden Gründen der BGH-Entscheidung ergibt."[412].

In einer anderen Entscheidung führte der BGH dagegen aus, daß der Anwalt seine Sorgfaltspflicht nicht verletzt, wenn er keine Kenntnis einer höchstrichterlichen Entscheidung hat, die kurz zuvor in einer juristischen Spezialzeitschrift - hier der Familienrechtszeitschrift - veröffentlicht wurde[413]. Im einzelnen heißt es dort:

> "Der Familienrechtszeitschrift kommt zwar für den Bereich des Ehe- und Familienrechts eine erhebliche

---

[410] VersR 80, 359.

[411] Gemeint ist hier die NJW.

[412] Siehe hierzu auch Schlee, AnwBl.87, 340.

[413] BGH VersR 79, 232 (233).

Bedeutung zu. ... Trotzdem kann von einem Rechtsanwalt mit einer allgemeinen Beratungs- und Prozeßpraxis grundsätzlich nicht verlangt werden, daß er diese juristische Spezialzeitschrift jeweils alsbald nach Erscheinen darauf durcharbeitet, welche neuen höchstrichterlichen Entscheidungen auf den genannten Gebieten ergangen sind. Dies als allgemeinen Sorgfaltsmaßstab aufzustellen, würde nach Ansicht des Senats eine Überforderung darstellen."

Dieser Grundsatz wurde einer späteren Entscheidung des BGH[414] ergänzend zugrundegelegt, indem festgestellt wurde, daß es einem Anwalt freisteht, sich auch anhand allgemeiner juristischer Zeitschriften über den neuesten Stand der höchstrichterlichen Rechtsprechung zu informieren, wenn diese die zur Veröffentlichung bestimmten BGH-Entscheidungen in einem noch angemessenen Zeitraum zum Abdruck bringen.

Nunmehr stellt sich die Frage, innerhalb welchen Zeitraums sich ein Anwalt bei der Bearbeitung eines Falles Kenntnis über neue maßgebliche Entscheidungen verschaffen muß. Grundsätzlich ist hier davon auszugehen, daß der Anwalt neue Entscheidungen möglichst bald zur Kenntnis nimmt und auch bei der Mandatsbearbeitung berücksichtigt, wobei der BGH hierfür bisher keine bestimmten Fristen festgelegt hat[415]. So sieht der BGH zum einen die Nichtbeachtung einer bereits einen Monat vorher in der NJW abgedruckten höchstrichterlicher

---

[414] BGH VersR 79, 375 (376).

[415] Borgmann/Haug, S.94.

Entscheidung als entschuldbar an[416], setzt allerdings in einer anderen Entscheidung voraus, daß die NJW alsbald nach ihrem Erscheinen eingehend durchgearbeitet wird[417]. Ähnlich entschied auch das OLG Düsseldorf[418] und hielt die Nichtbeachtung einer bereits sechs Wochen zuvor in der NJW veröffentlichten Entscheidung des BGH für nicht entschuldbar. Allerdings werden in diesem Zusammenhang außergewöhnliche Umstände - insbesondere durch Feiertage bedingte verstärkte Arbeitsbelastungen des Anwalts - zu dessen Gunsten berücksichtigt[419].

b. Rechtsprechung anderer Gerichte

Nunmehr stellt sich die Frage, welche Anforderungen an die Kenntnis der Rechtsprechung anderer Gerichte gestellt werden können. Den Entscheidungen der den obersten Gerichten vorgelagerten Instanzen kann im allgemeinen keine vergleichbar große Bedeutung zukommen, weil die Wahrung der Rechtseinheit und der Rechtsfortbildung allein Aufgabe der Revisionsgerichte ist[420]. So orientieren sich auch die Instanzgerichte bei ihrer Entscheidungsfindung weitgehend an der höchstrichterlichen Rechtsprechung[421], wobei auch die obersten

---

[416] BGH NJW 58, 825.

[417] BGH NJW 79, 877.

[418] VersR 80, 359 (360).

[419] BGH NJW 79, 877: "Die Durchsicht von Fachzeitschriften muß im Interesse der rechtzeitigen Erledigung noch wichtigerer Aufgaben zurückgestellt werden."

[420] Vgl. §§ 136, 137 GVG; § 546 I Nr.2 ZPO; § 121 II GVG; § 28 II FGG.

[421] Hierzu ausführlich Olzen, JZ 85, 155 (157); Köhler, JR 84, 45 ff; Raacke, DRiZ 85, 391 ff.

Gerichte nur selten offiziell von ihrer eigenen Rechtsprechung abweichen[422].

Dementsprechend kann auch grundsätzlich keine Pflicht des Anwalts zu bejahen sein, sich neben der höchstrichterlichen Rechtsprechung auch Kenntnis über die Rechtsprechung anderer Gerichte zu verschaffen[423]. Dies gilt jedoch nicht für die Bereiche, deren Instanzenzug beim Oberlandesgericht endet und somit die höchstrichterliche Rechtsprechung nicht berühren[424]. Gerade wegen der fehlenden Orientierung an der Rechtsprechung des Bundesgerichtshofs kann es aber innerhalb der jeweiligen Oberlandesgerichtsbezirke in wesentlichen Streitfragen zu einer uneinheitlichen Rechtsprechung kommen[425]. Deshalb muß der Anwalt sich hier jeweils über die Rechtsprechung des im konkreten Fall örtlich und sachlich zuständigen Oberlandesgerichts informieren und kann sich nicht auf eine allgemeine oberlandesgerichtliche Rechtsprechung verlassen[426]. Dabei ist es erforderlich, daß sich der Anwalt - wie im Falle der höchstrichterlichen Rechtsprechung - ständig über neue Rechtsprechung informiert und sich die für die Bearbeitung seiner

---

[422] BGHZ 85, 64 (66): "Ein Abgehen von der Kontinuität der Rechtsprechung kann nur ausnahmsweise hingenommen werden, wenn deutlich überwiegende oder sogar schlechthin zwingende Gründe dafür sprechen."; hierzu kritisch Köhler, JR 84, 45 ff.; Robbers, JZ 88, 481 ff.

[423] Rinsche, S.32 Rn.I 52; Vollkommer, S.66.

[424] Vollkommer, S.69.

[425] Wedemeyer, NJW 79, 293.

[426] Wedemeyer, NJW 79, 293; Schneider, MDR 72, 745; Dies gilt natürlich auch für eine in einem bestimmten LG-Bezirk geübte Praxis.

einzelnen Mandate maßgeblichen oberlandesgerichtlichen Entscheidungen erarbeitet.

4. Kenntnis der Rechtsliteratur

Im folgenden Abschnitt wird untersucht, inwiefern ein Anwalt zur Erlangung der für die Mandatsbearbeitung erforderlichen Rechtskenntnis das juristische Schrifttum heranziehen muß.

Grundsätzlich gilt, daß ein Anwalt sowohl der Beratung des Mandanten als auch der Prozeßführung in erster Linie die - vor allem höchstrichterliche - Rechtsprechung zugrundelegen muß[427]. Dieser Grundsatz wird auch durch die Auffassung des BGH unterstrichen, die im Leitsatz einer Entscheidung vom 15.7.1960 zum Ausdruck kommt. Hier wurde im einzelnen ausgeführt:

> "Ein RA kann grob fahrlässig handeln, wenn er eine Beschwerde gegen die Nichtzulassung der Revision einlegt, obwohl er ohne weiteres erkennen kann, daß die Rechtsauffassung des OLG in dem angefochtenen Urteil dem klaren, eindeutigen und keine andere Auslegung zulassenden Wortlaut des Gesetzes entspricht oder mit der Rechtsprechung des BGH übereinstimmt... ."[428].

Dennoch kommt der Durchsicht einschlägiger Fachliteratur für die Rechtprüfungspflicht des Anwalts eine erhebliche Bedeutung zu. Denn gerade durch die Heranziehung der entsprechenden Kommentare kann der Anwalt sich in relativ

---

[427] Hartstang, S.469 u. 471; Rinsche, S.33 Rn.I 53; Borgmann/Haug, S.97; Schneider, MDR 72, 745.

[428] BGH VersR 60, 209.

kurzer Zeit einen Überblick über die herrschende Rechtsprechung verschaffen und sich daraufhin mit der für die Bearbeitung seiner konkreten Mandate maßgeblichen höchstrichterlichen Entscheidungen auseinandersetzen. Hierbei reicht in aller Regel die Durchsicht nur eines Kommentars nicht aus[429]. Eine umfassende Durcharbeitung des gesamten Schrifttums kann dagegen aufgrund dessen Umfangs und der daraus resultierenden Unüberschaubarkeit nicht vom Anwalt erwartet werden.

Folglich kann es keine allgemeine Pflicht des Anwalts geben, sich Kenntnis von der Rechtsliteratur zu verschaffen[430]. Im Gegensatz dazu ist die vertiefte Durchsicht der Rechtsliteratur unbedingt erforderlich, wenn sich die Judikatur mit den für die konkrete Mandatsbearbeitung maßgeblichen Rechtsproblemen noch nicht auseinandergesetzt hat[431].

5. Sonstige Kenntnisse

Je nach den Umständen des konkreten Mandats kann die Rechtsprüfungspflicht des Anwalts neben der Kenntnis der Gesetze, der Rechtsprechung und der Rechtsliteratur auch weitere Kenntnisse umfassen.

So kann sich die anwaltliche Rechtsprüfungspflicht auf allgemein verbindliche Regelungen nichtstaatlichen Ursprungs im Bereich juristischer Rand- oder Sondergebiete erstrecken, die für die Bearbeitung des

---

[429] Müller, JR 69, 161 (164); Schlee, AnwBl.87, 340.

[430] Vollkommer, S.71.

[431] BGH NJW 52, 665; BGH VersR 78, 825; BGH VersR 80, 181, BGH VersR 80, 262.

konkreten Mandats und somit für die Wahrung der Interessen des Mandanten maßgeblich sind[432]. Beispielsweise muß sich der Anwalt etwa Kenntnis über wichtige Bestimmungen von Tarifverträgen verschaffen, wenn er ein arbeitsrechtliches Mandat übernimmt[433].

6. Haftung für die Überzeugung und das Urteilsvermögen des Anwalts

Aufgrund der besonderen Bedeutung dieses Bereiches für die Anwaltshaftung soll hier zusammenfassend erörtert werden, inwieweit der Anwalt für seine eigene Überzeugung und somit den Gebrauch seines Urteilsvermögens haftet.

Die st. Rspr.[434] verlangt vom Anwalt eine umfassende und sorgfältige Prüfung und Sicherung aller Ansprüche seines Mandanten nach jeder Richtung, wobei der Anwalt grundsätzlich jeden Rechtsirrtum zu vertreten hat[435]. Auf der Grundlage dieser juristischen Prüfung hat der Anwalt stets sich selbst eine eigene Rechtsauffassung zu bilden und dieser zu folgen, soweit nicht die allgemein anerkannte Theorie oder höchstrichterliche Rechtsprechung eine sichere Richtschnur bieten[436]. Der Anwalt braucht der herrschenden Meinung zwar nicht kritiklos zu folgen, muß sich jedoch mit den Gründen der von ihm angegriffenen

---

[432] Vollkommer, S.73; Rinsche, S.34 Rn.I 54; Borgmann/Haug, S.102.

[433] Rinsche, S.34 Rn.I 54.

[434] BGH VersR 67, 704.

[435] BGH VersR 59, 638 (641); der BGH hielt jedoch - abweichend von seinem eigenen Grundsatz - den Rechtsirrtum des Anwalts in diesem konkreten Fall für entschuldbar.

[436] RGZ 87, 183 (187); BGH NJW 67, 105 (107).

Entscheidung auseinandersetzen und Argumente vortragen, die einer sachlichen Würdigung wert sind, wenn er gegen eine feststehende Rechtsprechung vorgehen will[437]. Eng hiermit verknüpft ist somit die Frage, inwieweit er für den Gebrauch seines Urteilsvermögens bei der Bildung seiner Rechtsanschauung haftet.

Generell kann gesagt werden, daß der Anwalt - wenn mehrere Wege zum angestrebten Ziel führen - neben dem seiner Überzeugung entsprechenden Weg auch auf alle anderen Möglichkeiten hinweisen muß[438]. Dabei gilt es, immer im Interesse des Mandanten zu handeln[439] und den für die Partei sichersten Weg einzuschlagen[440]. Die Überzeugung des Anwalts hat demgegenüber zurückzustehen, was unter Umständen dazu führen kann, daß er bei der Mandatsbearbeitung gegen seine Rechtsüberzeugung handeln muß[441]. Dies kann beispielsweise dann der Fall sein, wenn seine Rechtsauffassung einer dem Mandanten günstigen, in der Rechtsprechung und Literatur bereits vertretenen Meinung widerspricht und keine Möglichkeit besteht, das Mandat rechtzeitig niederzulegen[442]. Der BGH führte dementsprechend aus:

> "Der Anwalt darf nicht darauf vertrauen, seine Auffassung werde die Billigung der Gerichte finden..., selbst wenn sie in einem angesehenen

---

[437] BGH MDR 58, 496.

[438] Borgmann/Haug, S.100.

[439] Vgl. BGH NJW 74,1865.

[440] Dazu siehe eingehend auf S.127 ff. dieser Arbeit.

[441] Borgmann/Haug, S.99.

[442] Borgmann/Haug, S.99.

> Kommentar vertreten wird, aber von der Mehrheitsmeinung abweicht."[443].

Folglich hat sich der Anwalt zwar nach eingehender Rechtsprüfung eine eigene Rechtsanschauung zu bilden. Diese muß sich jedoch stets an der Mehrheitsmeinung orientieren, denn grundsätzlich haftet der Anwalt - wie oben bereits festgestellt - für jeden Rechtsirrtum. Im einzelnen bedeutet dies, daß der Anwalt somit immer für den Gebrauch seines - demnach stark eingeschränkten - Urteilsvermögens bei der Bildung seiner eigenen Rechtsauffassung haftet, wenn diese von der h.M. abweicht.

V. Grundsatz des sichersten Weges

Aufgrund der vielfältigen Risiken, die oftmals mit der Vertragserfüllung verbunden sein können, ist der Anwalt verpflichtet, bei der Wahrnehmung der Interessen seiner Mandanten den sichersten Weg zu gehen[444]. So führt der BGH beispielsweise in einem Urteil neben dem Hinweis auf die ständige Rechtsprechung aus:

> "Er muß sein Verhalten so einrichten, daß er Schädigungen seines Auftraggebers, mag deren Möglichkeit auch nur von einem Rechtskundigen vorausgesehen werden können, vermeidet. Er hat, wenn mehrere Maßnahmen in Betracht kommen, diejenigen zu treffen, die die sicherste und gefahrloseste ist, und, wenn mehrere Wege möglich

---

[443] BGH NJW 74, 1865.

[444] BGH NJW 59, 141; BGH NJW 61, 601; BGH NJW 83, 1665; BGH NJW 88, 486 (487); BGH NJW 88, 563 (566); BGH WM 88, 382 (385); BGH VersR 87, 680; BGH WM 86, 199 (202); BGH VersR 84, 785.

sind, um den erstrebten Erfolg zu erreichen, den zu wählen, auf dem dieser am sichersten zu erreichen ist."[445].

Wesentliche Grundvoraussetzung dieses Grundsatzes ist jedoch, daß dem Anwalt überhaupt mehrere Vorgehensweisen möglich sind. Nur dann kann von ihm verlangt werden, den zur Erreichung des von seinem Mandanten erstrebten Ziels sichersten Weg zu gehen[446].

Beispielsweise bedeutet der Grundsatz des sichersten Weges, daß der Anwalt im Zivilprozeß nicht darauf vertrauen darf, die gegnerische Klage sei ohnehin unschlüssig, und somit nicht maßgebliche Einwendungen unterlassen darf. Vielmehr muß er im Rahmen seiner Sorgfaltspflicht alle Beweismittel benennen und in Betracht kommende rechtliche Einwendungen vortragen[447].

Wenn die für die Mandatsbearbeitung maßgeblichen Rechtsprobleme zweifelhaft und bisher nicht höchstrichterlich entschieden sind, ist der Anwalt grundsätzlich verpflichtet, seinem Mandanten nicht zu einem riskanteren als dem möglichen sicheren Weg zu raten[448]. Existiert dagegen hinsichtlich der betreffenden Rechtsfragen eine höchtsrichterliche Rechtsprechung, so muß der Anwalt dieser folgen, um die Interessen seines Mandanten bestmöglich wahren zu können. Er darf lediglich dann einen weniger sicheren Weg wählen und z.B. die Mandatsbearbeitung, von der höchstrichterlichen Recht-

---

[445] BGH NJW 88, 486 (487).

[446] Volkommer, S.97.

[447] Rinsche, S.39 Rn.I 61.

[448] BGH WM 86, 199 (202).

sprechung losgelöst, auf eine Literaturmeinung stützen, wenn er seinen Mandanten zuvor über das damit verbundene Risiko beraten und dieser daraufhin der riskanteren Vorgehensweise zugestimmt hat[449].

Auch im Zusammenhang mit Verjährungsfristen ist es die Pflicht des Anwalts, im Interesse seines Mandanten den sichersten Weg zu gehen. So muß er seinem Mandanten grundsätzlich raten, bei mehreren in Frage kommenden Verjährungsfristen vorsorglich die kürzeste Frist zu beachten[450]. Bei der Erstellung und Gestaltung von Verträgen muß der Anwalt derart vorgehen, daß die Wirksamkeit der betreffenden Verträge sicher und nur eine eindeutige Auslegung im Interesse des Mandanten möglich ist, um daraus resultierende Rechtsstreitigkeiten zu vermeiden[451]. Insbesondere gilt dies im Zusammenhang mit der Formbedürftigkeit von Verträgen. So muß der Anwalt seinen Mandanten im Zweifelsfall zur notariellen Beurkundung des Vertrages raten, um potentielle Risiken auszuschließen[452].

Trotz der hohen Anforderungen, die durch den Maßstab des sichersten Weges an den Anwalt gestellt werden, können bestimmte Eingrenzungen vorgenommen werden. So ist der Anwalt zwar verpflichtet, im Interesse seines Mandanten den sichersten Weg zu gehen. Dies bedeutet jedoch nicht,

---

[449] BGH WM 86, 199 (202); BGH NJW 85, 264 (265).

[450] RGZ 115, 185 (187 f); BGH VersR 63, 359 (360); BGH VersR 67, 704 (705); OLG München, VersR 71, 526; Borgmann/Haug, S.121; Volkommer, S.99.

[451] Rehbinder in FS für Stimpel, S.55 m.w.N.; Volkommer, S.98.

[452] BGH VersR 60, 273 (274); Rinsche, S.40 Rn.I 62; Borgmann/Haug, S.121 f.

daß der Anwalt jedes erdenkliche Risiko vermeiden muß[453]. Beispielsweise kann etwa vom Anwalt nicht verlangt werden, wesentliche Tatsachen zu verschweigen, um auf diese Weise sicherer zum gewünschten Ziel des Mandanten zu gelangen[454]. Obwohl dadurch nicht unbedingt der sicherste Weg im engeren Sinne beschritten wird, kann der Anwalt jedoch andererseits durchaus pflichtgemäß handeln, wenn er seinem Mandanten im Zivilprozeß von der Annahme eines gerichtlichen Vergleichs abrät, weil er von einem rechtskräftigen Urteil ein günstigeres Ergebnis für seinen Mandanten erwartet[455].

VI. Weisungen des Mandanten

Da der Anwaltsvertrag nach h.M. im wesentlichen den Charakter eines Dienstvertrages gem. § 611 BGB hat, ist der Anwalt auch grundsätzlich an die Weisungen seines Mandanten gebunden[456]. Darüber hinaus trägt der Mandant alleine das Erfolgs- und Kostenrisiko für das Tätigwerden des beauftragten Anwalts, so daß er auch im wesentlichen die Maßnahmen bestimmen können muß, nach denen der Anwalt bei der Mandatsbearbeitung vorgehen soll[457]. Ohne entsprechende Weisungen seines Mandanten darf ein Anwalt demnach nicht tätig werden, so daß es im Endeffekt beim Mandanten liegt zu bestimmen, ob beispielsweise die vom

---

[453] Rinsche, S.41 Rn.I 64.

[454] BGH VerR 83, 562 (563).

[455] Rinsche, S.41 Rn.I 64.

[456] Vgl. BGH VersR 84, 658 (659); BGH VersR 68, 792 (794); BGH VersR 85, 83 (84).

[457] Hartstang, S.490; Borgmann/Haug, S.122; Rinsche, S.41 Rn.I 65; Vollkommer, S.107.

Anwalt angeratene Klageerhebung durchgeführt wird oder nicht.

Dagegen braucht und darf sich der Anwalt jedoch nicht "zum willenlosen Werkzeug seiner Partei" machen zu lassen[458]. Die Weisungsgebundenheit des Anwalts findet schon in seiner Stellung als unabhängiges Organ der Rechtspflege gem. §§ 1 und 3 I BRAO ihre Grenzen. Aus dieser Stellung ergeben sich jedenfalls Rechte und Pflichten für den Anwalt, die einer uneingeschränkten Weisungsgebundenheit gegenüber dem Mandanten entgegenstehen. Dementsprechend sind grundsätzlich solche Weisungen des Mandanten abzulehnen, die auf aussichtslose oder gar unseriöse Maßnahmen hinzielen[459]. Insbesondere muß der Anwalt von der Führung aussichtloser Prozesse[460] und der Einlegung offensichtlich erfolgloser Rechtsmittel[461] abraten. Daneben ist der Anwalt gem. § 45 Nr.1 BRAO zur Ablehnung der Weisungen seines Mandanten verpflichtet, wenn die gewünschten Maßnahmen nicht mit seinen Berufspflichten vereinbar sind. Folglich ist der Anwalt nicht an rechts- oder sittenwidrige Weisungen seines Mandanten gebunden[462]. Darüber hinaus umfaßt diese Vorschrift alle Fälle, in denen der Anwalt durch Weisungen seines Mandanten seine Freiheit zum

---

458 BGH in MDR 58, 496 (497).

459 So auch BGH MDR 58, 496 (497).

460 BGHZ NJW 86, 2043.

461 BGH MDR 58, 496 (497).

462 Lingenberg/Hummel/Zuck/Eich, § 8 Rn.4; Vollkommer, S.109; Rinsche, S.42 Rn.I 66; Borgmann/Haug, S.126.

pflichtgemäßen Handeln verlieren würde[463]. Beharrt der Mandant trotz eingehender Beratung hinsichtlich seiner Bedenken und Warnung vor Risiken dennoch auf der Durchführung dieser Maßnahmen, so sollte der Anwalt das Mandat sinnvollerweise niederlegen[464].

Ein Abweichen von Weisungen des Mandanten ist daneben nur in eingeschränktem Maße im Rahmen des § 665 BGB zulässig. Dies bedeutet grundsätzlich, daß der Anwalt nur von den Weisungen des Mandanten abweichend tätig werden darf, wenn dessen Einverständnis nicht eingeholt werden kann, mit diesem jedoch zu rechnen ist[465]. Folglich muß sich der Anwalt bei jeder Abweichung von dem vermuteten Willen des Auftraggebers oder, wenn dieser nicht zu ermitteln ist, von dessen erkennbaren Interesse leiten lassen[466]. Selbstverständlich trifft den Anwalt auch die Pflicht, seinen Mandanten gem. § 665 S.2 BGB unverzüglich über etwaige Abweichungen bei der Mandatsbearbeitung zu informieren und unter Umständen zunächst dessen Anweisungen abzuwarten, wenn mit einem Aufschub keine Gefahr - etwa wegen drohenden Fristablaufs - verbunden ist. Im Zivilprozeß wird dabei beispielsweise aufgrund

---

[463] Jessnitzer, § 45 Rn.1 unter Hinweis auf BT-Drucks.III 120 und BT-Drucks.III 778 S.5 zu § 57.

[464] BGH NJW 85, 42 ff.; BGH VersR 84, 658 (659); MüKo-Seiler, Rn.15 zu § 665 BGB; Rinsche, S.43 Rn.I 66; Borgmann/Haug, S.127; Vollkommer, S.110; Hartstang, S.493.

[465] Vollkommer, S.111; Rinsche, S.44 Rn.I 68; Soergel-Mühl, § 665 Rn.18.

[466] Palandt-Thomas, Anm.3 b zu § 665.

der vielfältigen möglichen Handlungsalternativen[467] das Vorliegen einer solchen Gefahr generell verneint[468].

Eine anwaltliche Pflicht zur Abweichung könnte neben den Fällen, in welchen die Beachtung von Weisungen des Mandanten von vornherein abzulehnen ist[469], lediglich im Rahmen außergewöhnlicher Umstände bejaht werden. Dies wäre beispielsweise der Fall, wenn ein anderes Verhalten des Anwalts gegen die guten Sitten verstoßen oder einen Haftungsgrund gem. § 826 BGB bilden würde[470].

VII. Sonstige Pflichten des Anwalts

1. Allgemeine Grundsätze

Aus den §§43 ff. BRAO ergibt sich eine Anzahl weiterer bestimmter Anwaltspflichten, die allerdings selten zu Haftungsfällen führen[471] und in dieser Arbeit somit nur kurz erörtert werden. Hierzu gehört insbesondere die Pflicht zur Führung und Aufbewahrung von Handakten gem.§ 50 BRAO.

Zudem kommt als Grundlage für die Konkretisierung weiterer Anwaltspflichten die standesrechtliche

---

[467] Z.B. Antrag auf Fristverlängerung oder Terminverlegung.

[468] Palandt-Thomas, Anm.3 a aa zu § 665; Vollkommer, S.111.

[469] Siehe oben auf S.130 ff.

[470] Borgmann/Haug, S. 129.

[471] Rinsche, S.45 Rn.I 69; vgl. auch Borgmann/Haug, S.4.

Generalklausel des § 43 BRAO in Betracht[472]. Hiernach ist der Anwalt verpflichtet, seinen Beruf gewissenhaft auszuüben und sich sowohl innerhalb als auch außerhalb seines Berufes, der erforderlichen Achtung und des Vertrauens der Allgemeinheit würdig zu erweisen. Zu den weiteren, in den standesrechtlichen Richtlinien festgelegten Anwaltspflichten, gehören insbesondere die Verschwiegenheitspflicht (§ 42 RichtlRA), das Verbot, widerstreitende Interessen wahrzunehmen (§ 46 RichtlRA) und die Pflicht, über fremde Vermögenswerte nur mit größter Sorgfalt zu verfügen (§ 47 RichtlRA). Nach Auffassung des BVerfG, bleiben trotz Unwirksamkeitserklärung der Standesrichtlinien im Jahre 1987[473] die Generalklausel des § 43 BRAO und ihre Auslegung durch die Rechtsprechung als Grundlage der anwaltlichen Berufsausübung bestehen[474]. Das BVerfG führte hierzu im einzelnen aus:

> "Wenn sonach die Standesrichtlinien künftig weder als normative Regelung der anwaltlichen Berufspflichten noch als rechtserhebliches Hilfsmittel zur Konkretisierung der Generalklausel in Betracht kommen, bleibt als Grundlage für die Einschränkung der anwaltlichen Berufsausübung neben vorkonstitutionellem Gewohnheitsrecht im wesentlichen nur diese Generalklausel und ihre Auslegung durch die ehrengerichtliche Rechtsprechung. ... Nur soweit es zur Aufrechterhaltung einer funktionsfähigen

---

[472] Vollkommer, S.113.

[473] Vgl.BVerfG NJW 88, 191 ff.; Siehe auch oben auf S.102 Fn.5.; Eingehend zu dieser Problematik, Vollkommer, S.113 f.m.w.N.

[474] BVerfG NJW 88, 191 (192); Hartstang, S.510; Rinsche, S.46 Rn.I 70; Vollkommer, S.113.

Rechtspflege unerläßlich ist, kann demgemäß auch weiterhin auf die Standesrichtlinien zur Konkretisierung der Generalklausel zurückgegriffen werden, wobei selbstverständliche Voraussetzung ist, daß die jeweiligen Gebote auch den materiellrechtlichen Anforderungen an Grundrechtsbeschränkungen genügen. Das wird sich im wesentlichen mit denjenigen Berufspflichten decken, welche die Ehrengerichte in anerkannter Rechtsprechung unmittelbar aus der Generalklausel oder aus unbestritten fortgeltenden vorkonstitutonellem Gewohnheitsrecht hergeleitet haben, wie etwa die Verschwiegenheitspflicht, das Verbot der Wahrnehmung widerstreitender Interessen, die Grundsätze der Gebührenberechnung ... ."[475].

Die o.g. Anwaltspflichten lassen sich zudem im Verhältnis zum Mandanten aus dem Mandat herleiten[476], wobei deren Einhaltung sogar durch strafrechtliche Bestimmungen geschützt ist[477]. So handelt ein Anwalt beispielsweise pflichtwidrig, wenn er gem. § 45 Nr.2 BRAO eine andere Partei in derselben Rechtsangelegenheit zuvor im entgegenstehenden Interesse beraten und vertreten hat. Darüber hinaus wird eine Pflichtverletzung des Anwalts grundsätzlich bei evident wucherischen Verträgen durch den Anwalt oder die Täuschung und Schädigung gegnerischer Parteien durch die Aufstellung von Behauptungen bejaht, deren Unwahrheit dem Anwalt bekannt ist[478].

---

475 BVerfG NJW 88, 191 (192 f.).

476 Rinsche, S.46 Rn.I 70.

477 Vgl. §§ 203, 266, 356 StGB.

478 Hartstang, S.510.

2. Die Verschwiegenheitspflicht

Aufgrund ihrer vergleichsweise besonderen Bedeutung für das Anwaltsrecht wird die Verschwiegenheitspflicht des Anwalts im folgenden näher untersucht.

Generell umfaßt die auf dem besonderen Vertrauens- und Treueverhältnis zum Mandanten basierende und in § 42 der Standesrichtlinien näher umschriebene Verschwiegenheitspflicht des Anwalts alle Informationen, die diesem in Ausübung seiner Tätigkeit vom Mandanten anvertraut wurden oder ihm im Rahmen seiner Berufsausübung bekannt geworden sind[479]. Sie genießt als Berufsgheimnis gem. den §§ 203 I Nr.3, 204 StGB und durch die Zeugnis- und Auskunftsverweigerungsprivilegien nach §§ 383 I Nr.6 ZPO, 53 I Nr.3 StPO und 102 I 3 a und b AO gesetzlichen Schutz. Denn zur Wahrung des Allgemeininteresses an einer intakten Rechtspflege muß unbedingt gewährleistet sein, daß ein Mandant sich ohne das Risiko nachteiliger Folgen seinem Anwalt uneingeschränkt anvertrauen kann[480]. Entsprechend der vertraglichen Grundlage des Mandatsverhältnisses ist der Anwalt allein seinem Mandanten und nicht etwa Dritten gegenüber zur Verschwiegenheit verpflichtet[481]. Berät der Anwalt z.B. in einer Vertragssache gleichzeitig mehrere Personen, so besteht die Pflicht zur Verschwiegenheit allen Parteien gegenüber[482]. Darüber hinaus sind gem. §§ 203 III StGB, 53 a StPO und 102 II AO neben dem Anwalt selbst seine

---

[479] Borgmann/Haug, S.136; Vollkommer, S.116.

[480] Vollkommer, S.116.

[481] Friedlaender, Exkurs I zu § 28 Rn.9; vgl. Lingenberg/Hummel, § 42 Rn.11.

[482] Borgmann/Haug, S.137.

Mitarbeiter und Berufshelfer in die Verschwiegenheitspflicht eingebunden. Alle Informationen, die dem Anwalt dagegen außerhalb seiner beruflichen Tätigkeit bekannt werden, werden nicht vom Schutzbereich dieser Pflicht erfaßt[483]. Diese bleibt grundsätzlich über die Beendigung des Mandats hinaus bestehen und entfällt auch nicht automatisch mit dem Tode des Mandanten[484], so daß auch zu diesem Zeitpunkt eine Pflichtverletzung des Anwalts in einer deliktischen Haftung gegenüber seinem Mandanten oder den Erben resultieren kann[485].

Ausnahmsweise kann der Anwalt jedoch von seiner Schweigepflicht und somit von einer Haftung wegen deren Verletzung befreit sein[486]. Zum einen kann dies der Fall sein, wenn der Mandant seinen Anwalt ausdrücklich von seiner Verschwiegenheitspflicht befreit hat[487]. Zudem existieren gesetzliche Ausnahmefälle, wie etwa der Wegfall des Zeugnisverweigerungsrechts (§§ 385 II ZPO, 53 II StPO, und 102 III AO) oder der Fall des schweren Notstandes. Letzterer tritt ein, wenn der Anwalt Kenntnis über geplante schwere Straftaten i.S.d. § 138 StGB erlangt. Eine bedeutende Rolle nehmen in diesem Zusammenhang die Fälle ein, in denen der Anwalt selbst Beteiligter von gerichtlichen Verfahren ist. So ist der Anwalt grundsätzlich bei gegen ihn laufenden strafrecht-

---

483 Borgmann/Haug, S.137.

484 Zu den Einzelheiten - insbesondere beim Tod des Mandanten - siehe Borgmann/Haug, S.138 f.

485 Vollkommer, S.116.

486 Eine eingehende Erörterung der Ausnahmen von der Verschwiegenheitspflicht findet sich bei Borgmann/Haug, S.139-143 und Lingenberg/Hummel/Zuck/Eich, § 42 Rn.16 ff.

487 Vollkommer, S.117; Borgmann/Haug, S.139.

lichen oder ehrengerichtlichen Verfahren von der Verschwiegenheitspflicht befreit, was ebenso grundlegend für Haftpflichtklagen eines Mandanten gegen seinen Anwalt und vor allem bei Gebührenklagen des Anwalts gegen seinen Mandanten der Fall ist[488]. Dies ist unbedingt erforderlich, um es dem Anwalt zu ermöglichen, sich in solchen Situationen durch die Offenbarung vertraulicher Informationen aus dem Mandatsverhältnis gegen etwaige Vorwürfe oder behauptete Pflichtverletzungen zu verteidigen, oder etwa die Rechtmäßigkeit einer Gebührenforderung zu begründen. In diesem Zusammenhang führte der BGH 1951 in einem Urteil grundlegend aus:

> "Inwieweit der RA über anvertraute Privatgeheimnisse zu schweigen hat, ist dem § 300 StGB[489] zu entnehmen. Danach ist die Offenbarung solcher Geheimnisse strafbar, wenn sie unbefugt geschieht; erlaubt ist sie demnach, wenn eine Befugnis dazu besteht. Diese Befugnis kann sich namentlich aus den Grundsätzen über die Abwägung widerstreitender Pflichten oder Interessen ergeben. Sie ist z.B. für den Fall anzuerkennen, daß der Anwalt ohne Offenbarung anvertrauter Tatsachen nicht in der Lage wäre, seine Honorarforderung im Zivilprozeß geltend zu machen (m.w.N.). Ebenso ist sie grundsätzlich gegeben, wenn sich der Anwalt in einem gegen ihn gerichteten Strafverfahren ohne die Offenbarung nicht sachgemäß verteidigen könnte (m.w.N.); das Interesse des Anvertrauenden an der

---

[488] BGH NJW 52, 151; Friedlaender, Exkurs I zu § 28 Rn.29; Lingenberg/Hummel/Zuck/Eich, § 42 Rn.7 b; Isele, S.586; Kalsbach, Standesrecht, § 44 III Vollkommer, S.117; Borgmann/Haug, S.140.

[489] Nunmehr § 203 StGB.

Geheimhaltung muß dann zurücktreten hinter dem Interesse des Anwalts, aus dem Strafverfahren unbestraft hervorzugehen."[490]

Demnach muß in diesem Rahmen generell eine Abwägung zwischen dem Interesse des Mandanten an der Geheimhaltung seiner vertraulichen Informationen und den Interessen des Anwalts erfolgen[491]. Entsprechend muß hier auch ein Verstoß des Anwalts gegen seine Verschwiegenheitspflicht bejaht werden, wenn er mehr offenbart, als zur Wahrung seiner Interessen notwendig ist[492].

3. Interessenkollision

Nach § 45 Nr.2 BRAO darf der Anwalt nicht tätig werden, wenn er eine andere Partei bereits in derselben Rechtsangelegenheit im entgegengesetzten Interesse beraten und vertreten hat. Dieses Verbot der Wahrnehmung kollidierender Interessen, das durch die Generalklauseln der §§ 43 und 45 Nr.1 BRAO und darüber hinaus durch die strafrechtliche Vorschrift des § 356 StGB (Parteiverrat) konkretisiert wird, schützt den Mandanten bei der Beratung davor, daß der Anwalt nicht ausschließlich dessen Interessen vertritt.

---

[490] BGH NJW 52, 151.

[491] Vollkommer, S.117; Borgmann/Haug, S.140; Der BGH (WM 86, 426, 429) entschied sinngemäß zur Schweigepflicht eines Steuerberaters:

> "Ein Mandant, der seinen steuerlichen Berater wegen einer Pflichtverletzung auf Schadensersatz in Anspruch nimmt, bringt damit zum Ausdruck, daß er mit einer gerichtlichen Erörterung aller dem Streit zugrunde liegenden Tatsachen einverstanden ist."

[492] Vollkommer, S.117.

Eine solche Interessenkollision liegt dabei sowohl bei einer früheren im entgegengesetzten Interesse erfolgten Beratung und Vertretung der derzeitigen Gegenpartei vor, als auch bei der gleichzeitigen Vertretung mehrerer Parteien mit unterschiedlichen Interessen[493]. Unter Umständen kann ein Anwalt zwar gleichzeitig für und gegen seinen Mandanten tätig werden, wenn dieser über die Folgen informiert wird und infolgedessen sein ausdrückliches Einverständnis erklärt[494]. Er muß sich jedoch das Risiko einer außerordentlichen Kündigung durch den Mandanten gem. § 627 BGB vor Augen halten, wenn er sich auf eine solche Vertretung einläßt[495]. Denn selbst wenn eine solche Vertretung unproblematisch erscheint, können - für den Anwalt zunächst unerkennbar - infolge widerstreitender Interessen der Parteien Unvereinbarkeiten auftreten. Besonders häufig praktizierte Fälle der Interessenkollision liegen beispielsweise in einer gleichzeitigen Vertretung der Eheleute im Rahmen einer einverständlichen Ehescheidung oder in der Vertretung mehrerer Gesellschafter[496].

Insbesondere ist in diesem Zusammenhang zu beachten, daß das Verbot der Wahrnehmung kollidierender Interessen nicht nur für den mit der Sache befaßten Anwalt, sondern auch für alle Anwälte der Sozietät und freie Mitarbeiter gilt[497].

---

[493] Borgmann/Haug, S.56.

[494] EGHE 17, 42; Isele, S.567.

[495] Vgl. BGH NJW 85, 41.

[496] Ponschab in Beck'sches Rechtsanwalts-Handbuch, S.820 E I 21, 22; Borgmann/Haug, S.56; Hartstang, S.510.

[497] Jessnitzer, § 45 BRAO Rn.2; Hartstang, S.510.

VIII. Der Sorgfaltsmaßstab

1. Rechtswidrigkeit

Auch im deutschen Anwaltshaftungsrecht begründen die Sorgfaltspflichten einen Sorgfaltsmaßstab, nach dem sich der Anwalt zu richten hat. Bislang ist jedoch umstritten, ob in diesem Zusammenhang die Lehre vom Erfolgsunrecht[498] oder die Lehre vom Verhaltensunrecht[499] heranzuziehen ist[500].

Im Rahmen der Lehre vom Verhaltensunrecht, die schon auf Grund des tätigkeitsbezogenen Charakters des Anwaltsvertrags für den Bereich der Anwaltshaftung den Vorzug verdient[501], wird im Lichte des objektiven Pflichtverstoßes vom Anwalt ein Höchstmaß an objektiv möglicher Sorgfalt verlangt, das auf der Ebene der Rechtswidrigkeit geprüft wird[502]. So wird generell ein Optimum anwaltlicher Sorgfalt verlangt, wie beispielsweise die umfassende Rechtsprüfung ohne Rechtsirrtum[503], das

---

[498] So MüKo-Hanau, § 276 Rn.28, einschränkend Rn.31; Palandt-Heinrichs, § 276 Anm.6 Aa.

[499] So Nipperdey, NJW 57, 1771; Enneccerus-Nipperdey, Allgemeiner Teil des Bürgerlichen Rechts, 2. Halbband, 15.A., 1960; Esser-Schmidt, § 25 IV; Staudinger-Löwisch, § 276 Rn.6.

[500] Eine eingehende Untersuchung der vertretenen Meinungen findet sich bei Deutsch, Fahrlässigkeit und erforderliche Sorgfalt, 1963, insbesondere S.43 ff.m.w.N.

[501] So Vollkommer, S.148 ff.m.w.N.

[502] Soergel/Wolf, § 276 Rn.36 und 73; Deutsch, § 14 II 4 und § 18 III 1; Vollkommer, S.151 m.w.N.; Borgmann in Beck'sches Rechtsanwalts-Handbuch, S.823 E II Rn.4.

[503] BGH NJW 72, 1044; siehe auch in dieser Arbeit unter 3.Teil B IV, S.

Beschreiten des sichersten und gefahrlosesten Weges[504] und blitzschnelle Reaktion in der mündlichen Verhandlung[505]. Hierbei kommt es wiederum nach objektiven Kriterien auf die Sorgfalt eines sachkundigen Beobachters in Kenntnis aller maßgeblichen Umstände an[506], wobei - im Gegensatz zum Verschulden - auf eine objektiv-nachträgliche Betrachtung abgestellt wird[507].

2. Verschulden

Im Rahmen des Verschuldens stellt die höchstrichterliche Rechtsprechung auf die normale Leistung einer konkreten Vergleichsgruppe ab, die durch Alter, Bildung und Lebensstellung bestimmt[508] und durchschnittlich repräsentiert wird[509], wobei die Schuld von einem vorausschauenden Blickpunkt aus betrachtet wird[510]. Im einzelnen bedeutet dies, daß der Anwalt generell die an einen durchschnittlichen, gewissenhaften und erfahrenen Anwalt zu stellenden Anforderungen erfüllen muß, die daran zu beurteilen sind, was zur richtigen Erfüllung der Anwaltspflichten notwendig und zum Zeitpunkt der betreffenden Handlung erkennbar war.

---

[504] So die st. Rspr. des BGH: vgl. BGH NJW 61, 601; BGH NJW 88, 486; BGH NJW 88, 3013.

[505] OLG Düsseldorf AnwBl 87, 283.

[506] Vollkommer, S.151.

[507] Soergel/Wolf, § 276 Rn.36 und 73; Borgmann/Haug, S.148; Boergen, S.50.

[508] RGZ 119, 397; RGZ 152, 129 (140).

[509] BGH NJW 57, 1873; BGH VersR 59, 385.

[510] BGH NJW 61, 600.

Zu beachten ist in diesem Zusammenhang jedoch, daß dem Verschulden in der Rechtspraxis des Anwaltsrechts kaum Bedeutung zukommt, da nicht immer scharf zwischen Rechtswidrigkeit und Verschulden unterschieden wird[511]. Aber gerade das Kriterium des Verschuldens bietet sich für die Anwaltshaftung als Korrekturmöglichkeit hinsichtlich der meist als überspannt empfundenen BGH-Rechtsprechung an[512]. Im Rahmen der Rechtswidrigkeit wird generell an die objektiven Anwaltspflichten angeknüpft, die von einem abstrakt-idealistischen Standpunkt aus geschaffen wurden und somit einen überaus hohen Maßstab mit oftmals überspitzten Anforderungen anlegen. Aber gerade wegen seiner idealistischen Abstraktheit wird der Sorgfaltsmaßstab keinesfalls der Rechtswirklichkeit gerecht. Es bedarf daher einer Möglichkeit zur Berücksichtigung der Umstände des konkreten Einzelfalles und der Einbeziehung der für den Anwaltsberuf üblichen Arbeitsbedingungen, um damit eine Annäherung an die Rechtswirklichkeit zu erreichen.

IX. Dauer der Pflichtenbindung

In der Regel erlöschen die vertraglichen Pflichten des Anwalts mit dem Ende des Mandatsverhältnisses[513]. Zur Beendigung eines Mandats bestehen grundsätzlich zwei Möglichkeiten, die Beendigung durch Erreichung des Vertragszwecks und die Beendigung durch Kündigung des Mandanten oder Mandatsniederlegung des Anwalts.

---

[511] Vgl. BGH NJW 69, 601; Rinsche, S.47 Rn.I 72.

[512] Vollkommer, S.147, mit Hinweis auf Scheffler (NJW 61, 577 [580]), der schon vor etwa 30 Jahren auf die Kompensationsfunktion des Anwaltsverschuldens hinwies.

[513] Borgmann/Haug, S.69; Vollkommer, S.40; Rinsche, S.4 Rn.I 7.

Normalerweise endet das Mandatsverhältnis mit der Erledigung des Auftrages, bzw. mit der Erreichung des Vertragszwecks. Die Vertragserfüllung liegt grundsätzlich vor, wenn die dem Mandat zugrundeliegenden Aufgaben durch den Anwalt erledigt sind und dieser - etwa durch Übersendung der Schlußrechnung - zu erkennen gibt, daß er seinen Auftrag als erledigt ansieht[514]. Das gleiche gilt, wenn der Anwalt keine Tätigkeit mehr für seinen Mandanten entfalten kann[515]. Der genaue Zeitpunkt der Mandatserledigung läßt sich allerdings nicht immer exakt feststellen, weil dies vom konkreten Umfang des Auftrags und den entsprechenden Anwaltspflichten abhängig ist[516]. Mandate, die die Prozeßführung zum Gegenstand haben, enden dagegen regelmäßig mit der die jeweilige Instanz abschließenden Entscheidung und den damit verbundenen Belehrungspflichten des Anwalts, wie beispielsweise dem Hinweis auf Rechtsmittelfristen[517].

Die Kündigung des Mandatsverhältnisses durch den Mandanten unterliegt - im Gegensatz zur Kündigung durch den Anwalt - keinerlei Einschränkungen. So kann der Mandant sein Kündigungsrecht jederzeit und ohne wichtigen

---

[514] Vgl. OLG Bamberg VersR 78, 329.

[515] Vollkommer, S.40.

[516] BGH WM 84, 1318. Lediglich bei Anwaltsverträgen mit werkvertraglichem Charakter ist das Mandatsende - etwa bei Fertigstellung eines in Auftrag gegebenen Vertrages oder Erstellung eines Rechtsgutachtens - genau feststellbar. Das gleiche gilt bei juristischen Beratungen, wo das Mandat mit Erteilung der erwünschten Rechtsauskunft endet (Rinsche, S.4 Rn.I 7; Borgmann/Haug, S.71).

[517] BGH VersR 74, 1131; Borgmann/Haug, S.69; Rinsche, S.4 Rn.I 7; Vollkommer, S.41.

Grund ausüben[518]. Kündigt der Mandant jedoch aufgrund eines vertragswidrigen Verhaltens des Anwalts, so führt die Kündigung nicht nur zur Auflösung des Mandatsverhältnisses mit grundsätzlicher Befreiung von den gegenseitigen Pflichten. Vielmehr ist der Anwalt dem Mandanten gem.§ 628 II BGB zum Ersatz des entstandenen Schadens verpflichtet[519]. Für die Kündigung durch den Anwalt ist hingegen dann ein wichtiger Grund erforderlich, wenn er gem. § 627 II 1 BGB zur Unzeit kündigt. Eine solche Kündigung des Anwalts ohne wichtigen Grund führt zudem nicht zur Unwirksamkeit des Anwaltsvertrags, sondern führt nach § 627 II 2 BGB zu einer Schadensersatzpflicht gegenüber seinem Mandanten. Eine solche Kündigung zur Unzeit ist regelmäßig zu bejahen, wenn es dem Mandant nach ihrem Zugang nicht mehr möglich ist, sich rechtzeitig einen anderen Anwalt zu nehmen[520].

Nach der Beendigung des Mandats hat der Anwalt noch diejenigen Maßnahmen einzuleiten, die zur Verhinderung von Nachteilen für seinen Mandanten erforderlich sind[521]. Darüber hinaus bleiben trotz Wegfalls des Vertrauensverhältnisses[522] vor allem die anwaltliche

---

[518] Vollkommer, S.41.

[519] Ein solcher Schaden kann beispielsweise durch Mehraufwendungen für die Beauftragung eines anderen Anwalts mit der Fortführung der Angelegenheit enstehen; Schumann-Geißinger, BRAGO, § 3 Rn.49.

[520] Palandt-Putzo, Anm.2 zu § 627 BGB.

[521] Rinsche, S.7 Rn.I 11, Borgmann/Haug, S.75; Haftpflichtfragen, AnwBl. 72, 155f.; z.B. die Belehrung über vom ausscheidenden Anwalt nicht mehr wahrzunehmende Fristen.

[522] Vollkommer, S.45.

Verschwiegenheitspflicht (vgl. §§ 203 I Nr.3, 204 StGB)[523] und die Pflicht zur Aufbewahrung von Handakten (§ 50 II 2 BRAO) über das Mandatsende hinaus bestehen.

4.Teil Vergleichende Analyse

Die folgende Analyse soll in erster Linie signifikante Unterschiede und Ähnlichkeiten des in Deutschland und den U.S.A. geltenden Anwaltshaftungsrechts aufzeigen. Dabei soll untersucht werden, inwieweit dem U.S.-amerikanischen Recht Anregungen zur Verbesserung des deutschen Anwaltshaftungsrechts bieten kann.

Einen Schwerpunkt bildet - nach dem Vergleich der allgemeinen Sorgfaltspflichten und den besonderen Vertrauens- und Treuepflichten - die Untersuchung der beruflichen Anforderungen an deutsche und U.S.-amerikanische Anwälte. Danach werden haftungsrechtliche Besonderheiten in den speziellen Bereichen der großen Anwaltssozietäten und der Spezialisierung erörtert.

Um das Verständnis von Natur und Ursachen der Anwaltshaftung zu fördern, wird der vergleichende Teil dieser Arbeit durch eine Analyse der wichtigsten Fehlerquellen für anwaltliche Haftpflichtfälle abgeschlossen.

A. Allgemeine Haftungsgrundlagen

I. Begründung von Anwaltspflichten

Als Kernpunkt der Anwaltshaftung in den U.S.A. und Deutschland bildet primär das Vertragsverhältnis zwischen Mandant und Anwalt die Grundlage für die anwaltlichen

---

[523] Näheres hierzu auf S.136 ff. dieser Arbeit.

Pflichten[524]. In beiden Rechtsordnungen setzt dieses Mandatsverhältnis zwei übereinstimmende Willenserklärungen von Anwalt und Mandant hinsichtlich des Auftrags voraus, wodurch es seinen vertraglichen Charakter erlangt. In Deutschland kommt es regelmäßig durch die Erteilung eines Auftrags durch den Mandanten und dessen Annahme durch den Anwalt zustande. In den U.S.A. kann das Mandat grundsätzlich aufgrund eines ausdrücklichen Vertrages, der Annahme eines Gebührenvorschusses oder sogar durch eine formlose Vereinbarung entstehen.

Die aus dem Mandatsverhältnis erwachsenden Anwaltspflichten sind nicht allgemein bestimmbar und auch im deutschen Recht sehr weit gefaßt. So ist der deutsche Anwalt grundsätzlich verpflichtet, seinen Mandanten möglichst umfassend zu beraten und dessen Interessen im Rahmen der gesetzlichen und standesrechtlichen Grenzen optimal wahrzunehmen. Aus dieser Generalklausel der Sorgfaltspflichten lassen sich dann verschiedene individuelle Anwaltspflichten ableiten, die auf dem Grundsatz der ungeteilten Loyalität des Anwalts gegenüber seinem Mandanten beruhen. Die allgemeinen Sorgfaltspflichten sind für den amerikanischen Anwalt auf ähnliche Weise generalklauselartig festgeschrieben. Demnach ist dieser grundsätzlich dazu verpflichtet, seiner anwaltlichen Tätigkeit gewöhnliche Sach- und Fachkenntnis zugrundezulegen. Darüber hinaus konstituiert das Mandatsverhältnis ein unverletzliches Vertrauens- und Treueverhältnis, aus dem der besondere Pflichtenbereich der fiduciary obligations erwächst, die durch die

---

524 Vgl.im einzelnen in dieser Arbeit auf S.5 ff. u. 91 ff.

jeweiligen Umstände des Mandats und das Standesrecht konkretisiert werden.

Somit entspringen dem Mandatsverhältnis sowohl im deutschen als auch im U.S.-amerikanischen Recht die allgemeinen Sorgfaltspflichten, aus denen sich die besonderen Treue- und Vertrauenspflichten herleiten lassen. Diese beruhen wiederum auf dem Grundsatz der ungeteilten Treue des Anwalts gegenüber dem Mandanten.

II. Allgemeine Grenzen der Anwaltspflichten

Im amerikanischen Anwaltsrecht finden die anwaltlichen Pflichten im Mandatsverhältnis in jedem Fall ihre Grenzen in der Stellung des Anwalts als Organ der Rechtspflege (officer of the court)[525]. Danach kann ein Anwalt keine Haltung einnehmen, die zwar einerseits den Interessen seines Mandanten dienlich ist, jedoch andererseits seine Verpflichtungen gegenüber dem Gericht, Dritten oder der Gesellschaft verletzt. Im einzelnen gebietet dem amerikanischen Anwalt seine Stellung als Organ der Rechtspflege, die Ordnungsmäßigkeit und Effektivität der Rechtspflege zu gewährleisten, indem er beispielsweise die Bearbeitung von Fällen ablehnt oder beendet, die offensichtlich aussichtslos sind. Folglich müssen seine Pflichten gegenüber dem Mandanten im Verhältnis zu den aus seiner Organstellung erwachsenden Pflichten zurückstehen.

In ähnlicher Weise sind die Pflichten des deutschen Anwalts gegenüber dem Mandanten durch seine Stellung als unabhängiges Organ der Rechtspflege gem. §§ 1, 3 BRAO

---

[525] Vgl. S.10 f. dieser Arbeit.

eingeschränkt[526]. So ist es ihm beispielsweise in dieser Organstellung trotz der Pflichten gegenüber seinem Mandanten verboten, rechtliche Schritte zu empfehlen, die im konkreten Fall unredlich oder rechtsmißbräuchlich wären[527]. Dementsprechend darf der Anwalt auch dann keinen Prozeß einleiten oder durchführen, der offensichtlich aussichtslos ist, wenn dies dem ausdrücklichen Wunsch seines Mandanten entspricht[528].

III. Haftungsgrundlagen

Als konkrete Haftungsgrundlage kommt im amerikanischen Recht primär der deliktsrechtliche Tatbestand der unerlaubten Handlung (negligence)[529] und im deutschen Recht überwiegend eine vertragliche Haftung[530] des Anwalts in Betracht. Bei fehlendem Vertrag begründen dabei in beiden Rechtsordnungen dauernde berufliche Beziehungen zwischen Anwalt und Mandant eine Grundlage für vertragliche Haftpflicht.

Trotz geringer Abweichungen im Wortlaut der verschiedenen Entscheidungen lassen sich die drei wesentlichen Voraussetzungen der anwaltlichen Haftpflichtklage wegen negligence folgendermaßen zusammenfassen. Zunächst muß die Beschäftigung des Anwalts oder eine sonstige

---

[526] Näheres zur Stellung des Anwalt als unabhängiges Organ der Rechtspflege, Borgmann/Haug, S.7 ff. und Hartstang, Anwaltsrecht, S. 276 ff.

[527] Vgl. BGH VersR 83, 562; BGH NJW 88, 2881; vgl. auch auf S.   dieser Arbeit unter Weisungen des Mandanten.

[528] Borgmann/Haug, S.11 m.w.N.

[529] Siehe hierzu eingehend S.23 ff. dieser Arbeit.

[530] Siehe im einzelnen S.93 f. dieser Arbeit.

Grundlage für eine Anwaltspflicht vorliegen. Dann muß es der Anwalt schuldhaft versäumt haben, der Erfüllung seiner Pflichten gewöhnliche Fach- und Sachkenntnis zugrundezulegen. Durch diese Pflichtverletzung muß dem Mandanten schließlich unmittelbar ein Schaden entstanden sein.

Für die vertragliche Haftung des deutschen Anwalts kommt die auf § 242 BGB basierende Positive Vertragsverletzung in Betracht. Obwohl es sich hierbei um eine vertragsähnliche Haftungsgrundlage handelt, liegen ihr im wesentlichen die gleichen Haftungsvoraussetzungen zugrunde, wie dem negligence Tatbestand im amerikanischen Anwaltshaftungsrecht. So muß hier eine vertragliche Anwaltspflicht bestehen, deren rechtswidrige und schuldhafte Verletzung durch den Anwalt unmittelbar zu einem Schaden des Mandanten führt.

Folglich basiert sowohl in den U.S.A als auch in Deutschland das Anwaltshaftungsrecht auf einer verschuldensabhängigen Haftungsgrundlage. Bemerkenswerterweise treten in beiden Rechtsordnungen anwaltliche Pflichtverstöße meist als fahrlässige Pflichtverletzung auf, da Vorsatz in der Praxis sehr selten ist. Eine haftungsrechtliche Besonderheit bietet im amerikanischen Recht die Möglichkeit des Anwalts, mit Hilfe der Massenmedien für seine Dienstleistungen zu werben. In diesem Zusammenhang kann eine Haftpflichtklage des Mandanten wegen der Verletzung eines konkludenten Garantie- oder Gewährleistungsversprechens begründet sein, wenn der Anwalt beispielsweise durch die Werbung den Erfolg seiner Dienstleistung suggeriert und dieser ausbleibt.

Zudem werden von den amerikanischen Gerichten häufig standesrechtliche Maßstäbe herangezogen, um die Haftung eines Anwalts zu untersuchen. Dennoch gilt prinzipiell, daß die Verletzung standesrechtlicher Vorschriften alleine keine Haftung aus negligence oder sonstige Schadensersatzansprüche gegen Anwälte begründet. Ebensowenig hat in Deutschland das Standesrecht Auswirkungen auf die zivilrechtliche Haftung des Anwalts[531]. Da die Standesrichtlinien nicht mehr zur Konkretisierung der Generalklausel über die anwaltlichen Berufspflichten (§ 43 BRAO) herangezogen werden dürfen[532], kommt diesen keine rechtserhebliche Relevanz mehr für die Begründung anwaltlicher Pflichten zu. Somit kann die Verletzung von standesrechtlichen Pflichten durch den Anwalt nicht zu dessen zivilrechtlicher Haftung führen[533].

B. Die konkreten Anwaltspflichten im Vergleich

Die sich aus dem Mandatsverhältnis ergebenden Pflichten und deren Reichweite lassen sich im amerikanischen Recht nicht durch allgemeingültige Umschreibungen bestimmen. Grundsätzlich wird jedoch durch die Entstehung des Mandatsverhältnisses die allgemeine Sorgfaltspflicht des Anwalts begründet, seiner beruflichen Tätigkeit gewöhnliche Fach- und Sachkenntnis zugrundezulegen.

---

[531] Borgmann/Haug, S.14; Vollkommer, S.4.

[532] BVerfG NJW 88, 191.

[533] Vollkommer, S.4; Borgmann/Haug, S.14; Rinsche (S.46 Rn.I 70) geht davon aus, daß die Richtlinien bei der Feststellung der anwaltlichen Vertragspflichten gegenüber dem Mandanten gleichwohl heranzuziehen sind.

Dieser Sorgfaltspflicht entspricht im deutschen Recht die aus dem Anwaltsvertrag folgende, ganz allgemeine Pflicht zur Interessenwahrung und Rechtsbetreuung im Rahmen der versprochenen anwaltlichen Dienstleistung[534].

Aus dieser allgemeinen Anwaltspflicht ergeben sich in beiden Rechtsordnungen indirekt die inhaltlich konkreteren Einzelpflichten. Sie folgen deshalb nur indirekt aus dem Anwaltsvertrag, weil sie erst durch das hochkarätige Vertrauens- und Treueverhältnis begründet werden, das durch das Mandatsverhältnis konstituiert wird. Bei diesen Einzelpflichten handelt es sich beispielsweise um die Beratungs-, Belehrungs-, Aufklärung- und Rechtsprüfungspflicht. Im amerikanischen Recht fällt in diesem Zusamenhang jedoch auf, daß sich das absolute Treue- und Vertrauensverhältnis des Anwalts gegenüber seinem Mandanten - mehr als im deutschen Recht - als Deckmantel für die Einzelpflichten darstellt. Dies äußert sich im einzelnen dahingehend, daß z.B. die in Deutschland als Einzelpflicht ausgeformte Beratungs- und Belehrungspflicht, hier nicht als solche ausgeprägt, sondern generell als Bestandteil der Loyalitätspflicht auftritt.

I. Die Rechtsprüfungspflicht

Aufgrund ihrer besonderen Relevanz für das Anwaltshaftungsrecht beider Rechtsordnungen wird im folgenden die Rechtsprüfungspflicht vergleichend analysiert[535]. Denn erst nach einer sorgfältigen Prüfung der Rechtslage

---

[534] Vollkommer (S.48) nennt sie die Kardinalpflicht des Rechtsanwalts.

[535] Siehe im einzelnen in den entsprechenden Kapiteln dieser Arbeit, S.67 f. u. 154 f.

ist der Anwalt zur zuverlässigen juristischen und sonstigen Beratung des Mandanten in der Lage.

Generell kann einem Anwalt nur dann die Verletzung seiner Rechtsprüfungspflicht vorgeworfen werden, wenn er nicht über eine zur Vertiefung geeignete präsente Rechtskenntnis verfügte oder die ausreichende Einarbeitung in die konkreten Rechtsprobleme seines Mandanten versäumt hat.

1. Klare Rechtslage

Im einzelnen wird vom deutschen Anwalt eine detaillierte und im wesentlichen lückenlose Gesetzeskenntnis gefordert. Er muß neben seinem einmal erlangten Kenntnisstand ständig die Gesetzesentwicklung beachten und seine Gesetzeskenntnis auf dem neuesten Stand halten. Zusätzlich zur erschöpfenden Kenntnis des BGB muß der Anwalt sich mit anderen deutschen Gesetzen einschließlich neuer Gesetze vertraut machen. Dies gilt vor allem auch für Spezialvorschriften und ausländische Gesetze, wenn er ein entsprechendes Mandat angenommen hat. Dabei darf sich der Anwalt noch nicht einmal ohne weiteres auf die Vor- oder Nacharbeit eines auf dem betreffenden Gebiet erfahrenen Kollegen verlassen.

Zudem verlangt der BGH, daß der Anwalt nicht nur die in der amtlichen Sammlung abgedruckte höchstrichterliche Rechtsprechung beachtet, sondern auch die verfügbaren Fachzeitschriften heranzieht, um sich über den neuesten Stand der Rechtsprechung zu informieren. Über neue Entscheidungen hat er sich dabei möglichst bald Kenntnis zu verschaffen, bestimmte Fristen existieren jedoch nicht. Eine Pflicht des Anwalts, sich darüber hinaus die

Rechtsprechung anderer Gerichte zu erarbeiten, kann dagegen grundsätzlich nicht bejaht werden.

Obwohl zur Prozeßführung und Beratung in erster Linie die höchstrichterliche Rechtsprechung herangezogen werden muß, ist die Durchsicht der Fachliteratur - insbesondere der Kommentare - für die Rechtsprüfungspflicht des Anwalts von großer Bedeutung. Denn gerade durch das Heranziehen der Kommentare, kann er in relativ kurzer Zeit einen Überblick über die einschlägige vorherrschende Rechtsprechung gewinnen. Die Durchsicht lediglich eines Kommentars reicht hierbei regelmäßig nicht aus.

Vom amerikanischen Anwalt wird in ähnlichem Umfang die Kenntnis der allgemein anerkannten und zweifelsfrei definierten Rechtsprechung erwartet. Es muß sich hierbei generell um veröffentlichtes Recht handeln, so daß es der Anwaltschaft allgemein zugänglich und wohlbekannt ist. Dieselben Grundsätze finden auf Kodifikationen und juristische Lehrbücher Anwendung. Die neuere Rechtsprechung geht davon aus, daß der wohlinformierte Kenntnisstand des Anwalts auch Rechtsgrundsätze umfassen muß, die ohne weiteres durch moderne Forschungsmethoden (z.B. computerisierte Fallsammlungen) erhältlich sind, da der ratsuchende Mandant erwarten kann, zeitgemäß informiert zu werden. Auf die konkrete Ausstattung der einzelnen Anwaltsbüros kann es dabei nicht ankommen. Ähnlich seinem deutschen Kollegen hinsichtlich ausländischen Rechts ist der amerikanische Anwalt verpflichtet, sich in dem Maße mit dem Recht anderer Bundesstaaten zu befassen, wie es für die ordnungsgemäße Vertretung seines Mandanten erforderlich ist. So muß er sich entweder die nötigen Kenntnisse aneignen oder einen anderen Anwalt einschalten, der über das entsprechende Wissen verfügt. Das Nichteinschalten eines Kollegen kann vor allem dann die Haftpflicht des Anwalts zur Folge haben, wenn diesem die eigene Ungewißheit hinsichtlich der Rechtslage bewußt war.

Insoweit werden in den U.S.A. und Deutschland gleichermaßen hohe Anforderungen an die Rechtsprüfungspflicht des Anwalts gestellt. Dabei läßt alleine die kaum überschaubare jährliche Flut neuer Gesetze und ständiger Gesetzesänderungen in Deutschland, bzw. der Rechtsprechung in den U.S.A., es unmöglich zu, daß der Anwalt sich neben seinem alltäglichen Arbeitspensum in ausreichendem Maße Kenntnis über alle neuen Gesetze und Gesetzesänderungen verschafft.

2. Unklare Rechtslage

Ein markanter Unterschied zwischen dem deutschen und amerikanischen Anwaltshaftungsrecht läßt sich in diesem Zusammenhang im Bereich unklarer Rechtslagen feststellen.

So gilt in den U.S.A. seit 1975, daß ein Anwalt generell nicht für Fehler in der Einschätzung unklarer Rechtslagen haftet. Dies setzt allerdings voraus, daß er sich überhaupt ein auf fundierten Nachforschungen basierendes persönliches Urteil bildet. Der deutsche Rechtsanwalt wird dagegen grundsätzlich für jeden Rechtsirrtum zur Verantwortung gezogen[536].

---

[536] Siehe hierzu auch S.125 dieser Arbeit zur Haftung für den Gebrauch des Urteilsvermögens.

3. Haftung für den Gebrauch des Urteilsvermögens

Mit dem Problem der unklaren Rechtslage ist die Frage verknüpft, inwieweit ein Anwalt für den Gebrauch seines Urteilsvermögens haftet[537].

Die Beantwortung dieser Fragestellung deckt wesentliche Unterschiede zwischen der Haftung amerikanischer und deutscher Anwälte auf. So hat sich der deutsche Anwalt zwar nach sorgfältiger Rechtsprüfung grundsätzlich eine eigene Rechtsanschauung zu bilden. Diese muß jedoch immer der h.M. entsprechen. Zumal er - im Gegensatz zu seinem amerikanischen Kollegen - im wesentlichen für jeden Rechtsirrtum haftet, haftet er auch zwangsläufig für den Gebrauch seines Urteilsvermögens, wenn seine Rechtsanschauung im Ergebnis von der h.M. abweicht. Der amerikanische Anwalt wird hingegen nicht für Fehler aus dem Gebrauch seines Urteilsvermögens haftbar gemacht. Dies setzt allerdings voraus, daß er tatsächlich mit Hilfe seines Urteilsvermögens eine wohlbegründete Einschätzung der fraglichen Rechtslage vorgenommen hat.

4. Grundsatz des sichersten Wegs

Generell sind die deutschen und amerikanischen Anwälte gleichermaßen verpflichtet, bei der Wahrnehmung der Interessen ihrer Mandanten den sichersten Weg zu gehen[538]. Eine besondere Bedeutung hat dieser Grundsatz vor allem dann, wenn dem Anwalt - etwa bei zweifelhafter Rechtslage - mehrere Vorgehensweisen zur Verfügung

---

[537] Näheres hierzu in den entsprechenden Kapiteln dieser Arbeit auf S.66 u. 125 f.

[538] Vgl. Boyd v. Brett-Major, 449 So.2d (Fla.App.1984); BGH NJW 88, 486 (487).

stehen. Im Rahmen der Risikovermeidungspflicht ist er dann zur bestmöglichen, risikoärmsten Vertretung seines Mandanten verpflichtet.

II. Berücksichtigung von Anweisungen des Mandanten

Aufgrund des im wesentlichen dienstvertraglichen Charakters des Anwaltsvertrags ist der deutsche Anwalt grundsätzlich an die Weisungen seines Mandanten gebunden[539]. Ohne entsprechende Anweisungen seines Mandanten darf er nicht tätig werden, so daß letztendlich der Mandant zu bestimmen hat, ob etwa die vom Anwalt empfohlene Klageerhebung durchgeführt wird. In ähnlichem Umfang kann der amerikanische Anwalt generell angewiesen werden, gewisse Aufgaben auf eine bestimmte Weise zu erledigen[540]. Dadurch wird der konkreten Dienstleistung vertraglicher Charakter verliehen, wobei aus deren Nichterfüllung resultierende Schädigungen des Mandanten zur verschuldensunabhängigen Haftung des Anwalts führen können.

Folglich führt - als Ausnahme zur verschuldensabhängigen Anwaltshaftung - ein diesbezüglicher Pflichtverstoß des Anwalts in den U.S.A. zur verschuldensunabhängigen Vertragshaftung. Das deutsche Recht hält dagegen auch in diesem Zusammenhang am Verschuldensprinzip fest. Im übrigen haben die Anwälte nach beiden Rechtsordnungen den Weisungen des Mandanten zu folgen, um eine Haftung für kausal aus deren Nichtbeachtung resultierende Schäden zu vermeiden.

---

[539] Siehe im einzelnen dazu auf S.130 f. dieser Arbeit.

[540] Siehe im einzelnen dazu auf S.19 f. dieser Arbeit.

Es fällt auf, daß die Weisungsgebundenheit des Anwalt sowohl in Deutschland, als auch den U.S.A. durch die Stellung des Anwalts als unabhängiges Organ der Rechtspflege begrenzt ist. So ergeben sich aus dieser Stellung Rechte und Pflichten des Anwalts, die einer grenzenlosen Weisungsgebundenheit entgegenstehen. Um die Wahrung der Effektivität der Rechtspflege und das öffentliche Vertrauen in sie zu gewährleisten, darf der Anwalt lediglich auf einen rechtmäßigen Zweck gerichtete Instruktionen seines Mandanten befolgen. Abzulehnen sind aus demselben Grund solche Anweisungen, die auf aussichtslose oder gar unseriöse Maßnahmen abzielen.

III. Die Verschwiegenheitspflicht

Für die Gewährleistung einer einwandfreien und effektiven Dienstleistung des Anwalts und die Wahrung des öffentlichen Interesses an einer intakten Rechtspflege ist die strenge Einhaltung der anwaltlichen Verschwiegenheitspflicht unabdingbar[541]. Diese vom Charakter her standesrechtliche Anwaltspflicht wird in Deutschland und den U.S.A. jeweils durch das Zeugnisverweigerungs- und Auskunftsverweigerungsrecht gesetzlich geschützt.

Für den Umfang der Verschwiegenheitspflicht in den U.S.A. sind im wesentlichen der Model Code von 1969 und die Model Rules von 1983 maßgebend. Der Model Code von 1969 schützt alle confidences und secrets des Mandanten. Im einzelnen zählen hierzu alle Informationen, die nach dem geltenden Recht der jeweiligen Gerichtsbarkeit, vom Anwaltsgeheimnis bzw. Zeugnisverweigerungsrecht geschützt

---

[541] Siehe im einzelnen hierzu auf S.42 ff u.136 f. dieser Arbeit.

sind. Hinzu kommen alle anderen Informationen, die Bestandteil des Mandatsverhältnisses sind und nicht schon in den Schutzbereich des Anwaltsgeheimnisses fallen. In den Model Rules von 1983 wird dieser Schutz wesentlich erweitert, so daß auch sonstige Informationen - unabhängig von ihrer Quelle - von der anwaltlichen Verschwiegenheitspflicht erfaßt sind. Erlangt ein Anwalt beispielsweise vor oder nach dessen Vertretung Informationen über einen Mandanten, müssen diese - im Gegensatz zum Model Code von 1969 - vertraulich behandelt werden.

In ähnlichem Umfang umfaßt in Deutschland die anwaltliche Verschwiegenheitspflicht alle Informationen, die dem Anwalt in Ausübung seiner beruflichen Tätigkeit von seinem Mandanten anvertraut wurden oder ihm sonst bekannt geworden sind. Informationen, die er außerhalb seiner beruflichen Tätigkeit erlangt hat, sind nicht geschützt.

Da die Verschwiegenheitspflicht von derart großer Bedeutung ist, lassen beide Rechtsordnungen lediglich in sehr engem Rahmen Ausnahmen zu. So kann der Anwalt beispielsweise nur ausdrücklich durch seinen Mandanten oder aufgrund gesetzlicher Ausnahmen (z.B. Wegfall des Zeugnisverweigerungsrechts) von ihr befreit werden. Dabei muß immer zwischen dem Interesse des Mandanten an der Geheimhaltung und den Interessen des Anwalts abgewogen werden.

IV. Interessenkollisionen

In Deutschland und den U.S.A. existiert gleichermaßen das Verbot für die Anwaltschaft, widerstreitende Interessen zu vertreten[542]. Dies gilt sowohl bei gleichzeitiger Vertretung gegensätzlicher Interessen als auch für die Vertretung eines Mandanten im Gegensatz zu den Interessen einer früheren Partei.

In den U.S.A. spielt das Problem der Interessenkonflikte in allen Gebieten der anwaltlichen Tätigkeit als haftungsrechtlicher Aspekt eine bedeutenden Rolle. Hingegen fällt auf, daß anders als in den U.S.A. das Verbot der Vertretung von Parteien mit gegensätzlichen Interessen in Deutschland keine Haftung begründet (vgl. § 45 Nr.2 BRAO), sondern der Anwalt allenfalls das Risiko einer außerordentlichen Kündigung durch seinen Mandanten gem. § 627 BGB zu tragen hat.

V. Dauer der Pflichtenbindung

Auch im Rahmen der Frage, wie lange der Anwalt an seine aus dem Mandatsverhältnis erwachsenden Pflichten gegenüber dem Mandanten gebunden ist, lassen sich Gemeinsamkeiten und Unterschiede zwischen den U.S.A. und Deutschland feststellen.

Hat der Anwalt demnach einmal ein Mandat angenommen, so bleiben das entsprechende Mandatsverhältnis und die sich daraus ergebenden Pflichten grundsätzlich bis zum Mandatsende bestehen. Zur Beendigung des Mandats bestehen im allgemeinen zwei Möglichkeiten, die Beendigung durch Erledigung des Auftrags und die Kündigung bzw. Mandatsniederlegung. Bemerkenswerterweise darf der Anwalt seinem Mandanten weder in Deutschland noch den in U.S.A. ohne vernünftigen Grund und angemessene Frist kündigen,

---

[542] Siehe hierzu im einzelnen auf S.55 ff. u. 140 dieser Arbeit.

wohingegen der Mandant seinen Anwalt jederzeit und ohne Begründung des Amtes entheben kann. Eine Kündigung durch den Anwalt kann dabei zur Schadensersatzpflicht gegenüber dem Mandanten führen.

Zudem bleiben für die deutschen und amerikanischen Anwälte gleichermaßen bestimmte Pflichten über das Mandatsende hinaus bestehen. So hat der Anwalt nach Beendigung des Mandats regelmäßig noch diejenigen Maßnahmen einzuleiten, die zur Verhinderung von Nachteilen für den Mandanten notwendig sind. Die allgemeinen Sorgfaltspflichten erlöschen dabei regelmäßig mit der Beendigung des Mandats, wohingegen die besonderen Treue- und Vertrauenspflichten (z.B. die Verschwiegenheitspflicht) auch über das Mandatsende hinaus fortbestehen können. Der einzige Unterschied ist in diesem Zusammenhang darin zu erblicken, daß diese Pflichten in den U.S.A. weiterexistieren, weil sie auf einem besonderen Vertrauensverhältnis zwischen Anwalt und Mandant beruhen und dieses das Mandatsende überdauert. In Deutschland existiert das Vertrauens- und Treueverhältnis zwischen Anwalt und Mandant nicht selbständig neben dem Mandatsverhältnis und endet somit mit dem Mandatsende. Die besonderen Vertrauenspflichten bestehen somit trotz Wegfalls des Vertrauensverhältnisses fort.

VI. Die Rolle des Standesrechts

Im folgenden wird untersucht, welche haftungsrechtliche Rolle das anwaltliche Standesrecht in den jeweiligen Rechtsordnungen einnimmt.

Im amerikanischen Anwaltshaftungsrecht gilt generell, daß die Verletzung einer standesrechtlichen Vorschrift alleine keine haftungsrechtlichen Konsequenzen für den

Anwalt nach sich zieht, was sich schon ausdrücklich aus der Intention der Verfasser der einschlägigen Kodifikationen (Model Code von 1969 und Model Rules von 1983) ergibt. Das Standesrecht trägt jedoch maßgeblich zur Konkretisierung der Anwaltspflichten bei, wobei die Verletzung einer solchen oftmals die Erfüllung des Haftungstatbestandes negligence indiziert.

In Deutschland hat das Standesrecht eine vergleichsweise geringe Bedeutung für die zivilrechtliche Haftung des Anwalts gegenüber seinem Mandanten. Dies liegt schon alleine daran, daß die Interessen der Öffentlichkeit nicht durch die Standesrichtlinien definiert und wahrgenommen werden[543]. Hinzu kommt, daß die Standesrichtlinien seit 1987 nicht mehr zur Konkretisierung des § 43 BRAO herangezogen werden dürfen, so daß ihnen jegliche rechtliche Relevanz hinsichtlich der Begründung von Anwaltspflichten fehlt. Folglich kann die Verletzung standesrechtlicher Pflichten auch in Deutschland nicht zur zivilrechtlichen Haftung des Anwalts führen, wohingegen die Standespflichten bei der Beurteilung anwaltlichen Verschuldens zu beachten sind[544].

Das Standesrecht kann somit weder in Deutschland noch in den U.S.A. als selbständige Haftungsgrundlage für anwaltliche Pflichtverletzungen zugrundgelegt werden. Es fällt jedoch auf, daß - mehr als in Deutschland - das amerikanische Anwaltshaftungsrecht in vielen Bereichen maßgeblich vom Standesrecht geprägt und mitbestimmt wird

---

543 Borgmann/Haug, S.14; Boergen, S.98.

544 Rinsche, S.8 Rn.I 13.

und somit einen unabdingbaren Bestandteil desselben darstellt[545].

C. Die beruflichen Anforderungen an deutsche und U.S.-amerikanische Anwälte

Im folgenden wird untersucht, inwieweit unterschiedliche berufliche Anforderungen an deutsche und U.S.-amerikanische Rechtsanwälte gestellt werden.

In Deutschland sind die Anforderungen an die Anwaltschaft im allgemeinen sehr hoch[546]. Die Rechtsprechung fordert vom Anwalt die optimale Wahrnehmung der Interessen seiner Mandanten, eine umfassende und erschöpfende Beratung, die Wahl des sichersten Weges und die Vermeidung voraussehbarer Nachteile[547]. Am deutlichsten wird das Problem der hohen Anforderungen im Zusammenhang mit der anwaltlichen Rechtsprüfungspflicht. So erwartet die Rechtsprechung vom Anwalt vor allem nahezu umfassendes Wissen über die maßgeblichen Rechtsprobleme des jeweiligen Falles und eine lückenlose Kenntnis aller deutschen Gesetze[548]. Für die Kenntnis ausländischen Rechts haftet der Anwalt nur insoweit, als er sich bereit erklärt hat, seinen Mandanten diesbezüglich zu

---

[545] Vgl. etwa S.25 ff., 40 ff., 55 ff., 66 ff. u. 77 ff. dieser Arbeit.

[546] Rinsche, S.26 Rn.I 43; Vollkommer, S.48 f.; Ponschab in Beck'sches Rechtsanwalts-Handbuch, E I Rn.13; Heinemann, NJW 90, 2345 (2346); Ostler, JA 83, 109 (110); Prinz, VersR 86, 317.

[547] St.Rspr.vgl. BGH NJW 88, 486.

[548] Siehe im einzelnen auf S.112-117 dieser Arbeit.

beraten[549]. Dabei hat der Anwalt bis auf wenige Ausnahmen generell jeden Rechtsirrtum zu vertreten[550].

I. Beispiele aus der Rechtsprechung

Wie überspannt und oftmals irreal die an die deutschen Anwälte gestellten Erwartungen der Rechtsprechung tatsächlich sind, soll anhand folgender Beispiele verdeutlicht werden.

In LG Köln NJW 81, 351, wurde ein Anwalt dafür haftbar gemacht, daß er seinen Mandanten nicht über die Möglichkeit der Erbausschlagung und die damit verbundenen steuerrechtlichen Vorteile aufklärte und demzufolge wegen des hohen Alters des Mandanten innerhalb kurzer Zeit zweimal Erbschaftssteuer entrichtet werden mußte, nämlich vom Mandanten selbst und von seinen Kindern.

Fraglich ist, ob der Anwalt in diesem Fall verpflichtet war, seinem Mandanten aus steuerlichen Gründen die Erbausschlagung anzuraten. Selbstverständlich mußte seine Beratung alle aus der Erbfolge resultierenden zivilrechtlichen Ansprüche des Mandanten umfassen. Ohne entsprechenden Hinweis seines Mandanten konnte er jedoch unmöglich vermuten, daß dieser am liebsten zugunsten seiner Kinder auf die Erbschaft verzichtet hätte[551]. Fraglich ist ohnehin, inwieweit steuerrechtliche Kenntnisse bei der Rechtsprüfungspflicht erwartet werden können. Grundsätzlich muß hier gelten, daß ein Anwalt das Steuerrecht insoweit zu beherrschen hat, wie es für seine

---

[549] BGH NJW 72, 1044.

[550] BGH VersR 59, 638 (641).

[551] So auch Rinsche, S.28 Rn.I 46.

alltägliche Tätigkeit erforderlich ist[552]. Dies gilt umso mehr, als steuerrechtliche Gesichtspunkte in einer Vielzahl juristischer Bereiche - wie im Familien-, Erb- und Gesellschaftsrecht - eine bedeutende Rolle einnehmen. Steuerrechtliche Spezialkenntnisse - wie im oben genannten Rechtsprechungsbeispiel - wird man dagegen nicht erwarten können, solange der Anwalt nicht den Eindruck erweckt, diese auch zu besitzen[553].

In einer anderen Entscheidung forderte der BGH[554], daß der Anwalt alle in der amtlichen Sammlung und den Fachzeitschriften veröffentlichten höchstrichterlichen Urteile kennt. Das OLG Düsseldorf[555] stellte in diesem Zusammenhang fest, daß bei der Lektüre der NJW nicht nur die Leitsätze, sondern auch die tragenden Entscheidungsgründe zu erarbeiten sind. Darüber hinaus müßte der Anwalt auch generell darauf achten, wann sich der BGH in einem obiter dictum zur möglichen Aufgabe seiner bisherigen Rechtsprechung äußert[556]. Denn die Nichtbeachtung der Ansicht des BGH sei - wie oben bereits festgestellt - auch dann vom Anwalt verschuldet, wenn sie sich nur aus den Entscheidungsgründen ergibt.

Obwohl dies die hohen Anforderungen hinsichtlich der Kenntnis von Rechtsprechung und Literatur nur

---

[552] Vgl. BGH NJW 82, 1866.

[553] Etwa durch das Tragen der Fachanwaltsbezeichnung für Steuerrecht; vgl.Rinsche, S.28 f. Rn.I 46 und S.158 Rn.I 250.

[554] NJW 83, 1665; vgl.auch BGH NJW 52, 425 und BGH NJW 79, 877.

[555] VersR 80, 359.

[556] Hübner, NJW 89, 5 (8).

unwesentlich zu entschärfen vermag, soll an dieser Stelle erwähnt werden, daß es dem Anwalt durchaus gestattet ist, sich auf die wichtigsten Zeitschriften[557] zu beschränken[558]. Denn einerseits ist der Anwalt demnach nicht verpflichtet, jede erdenkliche Zeitschrift zu lesen. Dies befreit ihn allerdings nicht davon, grundsätzlich für jeden Rechtsirrtum zu haften.

Am deutlichsten wird die Problematik der hohen Anforderungen in einer Entscheidung des BGH[559], die allerdings nicht im direkten Zusammenhang mit der Anwaltshaftung erging. Ihr liegt folgender Sachverhalt zugrunde: Das OLG hatte ebenso wie der Anwalt des Klägers übersehen, daß der BGH in seiner letzten Entscheidung zu erkennen gegeben hatte, daß er seine Ansicht zu der in diesem Fall entscheidungsrelevanten Rechtsfrage in der Zukunft ändern wird. Das auf der alten BGH-Rechtsprechung basierende Urteil des OLG wurde rechtskräftig. Nachdem der BGH seine Rechtsprechung tatsächlich geändert hatte, überlegte der Kläger, wen er in Anspruch nehmen kann.

Obwohl dieser Entscheidung lediglich der Honoraranspruch eines Architekten zugrundelag, drängt sich ein Vergleich mit der Anwaltshaftung auf[560]. Der Richter kann in diesem Zusammenhang gem. § 839 II BGB nicht belangt werden. Vom Rechtsanwalt wurde jedoch die Kenntnis der Rechtsänderung erwartet. Zwar handelte es sich im vorliegenden Fall um eine offenbar angekündigte Rechtsänderung, deren Kenntnis

---

[557] Gemeint ist im Normalfall die NJW.

[558] Vgl. BGH VersR 79, 232.

[559] BGHZ 60, 98 (101); vgl. auch BGH NJW 72, 2083.

[560] So auch Heinemann, NJW 90, 2345 (2346); vgl. bereits oben in diesem Kapitel (zu obiter dictum).

durchaus vom Rechtsanwalt erwartet werden konnte. Dennoch könnte der Eindruck entstehen, daß ein Rechtsanwalt bei Streitfragen mit einer Änderung der höchstrichterlichen Rechtsprechung rechnen muß[561]. Dies würde dann bedeuten, daß die Anwaltshaftung zu einer Gefährdungshaftung wird, da man bekanntlich nicht wissen kann, wie der BGH in Zukunft entscheiden wird[562]. Es würde im einzelnen eine Haftung des Anwalts für zukünftige, nur begrenzt vorhersehbare Ereignisse entstehen.

Zudem kann ein Anwalt auch dann schadensersatzpflichtig sein, wenn im Vorprozeß sowohl LG und OLG seine Rechtsanschauung geteilt haben und erst der BGH gegenteilig entschied[563]. Demnach kann die von der Rechtsprechung geforderte optimale Anwaltsleistung nicht nach allgemeinen Verhaltensgrundsätzen erreicht werden. Vielmehr muß der Anwalt in jedem konkreten Fall den sichersten und besten Weg für seinen Mandanten finden und dabei prüfen, was optimal ist[564].

Selbst wenn man die erwähnten Einschränkungen berücksichtigt, lassen doch die Rechtsprechungsbeispiele allzu offensichtlich erkennen, daß die an die deutsche Anwaltschaft gestellten Anforderungen sehr hoch sind und den Anwalt oftmals überfordern. In der Rechtsliteratur, die diesem Erscheinungsbild teilweise sehr kritisch

---

[561] Kritisch hierzu: Schneider MDR 73, 305 f.; Frank, AnwBl.73, 104.

[562] Hübner, NJW 89, 5 (8).

[563] Vgl. BGH VersR 84, 664.

[564] So auch Prinz, VersR 86, 317 (318).

gegenübersteht[565], spricht man gar vom juristischen "Supermann", der über ein computerhaftes Gedächtnis, ein hervorragendes Judiz sowie über höchste Intelligenz und Energie verfügen muß[566].

II. Der Sorgfaltsmaßstab

Was den negligence-Tatbestand betrifft, so war bereits festzustellen, daß das amerikanische Recht zwar zwischen objektiver Pflichtverletzung und subjektivem Verschulden unterscheidet, diese zwei Elemente in der Praxis jedoch unter "breach of duty" zusammengefaßt werden[567]. Ähnlich verhält es sich im deutschen Anwaltsrecht, wo zwar einerseits zwischen objektivem Pflichtverstoß und subjektivem Verschulden differenziert wird, dieser Unterscheidung in der Praxis jedoch kaum Bedeutung beigemessen wird[568]. Die im deutschen Recht bislang umstrittene Frage, ob im Zusammenhang mit dem Sorgfaltsmaßstab die Lehre des Erfolgsunrechts oder die Lehre des Verhaltensunrechts heranzuziehen ist, könnte in Anlehnung an das amerikanische Recht beantwortet werden. Das amerikanische Anwaltsrecht mißt dem verhaltensbezogenen Charakter des Anwaltsvertrages große Bedeutung zu und löst die Problematik über das Kriterium der "duty" im Sinne des Verhaltensunrechts. Ebenso sollte im deutschen Anwaltsrecht der tätigkeitsbezogene Charakter des

[565] Vgl. Rinsche, S.25 Rn.I 42; Borgmann/Haug, S.89 ff.; Ostler, JA 83, 109 (110); Prinz, VersR 86, 317 (318); E.Schneider, AnwBl.87, 269; Hübner, NJW 89, 5 (7 f.); Heinemann, NJW 90, 2345 (2346); Vollkommer, S.63 f.

[566] Rinsche, S.17 Rn.I 25.

[567] Vgl.auch IECL Vol.XI, ch.6, n.117.

[568] Vgl.oben S.143 f.

Anwaltsvertrages zum Anlaß genommen werden, der Lehre vom Verhaltensunrecht den Vorrang zu geben.

Der dem deutschen Anwaltshaftungsrecht zugrundeliegende Sorgfaltsmaßstab[569] weist auf die häufig unrealistischen Anforderungen an die berufliche Kompetenz des deutschen Anwalts hin[570]. Im U.S.-amerikanischen Anwaltshaftungsrecht wird hingegen vernünftiges Verhalten des Durchschnittsanwalts als grundlegender Prüfungsmaßstab für die Kompetenz eines Anwalts angesetzt, wobei es im Gegensatz zum deutschen Recht nur auf ein Mindestmaß an üblicher beruflicher Qualifikation und Erfahrung ankommt[571].

D. Haftungsrechtliche Besonderheiten in speziellen Bereichen des Anwaltsrechts

I. Haftungsprobleme im Zusammenhang mit großen Sozietäten

Nachdem große Anwaltssozietäten mit mehr als 30 Anwälten in den U.S.A. schon lange die Regel sind, zeichnet sich in Deutschland ebenfalls eine Entwicklung zu größeren Sozietäten ab. Aufgrund dieser Tendenz stellt sich die Frage, ob in diesem Zusammenhang haftungsrechtliche Besonderheiten zu beachten sind.

---

[569] Siehe oben auf S.141 ff. dieser Arbeit.

[570] Überlegungen zur Entschärfung dieser Anforderungen finden sich auf S.74 ff. u. 209 ff. dieser Arbeit.

[571] Siehe oben, S.78 ff.

1. Gesamtschuldnerische Haftung der Sozietät

Zunächst ist festzustellen, daß alles was für den deutschen Einzelanwalt gilt, grundsätzlich auch für die zur Sozietät zusammengeschlossenen Anwälte Geltung hat[572]. Bei einer Sozietät - in der Regel eine BGB-Gesellschaft - handelt es sich um einen organisierten Zusammenschluß von Anwälten zur gemeinsamen Berufsausübung[573], der nach außen hin durch gemeinschaftliche Entgegennahme der Aufträge und Entgelte, sowie gemeinsamer Nutzung von Kanzlei und Praxisschildern als Einheit auftritt[574]. Im Zweifel schließt der Mandant den Anwaltsvertrag mit allen der Sozietät angehörenden Anwälten, womit die Pflichten aus dem Anwaltsvertrag alle Anwälte gemeinsam treffen[575]. Demnach ist eine Pflichtverletzung des einen, unmittelbar mit der Mandatserledigung betrauten Anwalts zugleich die Pflichtverletzung seiner Sozien. Somit haften alle Sozien gesamtschuldnerisch nach den Grundsätzen der positiven Vertragsverletzung[576].

Ähnlich verhält es sich im U.S.-amerikanischen Anwaltshaftungsrecht. Hier gilt grundsätzlich, daß der

---

[572] Vollkommer, S.123.

[573] Feuerich, § 45 Rn.13.

[574] Vollkommer, S.27.

[575] St.Rspr. vgl. BGH WM 88, 986 m.w.N.; OLG Bamberg NJW-RR 89 , 223; Münch.Komm./Selb, §421 Rn.15; Staudinger/Kaduk, § 421 Rn.69; Palandt-Heinrichs, § 425 Anm. 3 a; Rinsche, S.51 Rn.I 77; Vollkommer, S.123; Borgmann/Haug, S.48 f. und 213; Hartstang, Anwaltsrecht, S.590; Kornblum, BB 73, 218 (224); Seltmann, VersR 74, 97 f.; a.A. Boergen, S.84 ff.

[576] St.Rspr. seit BGH NJW 71, 1801 (vgl. BGH NJW 82, 1866; BGH VersR 86, 686; BGH WM 88, 457).

Auftraggeber den Anwaltsvertrag, wie im deutschen Recht, mit allen Partnern der Sozietät (Law Firm) schließt, so daß sie alle gesamtschuldnerisch für deliktische und vertragliche Fehler haften, die im Rahmen der tatsächlichen oder scheinbaren[577] Vertretungsmacht begangen wurden[578]. Wenn ein Partner im Rahmen der tatsächlichen oder scheinbaren Vertretungsmacht gehandelt hat, kann die Sozietät sogar für dessen betrügerisches Verhalten haftbar gemacht werden[579]. Insoweit ist hier ein wesentlicher haftungsrechtlicher Unterschied zur deutschen Anwaltshaftung zu erblicken. Denn im Gegensatz zur vertraglichen Haftung existiert keine gesamtschuldnerische Haftung aller Sozien für Pflichtwidrigkeiten deliktischer Natur eines Sozietätsmitglieds[580]. Wie ihre amerikanischen Kollegen[581] haften

---

[577] Investors Title Insurance Co. v. Herzig, 83 N.C.App.392, 350 S.E.2d 160 (1986), die scheinbare Vertretungsmacht beschränkt sich jedoch auf die gewöhnlichen Geschäfte der Law Firm.

[578] Z.B. Redman v.Walters, 88 Cal.App.3d 448, 152 Cal.Rptr.42 (1979); Smyrna Developers, Inc. v. Bornstein, 177 So.2d 16 (Fla.App.1965); Bingham v. Zolt, 683 F.Supp.965 (S.D.N.Y.1988).

[579] Z.B. Blackmon v. Hale, 1 Cal.3d 548, 83 Cal.Rptr.194, 463 P.2d 418 (1970); Smyrna Developers, Inc. v. Bornstein, 177 So.2d 16 (Fla.App.1965); Client's Security Fund of State of New York v. Grandeau, 72 N.Y.2d 62, 530 N.Y.S.2d 775, 526 N.E.2d 270 (1988).

[580] Vollkommer, S.146; Rinsche, S.16 Rn.I 24 und S.52 Rn.I 81 unter Berufung auf ein unveröffentlichtes Urteil des OLG Hamm.

[581] In den U.S.A. wird grundsätzlich angenommen, daß der Zusammenschluß mehrerer Anwälte zu einer reinen Bürogemeinschaft keine Grundlage für gesamtschuldnerische Haftung sein kann, wenn sie sich lediglich deren finanzielle Vorteile zunutze machen wollen. Eine Haftung wird jedoch dann bejaht, wenn die Anwälte nach außen hin den Anschein erweckt haben, eine Sozietät zu sein. Vgl. Mallen/Smith, Bd.1, S.270 f.

dagegen auch die deutschen Anwälte nach den Grundsätzen der Anscheins- oder Duldungsvollmacht, wenn verschiedene Anwälte nur aus Oraganisations- und Kostengründen einen gemeinsamen Briefkopf führen oder ein gemeinsames Praxisschild benutzen (Bürogemeinschaft) und somit nach außen hin als Sozietät erscheinen, ohne tatsächlich durch Sozietätsvertrag verbunden zu sein[582]. Dabei kann es nicht darauf ankommen, ob zwischen den Anwälten im Innenverhältnis ein Anstellungsverhältnis oder freie Mitarbeit vereinbart ist[583]. Der BGH führte hierzu aus:

> "Dem Berufungsgericht ist weiter darin zu folgen, daß diese Rechtsfolge auch dann eintritt, wenn zwischen den Anwälten keine echte Sozietät besteht, wie der Bekl. dies behauptet, sondern wenn die Anwälte nur nach außen hin durch gemeinsames Praxisschild, Briefbögen, Stempel usw. den Anschein einer Sozietät erwecken, in Wirklichkeit aber sich nur zu einer Bürogemeinschaft verbunden haben oder ein Anstellungsverhältnis besteht oder aus anderen Gründen ein 'Nichtsozius' in die gemeinsame 'Anwaltsfirma' aufgenommen worden ist. In einem derartigen Fall erscheinen alle Anwälte als Mitglieder der Sozietät; sie erzeugen gegenüber dem Rechtsverkehr den Anschein, daß der handelnde Anwalt sie sämtlich vertritt. An diesem von ihnen gesetzten Rechtsschein müssen sich deshalb alle Anwälte festhalten lassen (m.w.N.). Dies ergibt sich aus den von der Rechtsprechung heraus-

---

[582] Vgl. BGH VersR 74, 445 (446); Braun in Beck'sches Rechtsanwalts-Handbuch, H IV Rn.14.

[583] Vgl. BGH VersR 78, 996; Hartstang, Anwaltsrecht, S.591.

gebildeten Grundsätzen der sog. Duldungs- und Anscheinsvollmacht (m.w.N.)..."[584].

In ähnlichem Umfang haben angestellte Anwälte in den U.S.A. hinsichtlich juristischer Angelegenheiten dieselbe scheinbare Vollmacht wie ihre Arbeitgeber. Handlungen im Rahmen dieser Anscheinsvollmacht sind sowohl für die Sozietät als auch deren Mandanten bindend[585].

Auch für sein Büropersonal und Angestellte haftet der Anwalt in beiden Rechtsordnungen. In Deutschland ergibt sich diese Haftung aus § 278 BGB, wobei der Anwalt in jedem Fall und ohne Entlastungsmöglichkeiten für das Verschulden seiner Büroangestellten haftet[586]. Sein amerikanischer Kollege haftet für jegliche Fehler seines Büropersonals, die im Rahmen des Anstellungsverhältnisses oder der Vertretungsmacht begangen wurden[587]. Eine entsprechende Vorschrift, die erstmals Besonderheiten hinsichtlich Law Firms und ihrer Partner berücksichtigt, findet sich in den Model Rules von 1983. Sinn und Zweck dieser Vorschrift (Rule 5)[588] soll es sein, die standesrechtliche Integrität von Anwälten und Angestellten einer Sozietät zu gewährleisten[589].

---

[584] BGH VersR 78, 445.

[585] Mallen/Smith, Bd.1, S.276.

[586] BGH VersR 64, 43 (44); BGH VersR 82, 45; BGH VersR 83, 374; Vollkommer, S.191; Rinsche, S.64 Rn.I 106; Borgmann/Haug, S.225 f.

[587] Knight v. Krone, 45 N.Y.S.2d 330 (Sup.Ct.Monroe Co.1943).

[588] Im Anhang abgedruckt.

[589] Mallen/Smith, Bd.1, S.276.

2. Haftung bei personellen Veränderungen

Haftungsrechtliche Besonderheiten gelten wie im deutschen Recht bei personellen Veränderungen innerhalb der Sozietät. So kann in beiden Rechtsordnungen eine Haftung des Rechtsanwalts nicht durch dessen Austritt aus der Partnerschaft ausgeschlossen werden, wenn das Sozietätsverhältnis zum Zeitpunkt der Pflichtverletzung noch oder bereits bestand[590]. Dementsprechend führt auch die Auflösung einer Sozietät keine Haftungsbefreiung für Pflichtverletzungen herbei, die während der Existenz der Partnerschaft begangen wurden. Selbst der Tod des pflichtwidrig handelnden Sozius beendet nicht das mit der Sozietät bestehende Mandatsverhältnis und die damit verbundene Haftung gegenüber dem Mandanten. Vielmehr haften die überlebenden Sozien gesamtschuldnerisch für alle schuldhaften Pflichtverletzungen des verstorbenen Anwalts[591].

3. Möglichkeiten der Haftungsbeschränkung

a. Entwicklungsstand in den U.S.A.

Ein relativ neues Phänomen des U.S.-amerikanischen Anwaltsrechts ist die Erscheinungsform der Sozietät als Professional Corporation. Da sich die Rechtsprechung bisher nur in unzureichendem Maße mit ihnen befaßt hat, ist es noch nicht gelungen, diesbezüglich sämtliche

---

[590] Z.B. Redman v. Walters, 88 Cal.App.3d 448, 152 Cal.Rptr.42 (1979); Burnside v. McCrary, 384 So.2d 1292 (Fla.App.1980);Vollgraff v. Block, 117 Misc.2d 489, 458 N.Y.S.2d 437 (1982); BGH NJW 82, 1866; Rinsche S.52 Rn.I 82; Hartstang, Anwaltsrecht, S.593; Vollkommer, S.322.

[591] Z.B. Mumford v. Staton, Whaley & Price, 254 Md.697, 255 A.2d 359 (1969); BGH NJW 88, 1973 (1974).

einzelstaatlichen Bestimmungen zu analysieren und eine erschöpfende Zusammenfassung zu erstellen[592]. Im Einzelfall sollten daher die einschlägigen Bestimmungen des betreffenden Staates untersucht werden.

Wenn die Professional Corporation, die im deutschen Recht der GmbH gleicht, ursprünglich noch aus steuerlichen Gründen als Sozietätsform attraktiv war, so wird sie mittlerweile in zunehmendem Maße von den Anwälten als eine Möglichkeit der Haftungsbeschränkung in Betracht gezogen[593].

Trotz der unüberschaubaren Anzahl einzelstaatlicher Lösungsansätze kann ganz allgemein gesagt werden, daß die Corporation - ähnlich der deutschen GmbH - generell für Pflichtverletzungen ihrer Organe und Gesellschafter haftet, die im Rahmen der Vertretungsmacht begangen wurden[594]. Die Haftung beschränkt sich dabei auf das Vermögen der Corporation, so daß die Teilhaber der Corporation nicht mehr gesamtschuldnerisch für die Fehler ihrer Kollege haften. Der pflichtwidrig handelnde Anwalt selbst bleibt jedoch persönlich haftbar[595].

Das Konzept der Law Firm als Professional Corporation befindet sich hinsichtlich einer ausgereiften haftungsrechtlichen Grundlage noch in einem frühen Stadium seiner Entwicklung. Denn einerseits existiert

---

[592] Mallen/Smith, Bd.1, S.272.

[593] Z.B. Grippando, 15 Fla.St.L.Rev.279 (1987).

[594] Z.B. Fox v. Wilson, 85 N.C.App.292, 354 S.E.2d 737 (1987); Reiner v. Kelley, 8 Ohio App.3d 390, 457 N.E.2d 946 (1983).

[595] Cote v. Wadel, 796 F.2d 981 (7th Cir.1986).

zwar eine Fülle einzelstaatlicher haftungsbeschränkender Kodifikationen. Andererseits setzen sich jedoch noch einzelne Gerichte über diese Vorschriften hinweg und verwehren dem Anwalt so die Begrenzung seiner Haftung[596]. Eine bundesweit einheitliche Regelung wird es zwar sicherlich nie geben. Zur Festigung der Rechtslage bedarf es jedoch einerseits noch einer gewissen Vereinheitlichung der betreffenden einzel-staatlichen Grundsätze und zum anderen die Herstellung eines haftungsrechtlichen Konsenses mit der vereinzelt noch andersdenkenden Rechtsprechung verschiedener Staaten.

b. Entwicklungsstand in der Bundesrepublik

Auch in Deutschland hat es, zunächst aus steuerlichen und dann auch aus haftungsrechtlichen Gründen, Bestrebungen gegeben, Anwälte zu Kapitalgesellschaften - namentlich der GmbH - zusammenzuschließen[597]. So dürfen Anwälte, die über das Maß einer Bürogemeinschaft hinaus zusammenarbeiten wollen, für ihre Kanzlei bisher ausschließlich die Gesellschaft des bürgerlichen Rechts (GbR) wählen[598]. Zwar wurde seit langer Zeit die unbeschränkte Haftung des Rechtsanwalts für berufliche

---

[596] Siehe z.B. First National Bank & Trust Co. v. Zagoria, 250 Ga.844, 302 S.E.2d 674 (1983), in diesem Fall entschied der Oberste Gerichtshof des Staates Georgia, daß seine verfassungsrechtliche Kontrollfunktion gegenüber der Anwaltschaft die gesetzliche Vorschrift hinsichtlich der Haftungseinschränkung verdränge, und somit jeder Teilhaber der Law Firm weiterhin gesamtschuldnerisch für berufliches Fehlverhalten der anderen Anwälte hafte.

[597] Heussen in Beck'sches Rechtsanwalts-Handbuch, H III Rn.2.

[598] Donath, ZHR 156 (1992), 134, 136.

Fehlleistungen kritisiert[599], aber dennoch blieben Stellungnahmen in der Literatur, welche sich mit der Ausübung des Anwaltsberufs durch juristische Personen auseinandersetzten, nur vereinzelt und fanden nur geringes Echo[600]. Allerdings wurde schon seit längerem die Schaffung einer neuen Rechtsform für freiberufliche Zusammenarbeit diskutiert[601]. Dies führte dazu, daß der Deutsche Bundestag 1976 das Partnerschaftsgesetz verabschiedete, welches die Partnerschaft nicht mehr als juristische Person mit einer auf das Gesellschaftsvermögen beschränkten Haftung, sondern vielmehr als Personengesellschaft ohne beschränkte Haftung ausgestaltete[602]. Das Partnerschaftsgesetz wird jedoch generell als gescheitert angesehen, da der Bundesrat dem Gesetz mit der Begründung die Zustimmung verweigerte, daß die Partnerschaft in dieser Form kaum von der BGB-Gesellschaft abweiche[603]. Darüber hinaus ist der Partnerschaftsgedanke von legislativer Seite bis heute nicht mehr aufgegriffen worden[604].

Dennoch spricht die überaus strenge BGH-Rechtsprechung zur Anwaltshaftung[605], die auch durch berufliche Haftpflichtversicherungen nur teilweise abgefangen werden

---

[599] vgl. Roesen, AnwBl 1962, 25; Mittelstein, MDR 1958, 743; Müller, NJW 1969, 903.

[600] Lach, BB 1962, 688.

[601] Rittner, Der Steuerberater 1967, 1.

[602] Donath, ZHR 156 (1992), 134, 140.

[603] Näher dazu Kleinheisterkamp, AnwBl 88. 581; Winters, NJW 88, 521 (524).

[604] Donath, ZHR 156 (1992), 134, 141.

[605] Vgl. auf S.165 ff. dieser Arbeit.

kann, für eine solche Möglichkeit der Haftungsbeschränkung, so daß weitere Bemühungen angebracht scheinen, die erforderliche Gesetzesgrundlage zu schaffen.

aa. Vorschlag des Deutschen Anwaltvereins

Erwähnenswert ist in diesem Zusammenhang der Vorschlag des Deutschen Anwaltsvereins, der im Frühjahr 1990 veröffentlicht wurde und unter anderem die Einführung einer Rechtsanwalts-GmbH vorsieht[606]. Wesentliches Merkmal dieses Vorschlages ist die personalistische Ausgestaltung der Gesellschaft, die unter anderem die Unabhängigkeit der Rechtsberatung gewährleisten soll. Dementsprechend können nach dem Entwurf neben Rechtsanwälten nur Mitglieder solcher Berufe Geschäftsführer einer Rechtsanwaltsgesellschaft sein, mit denen ein Rechtsanwalt eine Sozietät oder eine Bürogemeinschaft eingehen darf und die ihren Beruf in der Form einer Gesellschaft mit beschränkter Haftung ausüben dürfen[607]. Die Mehrheit der Geschäftsführer muß aus Rechtsanwälten bestehen , wobei Geschäftsführungsbefugnisse nicht auf andere Personen oder Organe übertragen werden dürfen[608]. Darüber hinaus dürfen Geschäftsanteile an einer Rechtsanwaltsgesellschaft nicht für Rechnung Dritter gehalten werden[609]. Schließlich enthält der Entwurf des Deutschen Anwaltvereins noch Vorschriften hinsichtlich

---

606 AnwBl 1990, Heft 4 - Beilage.

607 Vgl. § 42 b I und II des Entwurfs.

608 Donath, ZHR 156 (1992), 134, 143.

609 Vgl § 42 c des Entwurfs.

der Übertragung von Anteilen[610], zum Mindestkapital[611], zur Firma[612], und zur Zulassung, die an den Abschluß einer Haftpflichtversicherung geknüpft ist[613]. Als Begründung für das Bedürfnis nach einer Rechtsanwalts-GmbH nennt der Deutsche Anwaltverein in erster Linie den durch ausländische Konkurrenz mit hervorgerufenen zunehmenden Trend zu größeren Organisationsformen und unvorhersehbare Schadenshöhen, die sich oft nicht durch tragbare Versicherungsprämien abdecken ließen[614]. Allerdings hat sich die Hauptversammlung der Bundesrechtsanwaltskammer gegen die Zulassung der Rechtsanwalts-GmbH ausgesprochen und auch ein als Gegenentwurf vorgeschlagenes Partnerschaftsmodell nicht verabschiedet[615].

bb. Vorschlag der Deregulierungskommission

Eine von der Deutschen Bundesregierung im März 1988 eingesetzte unabhängige Expertenkommission zum Abbau marktwidriger Regulierungen (Deregulierungskommission), hat sich unter anderem auch mit den rechts- und wirtschaftsberatenden Berufen befaßt. So hat die Kommission in ihrem 1991 vorgelegten Zweiten Bericht vorgeschlagen, daß Rechtsanwälte zur gemeinschaftlichen Berufsausübung Rechtsberatungsgesellschaften bilden

---

610 Vgl. § 42 d des Entwurfs.

611 Vgl. § 42 e des Entwurfs.

612 Vgl. § 42 f des Entwurfs.

613 Vgl. § 42 g, h, i, j des Entwurfs.

614 Donath, ZHR 156 (1992), 134, 144.

615 Vgl. BRAK-Mitteilungen 2/1990, S.76 f.

können und sollen, auch Kapitalgesellschaften[616]. Ähnlich dem Vorschlag des Deutschen Anwaltvereins, sollen die Rechte aus den Kapitalanteilen und die Geschäfts-führung der Gesellschaft von Rechtsanwälten ausgeübt werden, die in der Gesellschaft tätig sind[617]. Weiterhin hätten die Gesellschaften eine angemessene Haftpflicht-versicherung abzuschließen, wobei jeder Rechtsanwalt neben der Kapitalgesellschaft für seine eigenen Beratungsfehler persönlich haften müßte[618]. Ein Wiederaufgreifen des Partnerschaftsgedanken hält die Kommission allerdings nicht für erforderlich, da neben den bereits bestehenden Gesellschaftsformen kein Bedürfnis für neue Gesellschaftsformen bestünde und neue Rechtsformen ohnehin stets jahrelange Rechtsunsicherheit mit sich führten[619]. Ebenso wie der Vorstand des Deutschen Anwaltvereins, führt auch die Deregulierungs-kommission das Bedürfnis nach kapitalgesellschaftlichen Organisationsformen zutreffend auf die zunehmende Komplexität der Rechtsgebiete und die effiziente Bewältigung von Großmandaten zurück, die Arbeitsteilung und Spezialisierung unerläßlich machen[620].

c. Entwicklungsstand in Europa

Zu Beginn des Jahres 1991 hat die EG-Kommission den Vorschlag für eine Richtlinie über die Haftung bei

---

616 Donath, ZHR 156 (1992), 134, 145.

617 Donath, ZHR 156 (1992), 134, 145.

618 Deregulierungskommission, Marktöffnung und Wettbewerb, Zweiter Bericht (März 1991), Vorschlag 64, Textziffer 453.

619 Donath, ZHR 156 (1992), 134, 146.

620 Donath, ZHR 156 (1992), 134, 146.

Dienstleistungen vorgelegt[621]. Der Vorschlag befaßt sich sowohl mit der vertraglichen Haftung als auch der außervertraglichen Haftung für Dienstleistungen. In erster Linie soll eine Verschuldenshaftung des Erbringers der Dienstleistung eingeführt werden[622]. Den Beweis für ein nicht vorhandenes Verschulden soll dabei grundsätzlich der Dienstleistende erbringen müssen[623]. Die Beweislast für einen Schaden und den kausalen Zusammenhang zwischen der Dienstleistung und dem Schaden verbleibt danach beim Geschädigten[624]. Im übrigen soll die Haftung für Dienstleistungen neben dem Vertragspartner, auch gegenüber Dritten zwingend sein, und nicht durch Allgemeine Geschäftsbedingungen oder individuelle Vereinbarungen abbedungen werden können[625].

Der Wirtschafts- und Sozialausschuß der EG, der beratende Funktion für die EG-Kommission hat, hat den Richtlinien-Vorschlag inzwischen mit knapper Mehrheit abgelehnt, da die von der Kommission vorgeschlagenen Lösungen die Harmonie der Rechtssysteme zu zertsören drohe[626]. Darüber hinaus hat der Ausschuß für Recht und Bürger-rechte den Vorschlag schon mehrmals beraten, allerdings noch keine endgültige Entscheidung darüber getroffen[627]. Auf der

---

[621] abgedruckt in BT-Drucks. 12/180 vom 1.3.1991; Baumgärtel, JZ 1992, 321; Fahrenhorst, ZRP 1992, 60; Geisendörfer, VersR 1991, 1317.

[622] Art.1 Nr.1 DlHaftRl.

[623] Art.1 Nr.2 bis 4 DlHaftRl.

[624] Art.5 DlHaftRl.

[625] Art.7 DlHaftRl.

[626] Frietsch, DB Heft 18 (1992), 929, 930.

[627] Frietsch, DB Heft 18 (1992), 929, 930.

Ebene des EG-Rates ist der Richtlinien-Vorschlag ebenfalls mehrfach diskutiert worden, ohne daß abschließende Entscheidungen getroffen werden konnten[628].

In Deutschland ist der Richtlinien-Vorschlag am 26.4.1991 im Bundesrat abschließend beraten worden, wobei sich die Länderkammer im Ergebnis aus verschiedenen Gründen mit überwältigender Mehrheit gegen das Vorhaben ausgesprochen hat[629]. In erster Linie hieß es, daß der Vorschlag insgesamt keine geeignete Lösung darstelle[630]. Eine offizielle Stellungnahme der Bundesregierung ist zudem amtlich auch noch nicht erschienen, eine ablehnende Haltung ist jedoch erkennbar[631].

Obwohl nach Erkenntnis der EG-Kommission im Interesse des Verbraucherschutzes die Haftung im Bereich der Dienstleistungen harmonisiert und verschärft werden muß[632], sind die im Richtlinien-Vorschlag enthaltenen Lösungsvorschläge nicht ohne weiteres mit dem deutschen Recht vereinbar. Während in Deutschland die Erfüllung der geschuldeten Leistungspflicht den Mittelpunkt bildet, stellt der Richtlinien-Vorschlag im wesentlichen die Schadensersatzpflicht in den Vordergrund[633]. Somit steht der Vorschlag nicht im Einklang mit dem deutschen Recht

---

628 Frietsch, DB Heft 18 (1992), 929, 930.

629 Stellungnahme des Bundesrates vom 26.4.1991, BT-Drucks. 63/91 (Beschluß).

630 Frietsch, DB Heft 18 (1992), 929, 930.

631 Frietsch, DB Heft 18 (1992), 929, 931.

632 Frietsch, DB Heft 18 (1992), 929, 935.

633 Frietsch, DB Heft 18 (1992), 929, 936.

und kann in seiner gegenwärtigen Form nicht akzeptiert werden.

Eine weitere Möglichkeit der grenzüberschreitenden Zusammenarbeit von Rechtsanwälten, kann in der seit dem 1.Juli 1989 auch den freien Berufen zur Verfügung stehenden Europäischen Wirtschaftlichen Interessenvereinigung (EWIV) gesehen werden. Nach Art.24 I der Verordnung[634] haften die Mitglieder einer EWIV für deren Verbindlichkeiten unbeschränkt und gesamtschuldnerisch, wobei die Folgen dieser Haftung durch das einzelstaatliche Recht festgelegt werden. Voraussetzung für die Haftung ist neben dem Bestehen einer Verbindlichkeit der EWIV, daß die in Anspruch genommene Person zum Zeitpunkt des Entstehens der Verbindlichkeit Mitglied der EWIV ist oder war[635] oder nach Entstehen der Verbindlichkeit eingetreten ist[636]. Vor allem unter Rechtsanwälten, erfreut sich dieser neue rechtliche Rahmen besonderer Beliebtheit. So wurden von den derzeit 21 in Deutschland eingetragenen EWIV neun von Anwaltskanzleien gegründet[637], wobei auch eine steigende Tendenz erkennbar ist[638]. Allerdings ist diese Zahl in Anbetracht der sonstigen wirtschaftlichen Bedeutung Deutschlands in der EG damit eher niedrig[639].

---

[634] EG-Verordnung Nr.2137.

[635] Art.24 I, 34 i.V.m. Art.37 I.

[636] Art.26 II i.V.m. Art.24.

[637] von Rechenberg, ZGR 1992, 299, 301.

[638] von Rechenberg/von der Heydt, Die EWiV, 1991, S.12.

[639] von Rechenberg, ZGR 1992, 299, 301.

d. Zusammenfassung

Nach der gegenwärtigen Rechtslage dürfen sich deutsche Rechtsanwälte lediglich zur GbR zusammenschließen. Dennoch sind heute aus verschiedenen Gründen andere Formen der organisierten Zusammenarbeit erforderlich. So spielen steuerliche Gesichtspunkte heute zwar sowohl in den U.S.A. als auch in der Bundesrepublik keine entscheidende Rolle mehr bei der Suche nach einer geeigneten Rechtsform. Neben den im Vordergrund stehenden haftungsrechtlichen Vorteilen, müssen jedoch auch wirtschaftliche Aspekte in Betracht gezogen werden. So erfordert die zunehmende Ausdifferenzierung der betroffenen Rechtsgebiete bei Großmandaten wie Unternehmenskäufen und Reorganisationen eine arbeitsteilige Zusammenarbeit von Spezialisten. Für eine solche Arbeitsteilung sind aber Organisationsstrukturen erforderlich, die die GbR nicht bieten kann. Darüber hinaus verlangt neben der schon bestehenden Konkurrenz aus dem deutschen Inland durch Unternehmensberatungsgesellschaften und ausländischen Kanzleien, auch die Vollendung des europäischen Binnenmarktes die Bereitstellung anderer Rechtsformen für die Zusammenarbeit deutscher Anwälte. Denn schon heute werden Großmandate an effizienter arbeitende Niederlassungen amerikanischer Kanzleien im europäischen Ausland vergeben[640].

Bedenken, daß eine kapitalgesellschaftliche Lösung in Deutschland dem Charakter des freien Berufs Rechtsanwalt entgegenstehe, können durch die personalistische Ausgestaltung der Gesellschaft nach amerikanischem Vorbild ausgeräumt werden. Bedenken gegen die mit einer Kapitalgesellschaft verbundene, auf das Gesellschafts-

---

[640] Donath, ZHR 156 (1992), 134, 163.

vermögen beschränkte Haftung, kann ebenfalls wirksam entgegengetreten werden. So kann man nach amerikanischem Vorbild die Anwälte durch einen institutionalisierten Durchgriffstatbestand zumindest für eigene Beratungsfehler gesamtschuldnerisch haften lassen[641].

Schon in den kommenden Jahren kann möglicherweise das dann sicherlich ausgereiftere einschlägige U.S.-amerikanische Recht herangezogen werden, um Rechtsunsicherheiten bei Haftungsfragen im deutschen Recht zu beseitigen. Denn auch wenn dieser durchaus noch ausbaufähig ist, so besteht in diesem Bereich schon jetzt ein beträchtlicher Entwicklungsvorsprung gegenüber dem deutschen Recht, von dem sicherlich schon bald das deutsche Recht profitieren könnte. Daß sich die Kapitalgesellschaftslösung in den U.S.A. trotz ausufernder Haftungsrisiken nicht durchgesetzt hat[642] muß als verfrühtes, wenn nicht sogar falsches Urteil zurückgewiesen werden. Wie oben bereits erörtert, bestehen zwar noch - wie sicherlich bei neuen Lösungsvorschlägen in jedem Rechtsgebiet - gewisse Anfangsschwierigkeiten, die es zu überwinden gilt. Dies bedeutet aber keineswegs das Scheitern dieses Konzepts.

II. Zunehmende Spezialisierung

Seit etwa zehn Jahren nimmt die Spezialisierung von Anwälten in den U.S.A. ständig zu. Eine ähnliche Entwicklung ist seit einiger Zeit auch in Deutschland erkennbar, wo sich immer mehr Anwälte rechtliche Spezialkenntnisse aneignen. Diese zunehmende

---

[641] Donath, ZHR 156 (1992), 134, 162.

[642] So Heussen in Beck'sches Rechtsanwalts-Handbuch, H III Rn.2.

Spezialisierung der Anwälte in beiden Ländern wirft die Frage auf, ob die Anforderungen des Durchschnittsanwalts für die heutige Praxis ausreichen oder ob an Spezialisten höhere Anforderungen zu stellen sind.

Für den deutschen Anwalt erscheint diese Frage im ersten Moment unsinnig, da von ihm ohnehin schon optimale Erfüllung seiner anwaltlichen Pflichten erwartet wird[643]. Bei genauerer Betrachtung der Problematik wird hingegen deutlich, daß vom deutschen Durchschnittsanwalt im Normalfall keine spezialisierten Rechtskenntnisse verlangt werden[644], so daß sich der für ihn geltende Sorgfaltsmaßstab von dem des Spezialisten unterscheiden muß. Somit drängt sich zum einen die Frage auf, ob für Spezialisten eine Haftungsverschärfung erforderlich ist. Zum anderen gilt es zu untersuchen, ob es ein Übernahmeverschulden des allgemeinen Rechtsanwalts für die Bearbeitung solcher Fälle gibt, die im Gegensatz zu seiner üblichen Praxis spezielle Rechtskenntnisse erfordern.

War der Anwaltsvertrag bisher ohne spezielle Vereinbarung mit dem Mandanten lediglich auf die durchschnittliche Sorgfalt des Anwalts gerichtet, die für die vertragsmäßige Mandatserledigung notwendig war[645], so gewinnt diese Unterscheidung spätestens mit der im Jahre 1987

---

643 Vgl. oben auf S.164 f.

644 Übernimmt der Anwalt jedoch ein Mandat, das spezielle Rechtskenntnisse erfordert, so muß er sich diese gegebenenfalls erarbeiten.

645 Vgl.dazu U.Huber in FS. für E.R. Huber, S.253 (284 f.); Borgmann/Haug, S.152.

erfolgten Einführung weiterer Fachanwaltsbezeichnungen[646] an besonderer Bedeutung. Da die Führung einer Fachanwaltsbezeichnung nur aufgrund besonderer Rechtskenntnisse und deren Nachweis gestattet wird[647], garantiert der Anwalt quasi durch die Führung einer solchen Fachanwaltsbezeichnung den Besitz von Spezialkenntnissen auf dem jeweiligen Rechtsgebiet. Ein Mandant wird regelmäßig einen Fachanwalt beauftragen, weil er sich von diesem eine bessere Mandatsbetreuung verspricht, wodurch die speziellen Rechtskenntnisse des Fachanwalts zur stillschweigenden Vertragsgrundlage werden[648]. Folglich muß der Fachanwalt seiner Berufsausübung mindestens das erhöhte Maß der durchschnittlichen Sorgfalt zugrundelegen, die innerhalb dieser Fachanwaltsgruppe üblich ist, wobei der Maßstab für den nichtspezialisierten Anwalt bei vergleichbarer Tätigkeit auf einem niedrigeren Niveau angesiedelt sein muß[649]. So gilt für den spezialisierten Fachanwalt grundsätzlich ein höherer Sorgfaltsmaßstab und somit eine schärfere Haftung, als für den allgemeinen Anwalt. Den nichtspezialisierten Anwalt trifft dagegen insoweit ein Übernahmeverschulden für Spezialkenntnisse und damit zusammenhängend ein höherer Sorgfaltsmaßstab, als er sich bei der Annahme eines entsprechenden Mandats auch die erforderlichen Spezialkenntnisse erarbeiten muß. Dieser

---

[646] Bis zu diesem Zeitpunkt war nur der "Fachanwalt für Steuerrecht" anerkannt. Nunmehr sind die zulässigen Fachgebiete von der Bundesrechtsanwaltskammer auf Arbeitsrecht, Sozialrecht und Verwaltungsrecht erweitert; vgl. hierzu Commichau, AnwBl 88, 314 f.; EGH Hessen, AnwBl 88, 481.

[647] Vgl. dazu Schmalz, NJW 87, 307.

[648] So auch Vollkommer, S.164.

[649] Vollkommer, S.164; Borgmann/Haug, S.152.

erhöhte Sorgfaltsmaßstab kann dann jedoch bei weitem nicht am Standard des Fachanwalts gemessen werden, sondern muß irgendwo zwischen dem des Normalanwalts und des Fachanwalts angesiedelt sein.

Im U.S.-amerikanischen Anwaltshaftungsrecht löst die Rechtsprechung das Problem der Spezialisierung dahingehend, daß ein Anwalt, der sich einem rechtlichen Spezialgebiet zuwendet, dasselbe Maß an beruflicher Qualifikation und Erfahrung aufzubringen hat, das ein Spezialist dieses Rechtsgebietes besitzt[650].

Zusammenfassend kann gesagt werden, daß sowohl in den U.S.A. als auch in Deutschland höhere Anforderungen an spezialisierte Anwälte gestellt werden, als an ihre nichtspezialisierten Kollegen. Dabei ist jedoch zu berücksichtigen, daß eine pauschale Haftungsverschärfung für Spezialkentnisse in keiner der beiden Rechtsordnungen erfolgen kann. So kann der amerikanische Anwalt, ähnlich wie der deutsche Fachanwalt, nur am erhöhten Sorgfaltsmaßstab des Spezialisten gemessen werden, wenn er sich in einem anerkannten Spezialgebiet betätigt hat. Handelt es sich jedoch um spezielle Rechtskenntnisse, die ohnehin Grundlage der juristischen Ausbildung sind und darüber hinaus bei der Zulassung zur Anwaltschaft geprüft werden, so haftet er lediglich nach dem Sorgfalstmaßstab des allgemeinen Anwalts. Der amerikanische Anwalt haftet also ausschließlich als Spezialist[651] oder Normalanwalt,

---

[650] Siehe im einzelnen oben auf S.82 ff.

[651] In den U.S.A. existieren schon seit 15 bis 20 Jahren Spezialisierungsprogramme und -pläne, die von einer steigenden Anzahl von Staaten adoptiert werden. Hierzu gehören insbesondere Arizona, California, Colorado, Florida und New Mexico. Diese Pläne anerkennen verschieden Rechtsgebiete als Spezialgebiete, wozu bisher

wohingegen das Übernahmeverschulden seines deutschen Amtskollegen zusätzlich zu einer Haftung führen kann, die zwischen der des Spezialisten und des Normalanwalts angesiedelt ist.

III. Das Erfolgshonorar und seine haftungsrechtliche Bedeutung

Das in Deutschland verbotene Erfolgshonorar wird in den U.S.A. nicht nur als zulässig, sondern darüber hinaus als notwendiges Instrument einer gerechten Rechtspflege angesehen. Nur durch das Erfolgshonorar sei es auch unbemittelten Personen möglich, sich die Dienste eines Anwalts zu sichern, welcher lediglich dann einen Anspruch auf sein Honorar hat, wenn der Mandant einen Gewinn erzielt, von dem der Anwalt einen zuvor festgelegten Prozentsatz erhält[652]. Beachtenswert ist, daß solche Erfolgshonorarvereinbarungen wegen ihrer besonderen Natur und der stärkeren Position des Anwalts gegenüber seinem Mandanten durch die Gerichte auf Angemessenheit und Sittlichkeit untersucht werden können[653].

In bestimmten Ausnahmefällen ist das Erfolgshonorar auch in den U.S.A. verboten. Ein solcher Fall liegt beispielsweise vor, wenn der Anwalt in einer Scheidung Parteivertreter ist. Hier sind die Gerichte mehrheitlich der Auffassung, daß eine Erfolgshonorarvereinbarung gegen

---

das Strafrecht, Steuerrecht und Arbeitsrecht zählen. Eine differenzierte Haftung - wie in Deutschland - zwischen anerkannten Spezialisten und Normalanwälten, die sich im konkreten Fall einem Spezialgebiet zuwenden, ist nicht ersichtlich. Vgl. allgemein zu den einzelnen Spezialisierungsprogrammen Mallen/Smith, Bd.1, S.163 ff.

652 Williston, S.931.

653 Williston, S.931.

das öffentliche Interesse verstößt, weil solche Abmachungen dazu geeignet sind, eine Versöhnung der Parteien zu verhindern[654]. Darüber hinaus ist die Vereinbarung eines Erfolgshonorars im Bereich des Strafrechts standesrechtlich (DR 2-106 [C] des Model Code) verboten[655].

Im deutschen Recht ist die Vereinbarung eines Erfolgshonorars nicht nur gem. § 52 I der RichtlRA standesrechtlich verboten, sondern ist auch sittenwidrig und damit nichtig[656]. Da die Anknüpfung an einen bestimmten Erfolg nicht auf den Anwaltsvertrag als rein tätigkeitsbezogenen Vertrag paßt, so daß nicht etwa der Prozeßsieg, sondern lediglich das bloße Tätigwerden geschuldet wird, ist die Vereinbarung eines solchen Honorars schon gar nicht mit der Rechtsnatur des Anwaltsvertrags als Dienstvertrag vereinbar. Würde man es dem Anwalt hingegen ermöglichen, etwa den Prozeßgewinn zu versprechen, so entstünde eine zusätzliche Haftpflichtgefahr, die in einer von den üblichen Haftungsvoraussetzungen der Pflichtwidrigkeit und des Verschuldens unabhängigen Erfolgs- oder Garantiehaftung münden könnte[657]. Dies hätte darüber hinaus zur Folge, daß das der Natur des Zivilprozesses nach vom Mandanten getragene Prozeßrisiko auf den Anwalt übergehen würde.

---

[654] Williston, S.933 f.

[655] Luban, RabelsZ 48, 245 (263).

[656] Vgl. BGH NJW 81, 998; im übrigen leitet der BGH die Ungültigkeit eines Erfolgshonorars auch aus der Stellung des Rechtsanwalts als Organ der Rechtspflege ab, vgl. hierzu BGH NJW 61, 313 (315); BGH NJW 80, 2407.

[657] Vollkommer, S.2; Borgmann/Haug, S.47.

Im amerikanischen Recht wird die Zulässigkeit des Erfolgshonorars auch damit begründet, daß es dem Anwalt als offensichtlicher Ansporn zu größtem Eifer bei der Mandatsbearbeitung dient, da er bei einem Mißerfolg kein Honorar erhält[658]. Fraglich ist, ob diese Erwägungen des amerikanischen Rechts auch auf das deutsche Recht übertragen werden und somit zu einer Lockerung des Verbots führen könnten. Dem muß generell entgegengehalten werden, daß sich der Rechtsanwalt als unabhängiges Organ der Rechtspflege gegenüber seinem Mandanten und dessen Interessen die erforderliche Freiheit bewahren muß[659]. Eben diese Unabhängigkeit würde er allerdings gefährden, wenn er seine Vergütung vom Erfolg seiner Dienstleistung abhängig macht. Es bestünde sogar die Gefahr, daß der Anwalt kaufmännische Erwägungen in den Vordergrund stellen und zur Erlangung des Honorars entgegen der tatsächlichen Sach- und Rechtslage bei der Mandatserledigung zu unlauteren Mitteln greifen würde[660]. Dabei muß gerade den Bedenken der allgemeinen Gerichte, der Anwalt könne zu unlauteren Mitteln greifen, nach heutiger Anschauung widersprochen werden[661]. Denn die übergroße Mehrheit der Rechtsanwälte versuche ohnehin ihre Unabhängigkeit nach jeder Richtung zu sichern[662]. Ungeachtet dessen wird auch heute noch eine Lockerung des Verbots abgelehnt. So steht ihr nach wie vor in erster

---

[658] Luban, RabelsZ 48, 263.

[659] BGH NJW 81, 998; Kalsbach, Standesrecht, S.434; Borgmann/Haug, S.47.

[660] Vgl. etwa BGH NJW 63, 1147.

[661] Lingenberg/Hummel/Zuck/Eich (Hummel), § 52 Rn.13.

[662] Lingenberg/Hummel/Zuck/Eich (Hummel), § 52 Rn.13.

Linie die Unabhängigkeit des Anwalts entgegen[663]. Daneben sind auch die negativen Folgen des Erfolgs-honorars zu beachten, die auch im amerikanischen Recht ausnahmsweise zu dessen Verbot führen. So ist das Erfolgshonorar vor allem dazu geeignet, die rechts-politisch wünschenswerte außergerichtliche Konfliktlösung zu verhindern[664].

Folglich wird zum gegenwärtigen Zeitpunkt - insbesondere vom BGH[665] und der Anwaltschaft[666] - noch an der strikten Einhaltung des Verbots festgehalten und eine allgemeine Gestattung des Erfolgshonorars abgelehnt.

E. Wichtigste Ursachen für anwaltliche Haftpflichtfälle

Unabhängig vom Betätigungsfeld des einzelnen Anwalts gibt es allgemeine und ständig wiederkehrende Ursachen für Haftpflichtfälle, die jeden Anwalt betreffen.

Im Gegensatz zur amerikanischen Anwaltshaftung sind bedauerlicherweise die zu anwaltlichen Haftpflichtfällen in Deutschland erhältlichen statistischen Informationen stark begrenzt. Sowohl der Deutsche Anwaltsverein als auch die Bundesrechtsanwaltskammer verwiesen aufgrund persönlicher Anfrage auf den größten deutschen Haftpflichtversicherer für Rechtsanwälte, die Allianz Versicherungs-AG. Der Schriftverkehr mit der Allianz

---

[663] Lingenberg/Hummel/Zuck/Eich (Hummel), § 52 Rn.13.

[664] Vgl. Winters, S.188 und 190; zustimmend Hartstang, Anwaltsblatt, S.501.

[665] BGH NJW 87, 3203 (3204); BGH WM 90, 1250 ff.

[666] So Lingenberg/Hummel/Zuck/Eich (Hummel), § 52 Rn.14; Hartstang, Anwaltsrecht, S.503.

Versicherungs-AG führte ebenfalls zu enttäuschenden Ergebnissen. Es wurde lediglich auf eine Veröffentlichung im Anwaltsblatt[667] verwiesen, wonach rechnerisch jeder vierte Anwalt - ob in Sozietät oder in Einzelpraxis - derzeit einen Schadensfall pro Versicherungsjahr meldet.

Eine genauere Untersuchung der genannten Veröffentlichung ergab darüber hinaus, daß die Zahl der gemeldeten Haftpflichtfälle zwischen 1975 und 1982 weitgehend kontinuierlich um 20 % gestiegen ist. Informationen zur weiteren Entwicklung in Deutschland seit 1982 stehen derzeit nicht zur Verfügung.

Nach Angaben der Allianz Versicherungs-AG[668], beruhte die Steigerung der Haftpflichtfälle im oben genannten Zeitraum im wesentlichen auf Unklarheiten hinsichtlich der damals neuen Gesetzgebung auf dem Gebiet des Familienrechts und der ZPO-Reform, sowie der strengen Haftpflichtrechtsprechung. Daneben sollen auch Schwierigkeiten im Personalbereich, der Arbeitsstreß des Rechtsanwalts und die an sich sonst zweckmäßige Arbeitsteilung in Sozietäten zu dieser Entwicklung beigetragen haben[669].

Die zur Anwaltshaftung in den U.S.A. verfügbaren Materialien lassen eine detailliertere Analyse der Ursachen anwaltlicher Haftpflicht zu. So gehören zu den allgemeinsten Fehlertypen die im folgenden erörterten Fristversäumnisse, Beratungsfehler und der Mißbrauch von Mandantengeldern.

---

[667] AnwBl.82, 432.

[668] AnwBl.80, 193; AnwBl.82, 432.

[669] AnwBl.82, 432.

Dabei ist zu beobachten, daß sich oft die gelegentlich in speziellen Rechtsgebieten jenseits ihrer Erfahrungen und Fähigkeiten tätig werdenden Anwälte und nicht die Spezialisten dieser Bereiche haftbar machen. Im Gegensatz dazu werden spezialisierte Anwälte dann haftungsbegründende Fehler begehen, wenn sie ihr oftmals begrenztes Spezialgebiet verlassen[670].

Trotz der vergleichsweise geringen Informationen zum deutschen Anwaltsrecht, kann generell gesagt werden, daß den Haftpflichtfällen in Deutschland im wesentlichen die gleichen Ursachen zugrundeliegen, wie in den U.S.A.

I. Fristversäumnisse

Die Fristversäumung durch den Anwalt stellt die bedeutendste Fehlerquelle im legal malpractice dar, was mit einer Zahl von 45% auch für Deutschland zutrifft[671]. Dies ist auf die Tatsache zurückzuführen, daß die Einhaltung von mehr oder weniger bekannten Fristen, unabhängig vom betreffenden Rechtsgebiet, eines der wesentlichsten Merkmale der rechtlichen Praxis darstellt[672].

---

[670] In Cleveland v. Cromwell, 128 App.Div.237, 112 N.Y.S.643 (1908) wurde der Anwalt, dessen Betätigungsfeld normalerweise auf Seerecht beschränkt war, wegen negligence in einer strafrechtlichen Angelegenheit verklagt.

[671] Prinz, VersR 86, 317 (318).

[672] In California existieren z.B.in 27 staatlichen Gesetzen über 1500 Verjährungsvorschriften. Dies umfaßt nicht das staatliche Verwaltungsrecht und Kommunale Satzungen. Siehe im einzelnen California Statutes of Limitations, 7 Sw.U.L.J. 1 (1975).

Offensichtlich ist von allen Anwälten der Prozeßanwalt am anfälligsten für Fristversäumnisse[673], wobei der Fehler oft darin liegt, daß ein Anspruch erst eingeklagt wird, wenn er bereits verjährt ist. So kann es vorkommen, daß es ein Anwalt nach einer verlorenen Gerichtsverhandlung versäumt, rechtzeitig ein Rechtsmittel einzulegen[674] oder einen Antrag auf Wiederaufnahme des Verfahrens zu stellen[675].

Das Problem der Fristen spielt aber auch für alle anderen Anwälte eine bedeutende Rolle, wobei der Mandant in der Regel darauf vertrauen darf, von seinem Anwalt über einzuhaltende Fristen informiert zu werden[676].

Mit der Annahme eines Mandates verpflichtet sich der Anwalt, jegliche für die Bearbeitung des konkreten Falles wesentlichen Fristen einzuhalten. Damit der Mandant die Gelegenheit hat, einen anderen Anwalt einzuschalten, muß der Anwalt seinen Mandanten unverzüglich darüber in Kenntnis setzten, wenn er nicht in der Lage ist, eine

---

[673] z.B. Jackson v. Zito, 314 So.2d 401 (La.App.1975), Revision abgelehnt 320 So.2d 551 (1975); Bland v. Reed, 261 Cal.App.2d 445, 67 Cal.Rptr.859 (1968); Hege v. Worthington, Park & Worthington, 209 Cal.App.2d 670, 26 Cal.Rptr.132 (1962); Parker-Smith v. Prince Manufactoring Co., 172 App.Div.302, 158 N.Y.S.346 (1916); Moore v. Juvenal, 92 Pa.484 (1880).

[674] z.B. Kilmer v. Carter, 274 Cal.App.2d 81, 78 Cal.Rptr.800 (1969); Croce v. Sanchez, 256 Cal.App.2d 680, 64 Cal.Rptr.448 (1967), Revisionsantrag zurückgewiesen 391 U.S.927, 88 S.Ct.1827, 20 L.Ed.2d 666 (1968).

[675] z.B. In re Kruger's Estate, 130 Cal.621, 63 P.31 (1900).

[676] Meyers v. Imperial Casualty Indemnity Co., 451 So.2d 649 (La.App.1984).

Frist einzuhalten[677]. Eine diesbezügliche Versäumnis ist allerdings durch körperliches oder seelisches Unvermögen des Anwalts entschuldbar. So wurde 1985 die Fristversäumnis durch einen Anwalt entschuldigt, der infolge eines Verkehrsunfalles sehr schwere Verletzungen erlitten hatte[678]. Der alleinpraktizierende Anwalt nahm nach einmonatigem Krankenhausaufenthalt und Gedächtnisstörung seine Arbeit wieder auf, wobei er sich erst zwei Wochen später an den Fall des Klägers erinnerte.

Die Frage, ob ein Anwalt sich aufgrund der Versäumnis einer Frist haftbar macht, muß im Rahmen des standard of care beantwortet werden. So erfüllt eine Unterlassung oder fehlerhafter Rat hinsichtlich einer Frist nur dann den Tatbestand der negligence, wenn der Anwalt der Bearbeitung des konkreten Falles nicht die übliche Sach- und Fachkenntnis zugrundegelegt hat[679]. Die Beweislage kann jedoch unter Umständen so überzeugend sein, daß eine Geschworenenentscheidung auf Grund bindender Anweisung des Richters (directed verdict) ergeht und negligence angenommen wird[680]. Demgegenüber kann es auch vorkommen, daß der Anwalt hinsichtlich einer versäumten Frist schuldlos ist. Dies war z.B. im Fall eines Anwalts in Louisiana zutreffend, der seinen Revisionsantrag

---

[677] Passanante v. Yormark, 138 N.J.Super.233, 350 A.2d 497 (1975).

[678] Lewis v. Superior Court, 175 Cal.App.3d 366, 220 Cal.Rptr.594 (1985).

[679] Parker-Smith v. Prince Manufactoring Co., 172 App.Div.302, 158 N.Y.S.346 (1916).

[680] Thompson v. Erving's Hatcheries, Inc., 186 So.2d 756 (Miss.1966).

rechtzeitig zur Post gebracht, diese ihn jedoch erst am nächsten Tag abgestempelt hatte[681].

Schließlich können auch der Mandant oder der Amtsnachfolger des Anwalts für die Versäumung einer Frist verantwortlich sein, wenn diese z.B. hinsichtlich eines Vergleichs unentschlossen sind und sich die Angelegenheit aufgrund dessen verzögert[682]. Zudem wird der Tatbestand der negligence nicht erfüllt, wenn die Fristversäumung auf falsche Informationen des Mandanten bzgl. der Entstehung des Anspruchs zurückzuführen ist[683]. Darüber hinaus ist der Anwalt nicht haftpflichtig, wenn neben dem verjährten Anspruch ein gleichwertiger Anspruch Rechtsschutz für den Mandanten gewährt[684].

II. Beratungsfehler

Neben der Versäumung von Fristen treten am häufigsten Beratungsfehler auf. Grund hierfür ist, daß die Beratung eines Mandanten zu den elementarsten Funktionen des Anwalts gehört und in jedem Bereich anwaltlicher Tätigkeit erforderlich ist. Dabei nehmen auch in Deutschland anwaltliche Verstöße in Form von falscher Rechtsberatung eine bedeutende Rolle ein[685].

---

[681] Rodrigue v. New England Reinsurance Corp., 490 So.2d 388 (La.App.1986).

[682] Hill v. Greene, 124 Ga.App.759, 186 S.E.2d 118 (1971).

[683] Cosby v. Harding, 553 S.W.2d 535 (Mo.App.1977).

[684] Thompson v. Niles, 434 So.2d 36 (Fla.App.1983).

[685] Vollkommer, S.286, in Bezug auf eine Untersuchung der Allianz Versicherungs-AG von 1971.

Grundsätzlich kann man zwischen fehlerhafter und nicht geleisteter Beratung unterscheiden. So sind zur Erfüllung des Tatbestandes der negligence im Zusammenhang mit Beratungsfehlern vier Voraussetzungen zu erfüllen:

(1) Es muß ein Anwalt-Mandant-Verhältnis existiert haben;
(2) der Anwalt muß im Rahmen des Mandats fehlerhafte oder keine Beratung geleistet haben;
(3) der Mandant muß zu seinem Nachteil auf diesen Rat vertraut haben;
(4) dem Mandanten muß ein Schaden entstanden sein, der kausal aus dem Vertrauen auf den Rat des Anwalts resultiert sein muß[686].

Ein Beratungsfehler kann sich etwa ereignen, wenn der Anwalt die Tatsachen nicht ausreichend ermittelt, auf die er seine Ansicht stützt. Der Umfang dieser Ermittlung kann dabei von der konkreten Vereinbarung zwischen dem Anwalt und seinem Mandanten abhängen[687].

Über die grundlegende Pflicht des Anwalts hinaus, seinen Mandanten auf dessen Ersuchen hin zu beraten, muß der Anwalt auch freiwillig Rat erteilen, wenn dies zur Förderung der Interessen seines Mandanten erforderlich ist[688]. Er ist allerdings nicht verpflichtet, seinen

---

686 z.B. Eckert v. Schaal, 251 Cal.App.2d 1, 58 Cal.Rptr.817 (1967); Modica v. Crist, 129 Cal.App.2d 144, 276 P.2d 614 (1954); McGregor v. Wright, 117 Cal.App.186, 3 P.2d 624 (1931).

687 Hansen v. Wightman, 14 Wash.App.78, 538 P.2d 1238 (1975).

688 Bukoskey v. Walter W. Shuham, CPA, P.C., 666 F.Supp.181 (D.Alaska 1987); Rolfstad, Winkjer, Suess, McKennett and Kaiser P.C. v. Hanson, 221 N.W.2d 734

Mandanten erschöpfend auf jede mögliche Vorgehensweise aufmerksam zu machen. Vielmehr kommt es auf diejenigen Alternativen an, deren Nichtbeachtung zu nachteiligen Folgen für den Mandant führen könnte[689]. Wenn der Anwalt sich hinsichtlich seines Rates unsicher ist, so muß er seinen Mandanten über alle Alternativen und deren Konsequenzen informieren[690]. Ein Anwalt darf zudem nicht zulassen, daß sein Mandant einen Vertrag unterschreibt, den dieser nicht versteht[691]. Er ist gehalten, das Vertragswerk mit seinem Mandanten durchzugehen und ihn über die Bedeutung und Konsequenzen seiner Unterzeichnung zu beraten[692].

Obwohl es in diesem Zusammenhang keine ausdrücklichen zivil- und standesrechtlichen Vorschriften gibt, muß ein Anwalt seinen Mandanten unter Umständen auch über eigene anwaltliche Fehler - wie z.B. die Versäumung einer Frist - informieren und beraten[693]. Ungeachtet moralischer Erwägungen muß der Anwalt seinen Fehler in jedem Fall offenbaren, wenn durch ihn die Weiterführung des Mandats beeinträchtigt sein könnte. Wenn dem Mandanten durch das

---

(N.D.1974); Ramp v. St.Paul Fire & Marine Insurance.Co., 263 La.774, 269 So.2d 239 (1972).

[689] Smith v. St.Paul Fire & Marine Insurance Co., 366 F.Supp.1283 (M.D.La.1973), bestätigt 500 F.2d 1131 (5th Cir.1974).

[690] Ramp v. St.Paul Fire & Marine Insurance Co., 263 La. 774, 269 So.2d 239 (1972).

[691] Vgl. Mageary v. Hoyt, 91 Ariz.41, 369 P.2d 662 (1962); Fowler v. American Federation of Tobacco Growers, Inc., 195 Va.770, 80S.E.2d 554 (1954).

[692] Muse v. St.Paul Fire & Marine Insurance Co., 328 So.2d 698 (La.App.1976).

[693] Mitchell v. Transamerica Insurance Co., 551 S.W.2d 586 (Ky.App.1977).

Verschweigen eines solchen Fehlers unmittelbar ein Schaden entsteht, kann der Anwalt im Rahmen des standard of care haftbar gemacht werden.

III. Mißbrauch von Mandantengeldern

In der anwaltlichen Praxis ist es üblich, daß Anwälten auf die eine oder andere Weise Mandantengelder anvertraut werden, wobei es oftmals vorkommt, daß diese von den Anwälten mißbraucht werden. Am häufigsten treten in diesem Zusammenhang solche Fälle auf, in denen es um unehrliche Tätigkeiten, Vermischung von Geldern oder sonstiges betrügerisches Verhalten des Anwalts geht[694]. Die üblichsten Anspruchsgrundlagen stellen hierbei im Zivilrecht Betrug, Untreue und die Verletzung von Vertrauens- und Treuepflichten dar[695]. Entsprechend verpflichten die gewöhnlichen Vertrauens- und Treuepflichten den Anwalt, für erhaltene Gelder Rechenschaft abzulegen[696].

---

[694] z.B. Johnson v. Gold, 71 A.D.2d 1056, 420 N.Y.S.2d 816 (1979); Most v. State Bar, 67 Cal. 2d 589, 63 Cal.Rptr.265, 432 P.2d 953 (1967); Resner v. State Bar, 53 Cal.2d 605, 2 Cal.Rptr.461, 349 P.2d 67 (1960); Petersen v. State Bar, 16 Cal.2d 57, 104 P.2d 769 (1940); siehe generell Attorney Misappropriation of Clients Funds: A Study in Professional Responsibility, 10 U.Mich. J.L.Ref.415 (1977).

[695] z.B. Lurz v. Panek, 172 Ill.App.3d 915, 527 N.E.2d 663 (1988); Lauder v. Peck, 11 Conn.App.161, 526 A.2d 539 (1987); Armour & Co. v. Lambdin, 154 Fla.86, 16 So.2d 805 (1944); Amsterdam v. Apfel, 226 N.Y.158, 123 N.E.69 (1919).

[696] Amsler v. American Home Assurance Co., 348 So.2d 68 (Fla.App.1977); Munchhoff v. Merten, 139 Neb.554, 298 N.W.140 (1941).

Gelegentlich kommt es auch vor, daß Anwälte Gelder ihrer Mandanten als Gebühren zurückbehalten. Grundsätzlich gilt jedoch, daß der Anwalt zwar ordnungsgemäß eine bestimmte Summe einbehalten darf, die mit dem Mandanten vereinbart war[697]. Er darf seine Gebühren allerdings nicht einseitig ohne die Zustimmung seines Mandanten fest-legen[698]. Auch die Verzögerung der Zurücküberweisung an den Mandanten kann insbesondere im Zusammenhang mit der unrichtigen Darstellung von Informationen zur Haftung des Anwalts führen[699].

Ein Anwalt haftet auch für den Mißbrauch von Mandantengeldern durch seine Partner[700] oder Angestellte[701]. Dies setzt allerdings voraus, daß sich das Unrecht im Rahmen oder im scheinbaren Rahmen der Vertretungsmacht ereignet hat.

Darüber hinaus kann ein Anwalt z.B. den Tatbestand der negligence erfüllen, indem er unzulässigerweise Zinsen auszahlt[702]. Ein Anwalt, der für seinen Mandanten Gelder einzieht, hat dieselben Verantwortungen und Pflichten wie

---

[697] Dillingham v. Lynch, 516 S.W.2d 694 (Tex.Civ.App.1974).

[698] Most v. State Bar, 67 Cal.2d 589, 63 Cal.Rptr.265, 432 P.2d 953 (1967).

[699] Lurz v. Panek, 172 Ill.App.3d 915, 527 N.E.2d 663 (1988).

[700] z.B. Blackmon v. Hale, 1 Cal.3d 548, 83 Cal.Rptr.194, 463 P.2d 418 (1970).

[701] In re McGuinness, 69 App.Div.606, 74 N.Y.S.1054 (1902).

[702] McMicken v. Brent, 6 Mart.249 (La.1827).

ein Treuhänder[703]. Der Anwalt haftet nicht für den Verlust von Mandantengeldern, wenn er diese in einem separaten und entsprechend gekennzeichneten Konto deponiert hat[704]. Dies setzt jedenfalls voraus, daß der Anwalt seinen Mandanten über den Erhalt der Gelder informiert und diese bei Verlangen an ihn auszahlt[705]. Anwälte, die Mandantengelder mit ihren eigenen Geldern vermischen oder in eigenem Namen einzahlen, können für deren - auch unverschuldeten - Verlust haftbar gemacht werden, selbst wenn der Verlust nachweisbar auf einen finanziellen Mißerfolg der Bank zurückzuführen ist[706].

5. Teil Stellungnahme

Die vergleichende Analyse zeigt, wie sich im deutschen und U.S.-amerikanischen Anwaltsrecht - trotz einiger dogmatischer Unterschiede - dieselben grundlegenden Rechtsfragen stellen und gleichermaßen beantwortet werden. Dies führt dann in der Praxis dazu, daß die deutschen und amerikanischen Gerichte in einem konkreten Haftpflichtfall ähnlich urteilen und oftmals zu gleichen Ergebnissen kommen werden.

Der wesentliche Unterschied in der Behandlung von Haftpflichtfällen zwischen der deutschen und amerikanischen Rechtsordnung ist in den unterschiedlich hohen Anforderungen zu erblicken, die im Rahmen des

---

[703] Wangsness v. Berdahl, 69 S.D.586, 13 N.W.2d 293 (1944).

[704] Wangsness v. Berdahl, 69 S.D.586, 13 N.W.2d 293 (1944).

[705] Pidgeon v. Williams' Administrators, 62 Va. (21 Grat.) 251 (1871).

[706] Siehe Fn.322.

Sorgfaltsmaßstabs an den Anwalt gestellt werden. So zeigte die rechtsvergleichende Analyse, daß im amerikanischen Anwaltsrecht ein Mindestmaß an üblicher beruflicher Qualifikation und Erfahrung verlangt wird, wohingegen die deutsche Rechtsprechung ein Höchstmaß an beruflicher Sorgfalt fordert.

Die meist überspannten Anforderungen an den deutschen Anwalt und der entsprechend strenge Sorgfaltsmaßstab sind somit in Teilen der Rechtsliteratur seit einiger Zeit zu Recht Gegenstand von Kritik geworden. Am deutlichsten wird die Problematik am bereits erörterten Urteil des BGH[707], in welchem indirekt verlangt wurde, daß der Anwalt Rechtsprechungsänderungen erahnen müsse. Gerade in solchen Fällen besteht die Gefahr, daß aus der Verschuldenshaftung eine verschuldensunabhängige Garantie- oder Erfolgshaftung wird.

Zwar ist einerseits ein hoher Sorgfaltsmaßstab zur Sicherung und Erweiterung der Qualität anwaltlicher Dienstleistungen unabdingbar. Andererseits sprechen jedoch einige Argumente für eine Lockerung des deutschen Sorgfaltsmaßstabs.

Insbesondere ist die heutige Anwaltstätigkeit zu einer Massentätigkeit geworden, die von einer enormen Vielzahl verschiedener Rechtsprobleme, einer ständigen Flut neuer Gesetze und gleichzeitig kontinuierlich ansteigendem Mandantenverkehr geprägt ist. Demnach ist es fragwürdig, ob die Beibehaltung der Maßstäbe in dieser Höhe zum heutigen Zeitpunkt noch gerechtfertigt ist. Dies erscheint zumindest sehr zweifelhaft, da der Sorgfaltsmaßstab in dieser Form die obengenannten Umstände völlig

[707] BGHZ 60, 98.

außer acht läßt und demzufolge keineswegs mehr der Rechtswirklichkeit entspricht. Es kann einfach keinen Überanwalt geben, der trotz der extremen Belastungen der täglichen Praxis den hohen Anforderungen der Rechtsprechung genügen kann.

Wie die rechtsvergleichende Analyse bereits gezeigt hat, wäre eine Entschärfung des deutschen Sorgfaltsmaßstabs besonders im Bereich der zunehmenden Spezialisierung wünschenswert. Da die Anforderungen an den deutschen nicht-spezialisierten Anwalt ohnehin schon sehr hoch sind, existiert für die bei spezialisierten Anwälten erforderliche Anhebung des Sorgfaltsmaßstabs kein ausreichender Spielraum. Ein solcher Spielraum , der die deutliche Abhebung eines höheren Maßstabs für Spezialisten vom Maßstab des allgemein-praktizierenden Anwalts ermöglichen würde, könnte durch die Lockerung des allgemeinen Maßstabs erreicht werden.

Eine solche Abhebung der beiden Sorgfaltsmaßstäbe voneinander ist umso wichtiger, als die weitere Spezialisierung des Anwalts zur Erhaltung und Erweiterung der Leistungsfähigkeit und Wettbewerbsfähigkeit sowie der Qualitätssicherung- und erweiterung der anwaltlichen Dienstleistungen - gerade im Hinblick auf die Entwicklungen in der Europäischen Gemeinschaft - unvermeidlich ist.

Bei der Lockerung des deutschen Sorgfaltsmaßstabs wäre eine Anlehnung an den dem U.S.-amerikanischen Anwaltsrecht zugrundeliegenden Sorgfaltsmaßstab denkbar. So zeigt diese Arbeit, daß beide Rechtsordnungen trotz einiger fundamentaler dogmatischer Unterschiede, sehr viele Ähnlichkeiten aufweisen und häufig zu gleichen Ergebnissen gelangen. Dies läßt den Schluß zu, daß die deutsche Rechtsordnung im Bereich des Anwaltsrechts vom amerikanischen Recht, aufgrund seiner unumstrittenen Vorreiterrolle in vielen modernen Rechtsgebieten, wie vergleichsweise der Produkt- und Produzentenhaftung, profitieren kann. Dies bedeutet keineswegs, daß amerikanische Rechtsgrundsätze blind ins deutsche Recht übenommen werden sollen. Vielmehr sollten Lösungswege für moderne Rechtsprobleme, die im amerikanischen Recht entwickelt wurden und sich dort bereits in ihrer Anwendung bewährt haben, hinsichtlich gegenwärtig oder möglicherweise zukünftig im deutschen Recht auftretender gleicher Rechtsfragen herangezogen werden, um eigene dem deutschen Recht angepaßte Lösungsmöglichkeiten zu entwickeln.

6.Teil Zusammenfassung

A. Allgemeine Haftungsgrundlagen

Wie aus dieser rechtsvergleichenden Arbeit hervorgeht, fällt die Antwort auf die Frage der Natur anwaltlicher Haftung in den U.S.A. dogmatisch anders aus als in Deutschland.

In Deutschland haftet ein Rechtsanwalt seinem Mandanten in der Regel aus Vertrag[708]. Die amerikanische Rechtsprechung beantwortet die Frage nach den rechtlichen Grundlagen anwaltlicher Schadensersatzpflicht und deren Voraussetzungen dagegen nicht einheitlich. Grundsätzlich gilt jedoch, daß sowohl eine vertragliche als auch eine außervertragliche Haftung möglich ist, wenn ein Vertragsverhältnis zwischen dem Anwalt und seinem

[708] Siehe im einzelnen oben, S.91 ff.

Mandanten zu bejahen ist[709]. Eine klare Grenze zwischen vertraglicher und außervertraglicher Anwaltshaftung erfolgt jedoch nicht immer, so daß amerikanische Gerichte für die unsorgfältige Erfüllung vertraglicher Pflichten bereits gelegentlich eine Haftung ausschließlich aus unerlaubter Handlung bejaht haben. Solche Urteile sorgen dann auch für eine gewisse Rechtsunsicherheit in den U.S.A.. In der Praxis ist diese Unsicherheit allerdings nahezu unerheblich, da der allgemeine Sorgfaltsmaßstab in negligence und contract gleichermaßen definiert wird, und Haftpflichtklagen gegen Anwälte unabhängig von ihrer jeweiligen Grundlage für gewöhnlich zu gleichen Ergebnissen führen. Vorteilhafter ist für den Mandanten jedenfalls die Vertragsklage, da sie im Gegensatz zur Klage aus unerlaubter Handlung meist der günstigeren Verjährungsfrist unterliegt.

Kann ein Mandant in den U.S.A. die Existenz eines rechtsgültigen Vertrages nicht beweisen, so würden für ihn die haftungsrechtlichen Folgen möglicherweise weniger streng ausfallen als für einen Mandanten in Deutschland. Denn dem amerikanischen Anwaltsrecht liegt die im common law allgemein geforderte duty of care zugrunde, bei deren Verletzung durch den Anwalt eine Haftung aus unerlaubter Handlung vorgesehen ist. Da das deutsche Recht diesen Grundsatz der allgemeinen duty of care nicht kennt, wird ein deutsches Gericht dagegen nur selten eine außervertragliche Haftung bejahen, wenn der Mandant das Vorliegen eines Vertrages nicht nachweisen konnte. Eine unerlaubte Handlung im Sinne von § 823 I BGB liegt dabei in den seltensten Fällen vor. Verletzt ein amerikanischer Anwalt jedoch vertragsspezifische Pflichten, die nicht

---

709 Siehe im einzelnen oben, S.13 f.

die allgemeine duty of care betreffen, so steht auch seinem Mandanten nur die Vertragsklage zur Verfügung.

Wie in Deutschland bildet in den U.S.A. somit als Kernpunkt der Anwaltshaftung primär das Vertragsverhältnis zwischen Mandant und Anwalt die Grundlage für die anwaltlichen Pflichten. Dem Mandatsverhältnis entspringen in beiden Rechtsordnungen die allgemeinen Sorgfaltspflichten, aus denen sich die besonderen Treue- und Vertrauenspflichten herleiten lassen. Diese basieren wiederum auf dem Grundsatz der ungeteilten Treue des Anwalts gegenüber seinem Mandanten. Dabei ist zu beachten, daß ein Anwalt in beiden Rechtsordnungen nicht für den Enderfolg seiner Tätigkeit einsteht, sondern lediglich für eine sorgfältige Erfüllung seiner Pflichten haftet.

Im einzelnen kommt als konkrete Haftungsgrundlage im amerikanischen Recht primär der deliktsrechtliche Tatbestand der unerlaubten Handlung (negligence)[710] und im deutschen Recht überwiegend eine vertragliche Haftung[711] des Anwalts in Frage. Grundlage der vertraglichen Haftung des deutschen Anwalts stellt die Positive Vertragsverletzung dar. Obwohl es sich hierbei um eine vertragsähnliche Haftungsgrundlage handelt, liegen ihr im wesentlichen die gleichen Haftungsvoraussetzungen zugrunde wie dem negligence Tatbestand im amerikanischen Haftpflichtrecht. So muß hier eine vertragliche Anwaltspflicht zu bejahen sein, deren rechtswidrige und schuldhafte Verletzung durch den Anwalt unmittelbar zu einem Schaden des Mandanten führt.

---

[710] Siehe oben, S.4 u. 23.

[711] Siehe oben S.93 f.

Folglich basiert sowohl in den U.S.A als auch in Deutschland das Anwaltshaftungsrecht auf einer verschuldensabhängigen Haftungsgrundlage.

In den U.S.A. und Deutschland begründet eine Verletzung standesrechtlicher Vorschriften alleine generell keine Haftung aus negligence oder sonstige Schadensersatzansprüche gegen Anwälte[712]. Das Standesrecht kann somit weder in Deutschland noch in den U.S.A. als selbständige Haftungsgrundlage für anwaltliche Pflichtverletzungen herangezogen werden. Die rechtsvergleichende Analyse zeigt jedoch, daß - mehr als in Deutschland - das amerikanische Anwaltshaftungsrecht in vielen Bereichen maßgeblich vom Standesrecht geprägt und mitbestimmt wird und somit das Standesrecht einen unabdingbaren Bestandteil des Haftungsrechts darstellt.

Im Common Law wie im deutschen Recht entsteht ein Anwaltsvertrag durch die Beauftragung des Anwalts durch den Mandanten und die Annahme dieser Offerte. Die Frage nach dem Vertragsumfang behandeln beide Rechtsordnungen im allgemeinen gleich. So kann der Anwalt alle Schritte unternehmen, die zur bestmöglichen Erfüllung des konkreten Auftrags erforderlich sind. Regelmäßig obliegt ihm die Führung und Kontrolle eines Prozesses, wobei er die Mittel und Argumente wählen kann, mit welchen er die Interessen seines Mandanten wahrnehmen will. Dagegen darf der Anwalt jedoch nicht ohne ausdrückliche Weisung seines Mandanten einen Prozeß beginnen oder beenden, einen Vergleich abschließen oder eine Schuld anerkennen. In beiden Rechtsordnungen wird das Anwalt-Mandant-Verhältnis regelmäßig durch die Erfüllung der Aufgabe durch den Anwalt beendet. Dabei ist zu beachten, daß der Anwalt

---

712 Siehe oben, S.161.

weder in Deutschland noch den U.S.A. seinem Mandanten ohne vernünftigen Grund und angemessene Frist kündigen darf, wohingegen der Mandant seinem Anwalt jederzeit und ohne Begründung das Amt entziehen kann. Eine Kündigung durch den Anwalt kann dabei in der Schadensersatzpflicht gegenüber seinem Mandanten resultieren.

Im amerikanischen Anwaltsrecht finden die anwaltlichen Pflichten im Mandatsverhältnis in jedem Fall ihre Grenzen in der Stellung des Anwalts als Organ der Rechtspflege[713]. Folglich müssen seine Pflichten gegenüber dem Mandanten im Verhältnis zu den aus seiner Organstellung erwachsenden Pflichten zurückstehen. In ähnlicher Weise sind die Pflichten des deutschen Anwalts gegenüber dem Mandanten durch seine Stellung als unabhängiges Organ der Rechtspflege gem. §§1, 3 BRAO eingeschränkt[714]. Dementsprechend darf der Anwalt auch dann keinen Prozeß einleiten oder durchführen, der offensichtlich aussichtslos ist, wenn dies dem ausdrücklichen Wunsch seines Mandanten entspricht.

B. Die wichtigsten Anwaltspflichten

Grundsätzlich sind die Anwälte in Deutschland und den U.S.A. gleichermaßen verpflichtet, bei der Wahrnehmung der Interessen ihrer Mandanten den sichersten Weg zu gehen.

---

[713] Siehe oben, S.10.

[714] Siehe oben, S.147 f.

I. Rechtsprüfungspflicht

Vom amerikanischen und deutschen Anwalt wird in ähnlichem Umfang die Kenntnis der allgemein anerkannten und zweifelsfrei definierten Rechtsprechung erwartet[715]. Insoweit werden in den U.S.A. und Deutschland gleichermaßen hohe Anforderungen an die Rechtsprüfungspflicht des Anwalts gestellt. Dabei läßt alleine die kaum überschaubare jährliche Flut neuer Gesetze und ständiger Gesetzesänderungen in Deutschland, bzw. der Rechtsprechung in den U.S.A., es unmöglich zu, daß der Anwalt sich neben seinem alltäglichen Arbeitspensum, in ausreichendem Maße über alle neuen Gesetze und Gesetzesänderungen informiert. Ein deutlicher Unterschied zwischen dem deutschen und amerikanischen Anwaltsrecht ist in diesem Zusammenhang im Bereich unklarer Rechtslagen zu erblicken. So haftet ein Anwalt in den U.S.A. grundsätzlich nicht für Fehler in der Einschätzung unklarer Rechtslagen. Dies setzt allerdings voraus, daß er sich überhaupt ein auf fundierten Nachforschungen basierendes persönliches Urteil gebildet hat. Der deutsche Rechtsanwalt wird dagegen grundsätzlich für jeden Rechtsirrtum zur Verantwortung gezogen.

II. Berücksichtigung von Weisungen des Mandanten

Durch die Anweisungen des Mandanten wird der konkreten anwaltlichen Dienstleistung vertraglicher Charakter verliehen, wobei aus deren Nichterfüllung resultierende Schädigungen des Mandanten zur verschuldensunabhängigen Haftung des Anwalts führen können. So resultiert - als Ausnahme zur verschuldensabhängigen Anwaltshaftung - ein diesbezüglicher Pflichtverstoß des Anwalts in den U.S.A.

---

[715] Vgl. im einzelne oben, S.67 ff. u. 152 ff.

in einer verschuldensunabhängigen Vertragshaftung. In Deutschland hält man dagegen auch hier am Verschuldensprinzip fest. Im übrigen haben die Anwälte in beiden Rechstordnungen den Weisungen ihrer Mandanten Folge zu leisten, um eine Haftung für kausal aus deren Nichtbeachtung resultierende Schäden zu vermeiden[716].

III. Verschwiegenheitspflicht

Aufgrund der überaus großen Bedeutung lassen beide Rechtsordnungen lediglich in sehr engem Rahmen Ausnahmen davon zu[717]. Folglich kann ein Rechtsanwalt beispielsweise nur ausdrücklich durch seinen Mandanten oder aufgrund gesetzlicher Ausnahmen (z.B. Wegfall des Zeugnisverweigerungsrechts) von ihr befreit werden. Dabei muß immer sorgfältig zwischen dem Interesse des Mandanten an der Geheimhaltung und den Interessen des Anwalts abgewogen werden.

IV. Verbot kollidierende Interessen zu vertreten

In den U.S.A. und Deutschland besteht in gleicher Weise das Verbot für den Anwalt, kollidierende Interessen zu vertreten[718]. Dies gilt sowohl bei gleichzeitiger Vertretung gegensätzlicher Interessen, als auch für die Vertretung eines Mandanten im Gegensatz zu den Interessen einer früheren Partei.

---

716 Vgl.oben S.19 f. u. 129 f.

717 Siehe im einzelnen oben, S.42 ff. u. 134 ff.

718 Vgl.oben S.55 ff. u. 138.

C. Dauer der Pflichtenbindung

Für deutsche und amerikanische Anwälte bleiben gleichermaßen bestimmte Pflichten über das Mandatsende hinaus bestehen[719]. Demnach hat ein Anwalt nach Beendigung des Mandats regelmäßig noch diejenigen Maßnahmen einzuleiten, die zur Verhinderung von Nachteilen für den Mandanten erforderlich sind. Die allgemeinen Sorgfaltspflichten erlöschen dabei regelmäßig mit der Beendigung des Mandats, wohingegen die besonderen Treue- und Vertrauenspflichten - wie etwa die Verschwiegenheitspflicht - auch über das Mandatsende hinaus weiterexistieren können. Der einzige Unterschied ist in diesem Zusammenhang darin zu sehen, daß diese Pflichten in den U.S.A. fortbestehen, da sie auf dem besonderen Vertrauensverhältnis zwischen Anwalt und Mandant beruhen und dieses das Mandatsende überdauert. In Deutschland existiert das Vertrauens- und Treueverhältnis zwischen Anwalt und Mandant nicht eigenständig neben dem Mandatsverhältnis her und endet somit mit dem Mandatsende. Die besonderen Vertrauenspflichten bestehen somit trotz Wegfalls des Vertrauensverhältnisses weiter.

D. Der Sorgfaltsmaßstab

Im Rahmen des dem deutschen Anwaltshaftungsrecht zugrundeliegenden Sorgfaltsmaßstabs[720] stellt die Rechtsprechung häufig überhöhte Anforderungen an die berufliche Kompetenz des deutschen Anwalts[721]. Das amerikanischen Anwaltsrecht setzt hingegen vernünftiges

---

[719] Siehe im einzelnen oben, S.89 f. u.142 ff.

[720] Siehe oben auf S.139 ff.

[721] Vgl. im einzelnen oben, S.162 ff.

Verhalten des Durchschnittsanwalts[722] als grundlegenden Sorgfaltsmaßstab für die Kompetenz des Anwalts an. Dabei kommt es im Gegensatz zum deutschen Recht nur auf ein Mindestmaß an üblicher Berufsqualifikation- und erfahrung an.

E. Haftungsrechtliche Besonderheiten

I. Sozietäten

Haftungsrechtliche Ähnlichkeiten sind im Zusammenhang mit großen Anwaltssozietäten ersichtlich[723]. So haften sowohl in Deutschland als auch den U.S.A., alle Partner einer Sozietät gesamtschuldnerisch für anwaltliche Pflichtverstöße.

Wie ihre amerikanischen Kollegen haften auch die deutschen Anwälte nach den Grundsätzen der Anscheins- oder Duldungsvollmacht, wenn verschiedene Anwälte nur aus Oraganisations- und Kostengründen ein gemeinsames Praxisschild benutzen oder einen gemeinschaftlichen Briefkopf führen (Bürogemeinschaft) und somit nach außen hin als Sozietät auftreten, ohne tatsächlich durch einen Sozietätsvertrag verbunden zu sein. In ähnlichem Umfang haben angestellte Anwälte in den U.S.A. hinsichtlich juristischer Angelegenheiten dieselbe scheinbare Vollmacht wie ihre Arbeitgeber. Handlungen im Rahmen dieser Anscheinsvollmacht sind sowohl für die Sozietät als auch deren Mandanten verbindlich.

---

[722] Vgl. im einzelne oben, S.75 ff.

[723] Siehe im einzelnen oben, S.169 ff.

Insoweit besteht bei der haftungsrechtlichen Behandlung von Anwaltssozietäten ein wesentlicher Unterschied zwischen der amerikanischen und der deutschen Anwaltshaftung. Denn in Deutschland besteht im Gegensatz zur vertraglichen Haftung keine gesamtschuldnerische Haftung aller Sozien für Pflichtwidrigkeiten deliktischer Natur eines Sozietätsmitglieds. In den U.S.A. kann hingegen die Sozietät sogar für betrügerisches Verhalten eines Partners haftbar gemacht werden, wenn dieser im Rahmen einer tatsächlichen oder scheinbaren Vertretungsmacht gehandelt hat.

Haftungsrechtliche Besonderheiten gelten wie im deutschen Recht auch hinsichtlich personeller Veränderungen innerhalb der Sozietät. So kann in beiden Rechtsordnungen eine Haftung des Rechtsanwalts nicht durch dessen Austritt aus der Partnerschaft ausgeschlossen werden, wenn das Sozietätsverhältnis zum Zeitpunkt der Pflichtverletzung noch oder bereits bestand. Entsprechend resultiert auch aus der Auflösung einer Sozietät keine Haftungsbefreiung für Pflichtverletzungen, die während der Existenz der Partnerschaft begangen wurden. Auch der Tod des pflichtwidrig handelnden Sozietätsmitglieds beendet nicht das mit der Sozietät bestehende Mandatsverhältnis und die damit verbundene Haftung gegenüber dem Mandanten. Vielmehr haften die überlebenden Mitglieder der Sozität gesamtschuldnerisch für alle schuldhaften Pflichtverstöße des verstorbenen Anwalts.

II. Spezialisierung

Sowohl in den U.S.A. als auch in Deutschland tendieren Anwälte in zunehmendem Maße dazu, sich fachlich zu spezialisieren. Die Haftpflichtmaßstäbe für Spezialisten werden in beiden Ländern wesentlich höher angesetzt als bei allgemein-praktizierenden Rechtsanwälten[724].

Diese zunehmende Spezialisierung der Anwälte wirft die Frage auf, ob die für den Durchschnittsanwalt geltenden Anforderungen für die gegenwärtige Praxis ausreichen, oder ob spezialisierte Rechtsanwälte an einem höheren Maßstab gemessen werden müssen. Diese Frage kann zusammenfassend dahingehend beantwortet werden, daß sowohl in den U.S.A. als auch in Deutschland höhere Anforderungen an spezialisierte Anwälte gestellt werden, als an ihre nichtspezialisierten Kollegen. Hierbei ist jedoch zu berücksichtigen, daß eine pauschale Haftungsverschärfung für Spezialkentnisse in keiner der beiden Rechtsordnungen erfolgen kann. Denn Rechtsanwälte können in den U.S.A., ähnlich wie der deutsche Fachanwalt, nur am strengeren Sorgfaltsmaßstab des Spezialisten gemessen werden, wenn sie sich in einem anerkannten Spezialgebiet betätigen. Handelt es sich jedoch um spezielle Rechtskenntnisse, die ohnehin schon Grundlage der juristischen Ausbildung sind und darüber hinaus für die Zulassung zur Anwaltschaft erforderlich sind, so haftet er nur nach dem Sorgfaltsmaßstab des allgemein-praktizierenden Anwalts.

Ein haftungsrechtlicher Unterschied ist in diesem Zusammenhang darin zu erblicken, daß der amerikanische Anwalt entweder als Spezialist oder Normalanwalt haftet, wohingegen das Übernahmeverschulden eines deutschen Anwalts zu einer zusätzlichen Haftung führen kann, die zwischen der des Spezialisten und des Normalanwalts angesiedelt ist.

---

[724] Vgl.im einzelnen oben, S.177 ff.

III. Möglichkeiten der Haftungsbeschränkung

Schon bald kann möglicherweise das einschlägige U.S.-amerikanische Recht im Bereich der Haftungsbeschränkungen herangezogen werden, um Rechtsunsicherheiten bei Haftungsfragen im deutschen Recht zu beseitigen[725]. Denn auch wenn der Entwicklungsvorsprung durchaus noch erweiterungsfähig ist, so ist er in diesem Bereich schon jetzt ein beachtlicher Entwicklungsvorsprung gegenüber dem deutschen Recht, von welchem sicherlich schon in der nahen Zukunft das deutsche Recht profitieren könnte. Daß sich die Kapitalgesellschaftslösung als Möglichkeit der Haftungs-beschränkung im Anwaltsrecht in den U.S.A. trotz ausufernder Haftungsrisiken nicht durchgesetzt hat, muß als verfrühtes, wenn nicht sogar falsches Urteil zurückgewiesen werden. Es bestehen zwar zugegebenermaßen noch - wie sicherlich im Rahmen neuer Lösungsvorschläge in jedem Rechtsgebiet - gewisse Anfangsschwierigkeiten, die es zu bewältigen gilt. Dies bedeutet jedoch keinesfalls das Scheitern des Konzepts. Vielmehr wäre eine Anlehnung an diesen amerikanischen Lösungsvorschlag, unter Berücksichtigung dogmatischer Unterschiede der beiden Rechtsordnungen, für das deutsche Anwaltsrecht durchaus denkbar.

F. Ursachen der Anwaltshaftung

Im Gegensatz zu Deutschland, lassen die zur Anwaltshaftung in den U.S.A. erhältichen Informationen eine detailliertere Analyse der Ursachen anwaltlicher Haftpflicht zu. Demnach zählen Fristversäumnisse,

---

[725] Siehe oben, S.174 ff.

Beratungsfehler und der Mißbrauch von Mandantengeldern zu den allgemeinsten und häufigsten Fehlertypen[726].

Aufgrund der vergleichsweise geringen Informationen zum deutschen Anwaltsrecht kann lediglich vermutet werden, daß den Haftpflichtfällen in Deutschland im wesentlichen die gleichen Ursachen zugrundeliegen wie in den U.S.A.

Insbesondere wird deutlich, daß sich oft die gelegentlich in speziellen Rechtsgebieten jenseits ihrer Erfahrungen und Fähigkeiten tätig werdenden Anwälte und nicht die Spezialisten dieser Bereiche haftbar machen. Demgegenüber begehen spezialisierte Anwälte häufig dann haftungsbegründende Fehler, wenn sie Mandate annehmen, die außerhalb ihres begrenzten Spezialgebiets angesiedelt sind.

---

[726] Vgl. oben S.184 ff.

MODEL CODE OF PROFESSIONAL RESPONSIBILITY

PREAMBLE AND PRELIMINARY STATEMENT

Preamble[1]

The continued existence of a free and democratic society depends upon recognition of the concept that justice is based upon the rule of law grounded in respect for the dignity of the individual and his capacity through reason for enlightened self-government.[2] Law so grounded makes justice possible, for only through such law does the dignity of the individual attain respect and protection. Without it, individual rights become subject to unrestrained power, respect for law is destroyed, and rational self-government is impossible.

Lawyers, as guardians of the law, play a vital role in the preservation of society. The fulfillment of this role requires an understanding by lawyers of their relationship with and function in our legal system.[3] A consequent obligation of lawyers is to maintain the highest standards of ethical conduct.

In fulfilling his professional responsibilities, a lawyer necessarily assumes various roles that require the performance of many difficult tasks. Not every situation which he may encounter can be foreseen,[4] but fundamental ethical principles are always present to guide him. Within the framework of these principles, a lawyer must with courage and foresight be able and ready to shape the body of the law to the ever-changing relationships of society.[5]

The Model Code of Professional Responsibility points the way to the aspiring and provides standards by which to judge the transgressor. Each lawyer must find within his own conscience the touchstone against which to test the extent to which his actions should rise above minimum standards. But in the last analysis it is the desire for the respect and confidence of the members of his profession and of the society which he serves that should provide to a lawyer the incentive for the highest possible degree of ethical conduct. The possible loss of that respect and confidence is the ultimate sanction. So long as its practitioners are guided by these principles, the law will continue to be a noble profession. This is its greatness and its strength, which permit of no compromise.

Preliminary Statement

In furtherance of the principles stated in the Preamble, the American Bar Association has promulgated this Model Code of Professional Responsibility, consisting of three separate but interrelated parts: Canons, Ethical Considerations, and Disciplinary Rules.[6] The Model Code is designed to be adopted by appropriate agencies both as an inspirational guide to the members of the profession and as a basis for disciplinary action when the conduct of a lawyer falls below the required minimum standards stated in the Disciplinary Rules.

Obviously the Canons, Ethical Considerations, and Disciplinary Rules cannot apply to non-lawyers; however, they do define the type of ethical conduct that the public has a right to expect not only of lawyers but also of their non-professional employees and associates in all matters pertaining to professional employment. A lawyer should ultimately be responsible for the conduct of his employees and associates in the course of the professional representation of the client.

The Canons are statements of axiomatic norms, expressing in general terms the standards of professional conduct expected of lawyers in their relationships with the public, with the legal system, and with the legal profession. They embody the general concepts from which the Ethical Consideration and the Disciplinary Rules are derived.

The Ethical Considerations are aspirational in character and represent the objectives toward which every member of the profession should strive. They constitute a body of principles upon which the lawyer can rely for guidance in many specific situations.[7]

The Disciplinary Rules, unlike the Ethical Considerations, are mandatory in character. The Disciplinary Rules state the minimum level of conduct below which no lawyer can fall without being subject to disciplinary action. Within the framework of fair trial,[8] the Disciplinary Rules should be uniformly applied to all lawyers,[9] regardless of the nature of their professional activities.[10] The Model Code makes no attempt to prescribe either disciplinary procedures or penalties[11] for violation of a Disciplinary Rule,[12] nor does it undertake to define standards for civil liability of lawyers for professional conduct. The severity of judgment against one found guilty of violating a Disciplinary Rule should be determined by the character of the offense and the attendant circumstances.[13] An enforcing agency, in applying the Disciplinary Rules, may find interpretive guidance in the basic principles embodied in the Canons and in the objectives reflected in the Ethical Considerations.

CANON 4

A Lawyer Should Preserve the Confidences and Secrets of a Client

ETHICAL CONSIDERATIONS

EC 4-1 Both the fiduciary relationship existing between lawyer and client and the proper functioning of the legal system require the preservation by the lawyer of confidences and secrets of one who has employed or sought to employ him.[1] A client must feel free to discuss whatever he wishes with his lawyer and a lawyer must be equally free to obtain information beyond that volunteered by his client.[2] A lawyer should be fully informed of all the facts of the matter he is handling in order for his client to obtain the full advantage of our legal system. It is for the lawyer in the exercise of his independent professional judgment to separate the relevant and important from the irrelevant and unimportant. The observance of the ethical obligation of a lawyer to hold inviolate the confidences and secrets of his client not only facilitates the full development of facts essential to proper representation of the client but also encourages laymen to seek early legal assistance.

EC 4-2 The obligation to protect confidences and secrets obviously does not preclude a lawyer from revealing information when his client consents after full disclosure,[3] when necessary to perform his professional employment, when permitted by a Disciplinary Rule, or when required by law. Unless the client otherwise directs, a lawyer may disclose the affairs of his client to partners or associates of his firm. It is a matter of common knowledge that the normal operation of a law office exposes confidential professional information to non-lawyer employees of the office, particularly secretaries and those having access to the files; and this obligates a lawyer to exercise care in selecting and training his employees so that the sanctity of all confidences and secrets of his clients may be preserved. If the obligation extends to two or more clients as to the same information, a lawyer should obtain the permission of all before revealing the information. A lawyer must always be sensitive to the rights and wishes of his client and act scrupulously in the making of decisions which may involve the disclosure of information obtained in his professional relationship.[4] Thus, in the absence of consent of his client after full disclosure, a lawyer should not associate another lawyer in the handling of a matter; nor should he, in the absence of consent, seek counsel from another lawyer if there is a reasonable possibility that the identity of the client or his confidences or secrets would be revealed to such lawyer. Both social amenities and professional duty should cause a lawyer to shun indiscreet conversations concerning his clients.

EC 4-3 Unless the client otherwise directs, it is not improper for a lawyer to give limited information from his files to an outside agency necessary for statistical, bookkeeping, accounting, data processing, banking, printing, or other legitimate purposes, provided he exercises due care in the selection of the agency and warns the agency that the information must be kept confidential.

EC 4-4 The attorney-client privilege is more limited than the ethical obligation of a lawyer to guard the confidences and secrets of his client. This ethical precept, unlike the evidentiary privilege, exists without regard to the nature or source of information or the fact that others share the knowledge. A lawyer should endeavor to act in a manner which preserves the evidentiary privilege; for example, he should avoid professional discussions in the presence of persons to whom the privilege does not extend. A lawyer owes an obligation to advise the client of the attorney-client privilege and timely to assert the privilege unless it is waived by the client.

EC 4-5 A lawyer should not use information acquired in the course of the representation of a client to the disadvantage of the client and a lawyer should not use, except with the consent of his client after full disclosure, such information for his own purposes.[5] Likewise, a lawyer should be diligent in his efforts to prevent the misuse of such information by his employees and associates.[6] Care should be exercised by a lawyer to prevent the disclosure of the confidences and secrets of one client to another,[7] and no employment should be accepted that might require such disclosure.

EC 4-6 The obligation of a lawyer to preserve the confidences and secrets of his client continues after the termination of his employment.[8] Thus a lawyer should not attempt to sell a law practice as a going business because, among other reasons, to do so would involve the disclosure of confidences and secrets.[9] A lawyer should also provide for the protection of the confidences and secrets of his client following the termination of the practice of the lawyer, whether termination is due to death, disability, or retirement. For example, a lawyer might provide for the personal papers of the client to be returned to him and for the papers of the lawyer to be delivered to another lawyer or to be destroyed. In determining the method of disposition, the instructions and wishes of the client should be a dominant consideration.

DISCIPLINARY RULES

DR 4-101 Preservation of Confidences and Secrets of a Client.[10]

(A) "Confidence" refers to information protected by the attorney-client privilege under applicable law, and "secret" refers to other information gained in the professional relationship that the client has requested be held inviolate or the disclosure of which would be embarrassing or would be likely to be detrimental to the client.

(B) Except when permitted under DR 4-101 (C), a lawyer shall not knowingly:

(1) Reveal a confidence or secret of his client.[11]

(2) Use a confidence or secret of his client to the disadvantage of the client.

(3) Use a confidence or secret of his client for the advantage of himself[12] or of a third person,[13] unless the client consents after full disclosure.

(C) A lawyer may reveal:

(1) Confidences or secrets with the consent of the client or clients affected, but only after a full disclosure to them.[14]

(2) Confidences or secrets when permitted under Disciplinary Rules or required by law or court order.[15]

(3) The intention of his client to commit a crime[16] and the information necessary to prevent the crime.[17]

(4) Confidences or secrets necessary to establish or collect his fee[18] or to defend himself or his employees or associates against an accusation of wrongful conduct.[19]

(D) A lawyer shall exercise reasonable care to prevent his employees, associates, and others whose services are utilized by him from disclosing or using confidences or secrets of a client, except that a lawyer may reveal the information allowed by DR 4-101 (C) through an employee.

NOTES

1. *See* ABA Canons 6 and 37 and *ABA Opinion* 287 (1953).

"The reason underlying the rule with respect to confidential communications between attorney and client is well stated in Mechem on Agency, 2d Ed., Vol. 2, §2297, as follows: 'The purposes and necessities of the relation between a client and his attorney require, in many cases, on the part of the client, the fullest and freest disclosures to the attorney of the client's objects, motives and acts. This disclosure is made in the strictest confidence, relying upon the attorney's honor and fidelity. To permit the attorney to reveal to others what is so disclosed, would be not only a gross violation of a sacred trust upon his part, but it would utterly destroy and prevent the usefulness and benefits to be derived from professional assistance. Based upon considerations of public policy, therefore, the law wisely declares that all confidential communications and disclosures, made by a client to his legal adviser for the purpose of obtaining his professional aid or advice, shall be strictly privileged;—that the attorney shall not be permitted, without the consent of his client,—and much less will he be compelled—to reveal or disclose communications made to him under such circumstances.'" *ABA Opinion* 250 (1943).

"While it is true that complete revelation of relevant facts should be encouraged for trial purposes, nevertheless an attorney's dealings with his client, if both are sincere, and if the dealings involve more than mere technical matters, should be immune to discovery proceedings. There must be freedom from fear of revealment of matters disclosed to an attorney because of the peculiarly intimate relationship existing." Ellis-Foster Co. v. Union Carbide & Carbon Corp., 159 F.Supp. 917, 919 (D.N.J. 1958).

Cf. ABA Opinions 314 (1965), 274 (1946) and 268 (1945).

2. "While it is the great purpose of law to ascertain

from those obligations of secrecy which the law places upon him. He should not, however, disclose more than is necessary for his own protection. It would be a manifest injustice to allow the client to take advantage of the rule of exclusion as to professional confidence to the prejudice of his attorney, or that it should be carried to the extent of depriving the attorney of the means of obtaining or defending his own rights. In such cases the attorney is exempted from the obligations of secrecy.'" *ABA Opinion* 250 (1943).

CANON 5

A Lawyer Should Exercise Independent Professional Judgment on Behalf of a Client

ETHICAL CONSIDERATIONS

EC 5-1 The professional judgment of a lawyer should be exercised, within the bounds of the law, solely for the benefit of his client and free of compromising influences and loyalties.[1] Neither his personal interests, the interests of other clients, nor the desires of third persons should be permitted to dilute his loyalty to his client.

Interests of a Lawyer That May Affect His Judgment

EC 5-2 A lawyer should not accept proffered employment if his personal interests or desires will, or there is a reasonable probability that they will, affect adversely the advice to be given or services to be rendered the prospective client.[2] After accepting employment, a lawyer carefully should refrain from acquiring a property right or assuming a position that would tend to make his judgment less protective of the interests of his client.

EC 5-3 The self-interest of a lawyer resulting from his ownership of property in which his client also has an interest or which may affect property of his client may interfere with the exercise of free judgment on behalf of his client. If such interference would occur with respect to a prospective client, a lawyer should decline employment proffered by him. After accepting employment, a lawyer should not acquire property rights that would adversely affect his professional judgment in the representation of his client. Even if the property interests of a lawyer do not presently interfere with the exercise of his independent judgment, but the likelihood of interference can reasonably be foreseen by him, a lawyer should explain the situation to his client and should decline employment or withdraw unless the client consents to the continuance of the relationship after full disclosure. A lawyer should not seek to persuade his client to permit him to invest in an undertaking of his client nor make improper use of his professional relationship to influence his client to invest in an enterprise in which the lawyer is interested.

EC 5-4 If, in the course of his representation of a client, a lawyer is permitted to receive from his client a beneficial ownership in publication rights relating to the subject matter of the employment, he may be tempted to subordinate the interests of his client to his own anticipated pecuniary gain. For example, a lawyer in a criminal case who obtains from his client television, radio, motion picture, newspaper, magazine, book, or other publication rights with respect to the case may be influenced, consciously or unconsciously, to a course of conduct that will enhance the value of his publication rights to the prejudice of his client. To prevent these potentially differing interests, such arrangements should be scrupulously avoided prior to the termination of all aspects of the matter giving rise to the employment, even though his employment has previously ended.

EC 5-5 A lawyer should not suggest to his client that a gift be made to himself or for his benefit. If a lawyer accepts a gift from his client, he is peculiarly susceptible to the charge that he unduly influenced or over-reached the client. If a client voluntarily offers to make a gift to his lawyer, the lawyer may accept the gift, but before doing so, he should urge that his client secure disinterested advice from an independent, competent person who is cognizant of all the circumstances.[3] Other than in exceptional circumstances, a lawyer should insist that an instrument in which his client desires to name him beneficially be prepared by another lawyer selected by the client.[4]

EC 5-6 A lawyer should not consciously influence a client to name him as executor, trustee, or lawyer in an instrument. In those cases where a client wishes to name his lawyer as such, care should be taken by the lawyer to avoid even the appearance of impropriety.[5]

EC 5-16 In those instances in which a lawyer is justified in representing two or more clients having differing interests, it is nevertheless essential that each client be given the opportunity to evaluate his need for representation free of any potential conflict and to obtain other counsel if he so desires.[20] Thus before a lawyer may represent multiple clients, he should explain fully to each client the implications of the common representation and should accept or continue employment only if the clients consent.[21] If there are present other circumstances that might cause any of the multiple clients to question the undivided loyalty of the lawyer, he should also advise all of the clients of those circumstances.[22]

EC 5-17 Typically recurring situations involving potentially differing interests are those in which a lawyer is asked to represent co-defendants in a criminal case, co-plaintiffs in a personal injury case, an insured and his insurer,[23] and beneficiaries of the estate of a decedent. Whether a lawyer can fairly and adequately protect the interests of multiple clients in these and similar situations depends upon an analysis of each case. In certain circumstances, there may exist little chance of the judgment of the lawyer being adversely affected by the slight possibility that the interests will become actually differing; in other circumstances, the chance of adverse effect upon his judgment is not unlikely.

EC 5-18 A lawyer employed or retained by a corporation or similar entity owes his allegiance to the entity and not to a stockholder, director, officer, employee, representative, or other person connected with the entity. In advising the entity, a lawyer should keep paramount its interests and his professional judgment should not be influenced by the personal desires of any person or organization. Occasionally a lawyer for an entity is requested by a stockholder, director, officer, employee, representative, or other person connected with the entity to represent him in an individual capacity; in such case the lawyer may serve the individual only if the lawyer is convinced that differing interests are not present.

EC 5-19 A lawyer may represent several clients whose interests are not actually or potentially differing. Nevertheless, he should explain any circumstances that might cause a client to question his undivided loyalty.[24] Regardless of the belief of a lawyer that he may properly represent multiple clients, he must defer to a client who holds the contrary belief and withdraw from representation of that client.

EC 5-20 A lawyer is often asked to serve as an impartial arbitrator or mediator in matters which involve present or former clients. He may serve in either capacity if he first discloses such present or former relationships. After a lawyer has undertaken to act as an impartial arbitrator or mediator, he should not thereafter represent in the dispute any of the parties involved.

Desires of Third Persons

EC 5-21 The obligation of a lawyer to exercise professional judgment solely on behalf of his client requires that he disregard the desires of others that might impair his free judgment.[25] The desires of a third person will seldom adversely affect a lawyer unless that person is in a position to exert strong economic, political, or social pressures upon the lawyer. These influences are often subtle, and a lawyer must be alert to their existence. A lawyer subjected to outside pressures should make full disclosure of them to his client;[26] and if he or his client believes that the effectiveness of his representation has been or will be impaired thereby, the lawyer should take proper steps to withdraw from representation of his client.

EC 5-22 Economic, political, or social pressures by third persons are less likely to impinge upon the independent judgment of a lawyer in a matter in which he is compensated directly by his client and his professional work is exclusively with his client. On the other hand, if a lawyer is compensated from a source other than his client, he may feel a sense of responsibility to someone other than his client.

EC 5-23 A person or organization that pays or furnishes lawyers to represent others possesses a potential power to exert strong pressures against the independent judgment of those lawyers. Some employers may be interested in furthering their own economic, political, or social goals without regard to the professional responsibility of the lawyer to his individual client. Others may be far more concerned with establishment or extension of legal principles than in the immediate protection of the rights of the lawyer's individual client. On some occasions, decisions on priority of work may be made by the employer rather than the lawyer with the result that prosecution of work already undertaken for clients is postponed to their detriment. Similarly, an employer may seek, consciously or unconsciously, to further its own economic interests through the action of the lawyers employed by it. Since a lawyer must always be free to exercise his professional judgment without regard to the interests or motives of a third person, the lawyer who is employed by one to represent another must constantly guard against erosion of his professional freedom.[27]

EC 5-24 To assist a lawyer in preserving his professional independence, a number of courses are available to him. For example, a lawyer should not practice with or in the form of a professional legal corporation, even though the corporate form is permitted by law,[28] if any director, officer, or stockholder of it is a non-lawyer. Although a lawyer may be employed by a business corporation with non-lawyers serving as directors or officers, and they necessarily have the right to make decisions of business policy, a lawyer must decline to accept direction of his professional judgment from any layman. Various types of legal aid offices are administered by boards of directors composed of lawyers and laymen. A lawyer should not accept employment from such an organization unless the board sets only broad policies and there is no interference in the relationship of the lawyer and the individual client he serves. Where a lawyer is employed by an organization, a written agreement that defines the relationship between him and the organization and provides for his independence is desirable since it may serve to prevent misunderstanding as to their respective roles. Although other innovations in the means of supplying legal counsel may develop, the responsibility of the lawyer to maintain his professional independence remains constant, and the legal profession must insure that changing circumstances do not result in loss of the professional independence of the lawyer.

DISCIPLINARY RULES

DR 5-101 Refusing Employment When the Interests of the Lawyer May Impair His Independent Professional Judgment.

(A) Except with the consent of his client after full disclosure, a lawyer shall not accept employment if the exercise of his professional judgment on behalf of his client will be or reasonably may be affected by his own financial, business, property, or personal interests.[29]

(B) A lawyer shall not accept employment in contemplated or pending litigation if he knows or it is obvious that he or a lawyer in his firm ought to be called as a witness, except that he may undertake the employment and he or a lawyer in his firm may testify:

(1) If the testimony will relate solely to an uncontested matter.

(2) If the testimony will relate solely to a matter of formality and there is no reason to believe that substantial evidence will be offered in opposition to the testimony.

(3) If the testimony will relate solely to the nature and value of legal services rendered in the case by the lawyer or his firm to the client.

(4) As to any matter, if refusal would work a substantial hardship on the client because of the distinctive value of the lawyear or his firm as counsel in the particular case.

DR 5-102 Withdrawal as Counsel When the Lawyer Becomes a Witness.[30]

(A) If, after undertaking employment in contemplated or pending litigation, a lawyer learns or it is obvious that he or a lawyer in his firm ought to be called as a witness on behalf of his client, he shall withdraw from the conduct of the trial and his firm, if any, shall not continue representation in the trial, except that he may continue the representation and he or a lawyer in his firm may testify in the circumstances enumerated in DR 5-101(B) (1) through (4).

(B) If, after undertaking employment in contemplated or pending litigation, a lawyer learns or it is obvious that he or a lawyer in his firm may be called as a witness other than on behalf of his client, he may continue the representation until it is apparent that his testimony is or may be prejudicial to his client.[31]

DR 5-103 Avoiding Acquisition of Interest in Litigation.

(A) A lawyer shall not acquire a proprietary interest in the cause of action or subject matter of litigation he is conducting for a client,[32] except that he may:

(1) Acquire a lien granted by law to secure his fee or expenses.

(2) Contract with a client for a reasonable contingent fee in a civil case.[33]

(B) While representing a client in connection with contemplated or pending litigation, a lawyer shall not advance or guarantee financial assistance to his client,[34] except that a lawyer may advance or guarantee the expenses of litigation, including court costs, expenses of investigation, expenses of medical examination, and costs of obtaining and presenting evidence, provided the client remains ulitmately liable for such expenses.

DR 5-104 Limiting Business Relations with a Client.

(A) A lawyer shall not enter into a business transaction with a client if they have differing interests therein and if the client expects the lawyer to exercise his professional judgment therein for the protection of the client, unless the client has consented after full disclosure.

(B) Prior to conclusion of all aspects of the matter giving rise to his employment, a lawyer shall not enter into any arrangement or understanding with a client or a prospective client by which he acquires an interest in publication rights with respect to the subject matter of his employment or proposed employment.

DR 5-105 Refusing to Accept or Continue Employment if the Interests of Another Client May Impair the Independent Professional Judgment of the Lawyer.

(A) A lawyer shall decline proffered employment if the exercise of his independent professional judgment in behalf of a client will be or is likely to be adversely affected by the acceptance of the proffered employment,[35] or if it would be likely to involve him in representing differing interests, except to the extent permitted under DR 5-105(C).[36]

(B) A lawyer shall not continue multiple employment if the exercise of his independent professional judgment in behalf of a client will be or is likely to be adversely affected by his representation of another client, or if it would be likely to involve him in representing differing interests, except to the extent permitted under DR 5-105(C).[37]

(C) In the situations covered by DR 5-105 (A) and (B), a lawyer may represent multiple clients if it is obvious that he can adequately represent the interest of each and if each consents to the representation after full disclosure of the possible effect of such representation on the exercise of his independent professional judgment on behalf of each.

(D) If a lawyer is required to decline employment or to withdraw from employment under a Disciplinary Rule, no partner, or associate, or any other lawyer affiliated with him or his firm, may accept or continue such employment.

DR 5-106 Settling Similar Claims of Clients.[38]

(A) A lawyer who represents two or more clients shall not make or participate in the making of an aggregate settlement of the claims of or against his clients, unless each client has consented to the settlement after being advised of the existence and nature of all the claims involved in the proposed settlement, of the total amount of the settlement, and of the participation of each person in the settlement.

DR 5-107 Avoiding Influence by Others Than the Client.

(A) Except with the consent of his client after full disclosure, a lawyer shall not:

(1) Accept compensation for his legal services from one other than his client.

(2) Accept from one other than his client any thing of value related to his representation of or his employment by his client.[39]

(B) A lawyer shall not permit a person who recommends, employs, or pays him to render legal services for another to direct or regulate his professional judgment in rendering such legal services.[40]

(C) A lawyer shall not practice with or in the form of a professional corporation or association authorized to practice law for a profit, if:

(1) A non-lawyer owns any interest therein,[41] except that a fiduciary representative of the estate of a lawyer may hold the stock or interest of the lawyer for a reasonable time during administration;

(2) A non-lawyer is a corporate director or officer thereof;[42] or

(3) A non-lawyer has the right to direct or control the professional judgment of a lawyer.[43]

NOTES

1. *Cf.* ABA CANON 35.

"[A lawyer's] fiduciary duty is of the highest order and he must not represent interests adverse to those of the client. It is true that because of his professional responsibility and the confidence and trust which his client may legitimately repose in him, he must adhere to a high standard of honesty, integrity and good faith in dealing with his client. He is not permitted to take advantage of his position or superior knowledge to impose upon the client; nor to conceal facts or law, nor in any way deceive him without being held responsible therefor." Smoot v. Lund, 13 Utah 2d 168, 172, 369 P.2d 933, 936 (1962).

"When a client engages the services of a lawyer in a given piece of business he is entitled to feel that, until that business is finally disposed of in some manner, he has the undivided loyalty of the one upon whom he looks as his advocate and champion. If, as in this case, he is sued and his home attached by his own attorney, who is representing him in another matter, all feeling of loyalty is necessarily destroyed, and the profession is exposed to the charge that it is interested only in money." Grievance Comm. v. Rattner, 152 Conn. 59, 65, 203 A.2d 82, 84 (1964).

"One of the cardinal principles confronting every attorney in the representation of a client is the requirement of complete loyalty and service in good faith to the best of his ability. In a criminal case the client is entitled to a fair trial, but not a perfect one. These are fundamental requirements of due process under the Fourteenth Amendment. . . . The same principles are applicable in Sixth Amendment cases (not pertinent herein) and suggest that an attorney should have no conflict of interest and that he must devote his full and faithful efforts toward the defense of his client." Johns v. Smyth, 176 F. Supp. 949, 952 (E.D. Va. 1959), *modified,* United States ex rel. Wilkins v. Banmiller, 205 F. Supp. 123, 128 n. 5 (E.D. Pa. 1962), *aff'd,* 325 F.2d 514 (3d Cir. 1963), *cert. denied,* 379 U.S. 847, 13 L.Ed. 2d 51, 85 S.Ct. 87 (1964).

2. "Attorneys must not allow their private interests to conflict with those of their clients. . . . They owe their entire devotion to the interests of their clients." United States v. Anonymous, 215 F. Supp. 111, 113 (E.D. Tenn. 1963).

"[T]he court [below] concluded that a firm may not accept any action against a person whom they are presently representing even though there is no relationship between the two cases. In arriving at this conclusion, the court cites an opinion of the Committee on Professional Ethics of the New York County Lawyers' Association which stated in part: 'While under the circumstances * * * there may be no actual conflict of interest * * * "maintenance of public confidence in the Bar requires an attorney who has accepted representation of a client to decline, while representing such client, any employment from an adverse party in any matter even though wholly unrelated to the original retainer." See Question and Answer No. 350, N.Y. County L. Ass'n, Questions and Answer No. 450 (June 21, 1956).'" Grievance Comm. v. Rattner, 152 Conn. 59, 65, 203 A.2d 82, 84 (1964).

3. "Courts of equity will scrutinize with jealous vigilance transactions between parties occupying fiduciary relations toward each other. . . . A deed will not be held invalid, however, if made by the grantor with full knowledge of its nature and effect, and because of the deliberate, voluntary and intelligent desire of the grantor. . . . Where a fiduciary relation exists, the burden of proof is on the grantee or beneficiary of an instrument executed during the existence of such relationship to show the fairness of the transaction, that it was equitable and just and that it did not proceed from undue influence. . . . The same rule has application where an attorney engages in a transaction with a client during the existence of the relation and is benefited thereby. . . . Conversely, an attorney is not prohibited from dealing with his client or buying his property, and such contracts, if open, fair and honest, when deliberately made, are as valid as contracts between other parties. . . . [I]mportant factors in determining whether a transaction is fair include a showing by the fiduciary (1) that he made a full and frank disclosure of all the relevant information that he had; (2) that the consideration was adequate; and (3) that the principal had independent advice before completing the transaction." McFail v. Braden, 19 Ill. 2d 108, 117-18, 166 N.E. 2d 46, 52 (1960).

4. See State ex rel. Nebraska State Bar Ass'n v. Richards, 165 Neb. 80, 94-95, 84 N.W 2d 136, 146 (1957).

5. *See* ABA CANON 9.

6. *See* ABA CANON 10.

7. *See* CODE OF PROFESSIONAL RESPONSIBILITY, EC 2-20.

8. *See* ABA CANON 42.

9. "*Rule 3a.* . . . A member of the State Bar shall not directly or indirectly pay or agree to pay, or represent or sanction the representation that he will pay, medical, hospital or nursing bills or other personal expenses incurred by or for a client, prospective or existing; provided this rule shall not prohibit a member:

"(1) with the consent of the client, from paying or agreeing to pay to third persons such expenses from funds collected or to be collected for the client; or

(2) after he has been employed, from lending money to his client upon the client's promise in writing to repay such loan; or

(3) from advancing the costs of prosecuting or defending a claim or action. Such costs within the meaning of this subparagraph (3) include all taxable costs or disbursements, costs or investigation and costs of obtaining and presenting evidence." CAL. BUSINESS AND PROFESSIONS CODE §6076 (West Supp. 1967).

of a lawyer with respect to trial publicity have been established.

EC 7-34 The impartiality of a public servant in our legal system may be impaired by the receipt of gifts or loans. A lawyer,[57] therefore, is never justified in making a gift or a loan to a judge, a hearing officer, or an official or employee of a tribunal except as permitted by Section C(4) of Canon 5 of the Code of Judicial Conduct, but a lawyer may make a contribution to the campaign fund of a candidate for judicial office in conformity with Section B(2) under Canon 7 of the Code of Judicial Conduct.[58]

EC 7-35 All litigants and lawyers should have access to tribunals on an equal basis. Generally, in adversary proceedings a lawyer should not communicate with a judge relative to a matter pending before, or which is to be brought before, a tribunal over which he presides in circumstances which might have the effect or give the appearance of granting undue advantage to one party.[59] For example, a lawyer should not communicate with a tribunal by a writing unless a copy thereof is promptly delivered to opposing counsel or to the adverse party if he is not represented by a lawyer. Ordinarily an oral communication by a lawyer with a judge or hearing officer should be made only upon adequate notice to opposing counsel, or, if there is none, to the opposing party. A lawyer should not condone or lend himself to private importunities by another with a judge or hearing officer on behalf of himself or his client.

EC 7-36 Judicial hearings ought to be conducted through dignified and orderly procedures designed to protect the rights of all parties. Although a lawyer has the duty to represent his client zealously, he should not engage in any conduct that offends the dignity and decorum of proceedings.[60] While maintaining his independence, a lawyer should be respectful, courteous, and above-board in his relations with a judge or hearing officer before whom he appears.[61] He should avoid undue solicitude for the comfort or convenience of judge or jury and should avoid any other conduct calculated to gain special consideration.

EC 7-37 In adversary proceedings, clients are litigants and though ill feeling may exist between clients, such ill feeling should not influence a lawyer in his conduct, attitude, and demeanor towards opposing lawyers.[62] A lawyer should not make unfair or derogatory personal reference to opposing counsel. Haranguing and offensive tactics by lawyers interfere with the orderly administration of justice and have no proper place in our legal system.

EC 7-38 A lawyer should be courteous to opposing counsel and should accede to reasonable requests regarding court proceedings, settings, continuances, waiver of procedural formalities, and similar matters which do not prejudice the rights of his client.[63] He should follow local customs of courtesy or practice, unless he gives timely notice to opposing counsel of his intention not to do so.[64] A lawyer should be punctual in fulfilling all professional commitments.[65]

EC 7-39 In the final analysis, proper functioning of the adversary system depends upon cooperation between lawyers and tribunals in utilizing procedures which will preserve the impartiality of tribunals and make their decisional processes prompt and just, without impinging upon the obligation of lawyers to represent their clients zealously within the framework of the law.

DISCIPLINARY RULES

DR 7-101 Representing a Client Zealously.

(A) A lawyer shall not intentionally:[66]

(1) Fail to seek the lawful objectives of his client through reasonably available means[67] permitted by law and the Disciplinary Rules, except as provided by DR 7-101 (B). A lawyer does not violate this Disciplinary Rule, however, by acceding to reasonable requests of opposing counsel which do not prejudice the rights of his client, by being punctual in fulfilling all professional commitments, by avoiding offensive tactics, or by treating with courtesy and consideration all persons involved in the legal process.

(2) Fail to carry out a contract of employment entered into with a client for professional services, but he may withdraw as permitted under DR 2-110, DR 5-102, and DR 5-105.

(3) Prejudice or damage his client during the course of the professional relationship,[68] except as required under DR 7-102 (B).

(B) In his representation of a client, a lawyer may:

(1) Where permissible, exercise his professional judgment to waive or fail to assert a right or position of his client.

(2) Refuse to aid or participate in conduct that he believes to be unlawful, even though there is some support for an argument that the conduct is legal.

DR 7-102 Representing a Client Within the Bounds of the Law.

(A) In his representation of a client, a lawyer shall not:

(1) File a suit, assert a position, conduct a defense, delay a trial, or take other action on behalf of his client when he knows or when it is obvious that such action would serve merely to harass or maliciously injure another.[69]

(2) Knowingly advance a claim or defense that is unwarranted under existing law, except that he may advance such claim or defense if it can be supported by good faith argument for an extension, modification, or reversal of existing law.

(3) Conceal or knowingly fail to disclose that which he is required by law to reveal.

(4) Knowingly use perjured testimony or false evidence.[70]

(5) Knowingly make a false statement of law or fact.

(6) Participate in the creation or preservation

of evidence when he knows or it is obvious that the evidence is false.

(7) Counsel or assist his client in conduct that the lawyer knows to be illegal or fraudulent.

(8) Knowingly engage in other illegal conduct or conduct contrary to a Disciplinary Rule.

(B) A lawyer who receives information clearly establishing that:

(1) His client has, in the course of the representation, perpetrated a fraud upon a person or tribunal shall promptly call upon his client to rectify the same, and if his client refuses or is unable to do so, he shall reveal the fraud to the affected person or tribunal, except when the information is protected as a privileged communication.[71]

(2) A person other than his client has perpetrated a fraud upon a tribunal shall promptly reveal the fraud to the tribunal.[72]

DR 7-103 Performing the Duty of Public Prosecutor or Other Government Lawyer.[73]

(A) A public prosecutor or other government lawyer shall not institute or cause to be instituted criminal charges when he knows or it is obvious that the charges are not supported by probable cause.

(B) A public prosecutor or other government lawyer in criminal litigation shall make timely disclosure to counsel for the defendant, or to the defendant if he has no counsel, of the existence of evidence, known to the prosecutor or other government lawyer, that tends to negate the guilt of the accused, mitigate the degree of the offense, or reduce the punishment.

DR 7-104 Communicating With One of Adverse Interest.[74]

(A) During the course of his representation of a client a lawyer shall not:

(1) Communicate or cause another to communicate on the subject of the representation with a party he knows to be represented by a lawyer in that matter unless he has the prior consent of the lawyer representing such other party[75] or is authorized by law to do so.

(2) Give advice to a person who is not represented by a lawyer, other than the advice to secure counsel,[76] if the interests of such person are or have a reasonable possibility of being in conflict with the interests of his client.[77]

DR 7-105 Threatening Criminal Prosecution.

(A) A lawyer shall not present, participate in presenting, or threaten to present criminal charges solely to obtain an advantage in a civil matter.

DR 7-106 Trial Conduct.

(A) A lawyer shall not disregard or advise his client to disregard a standing rule of a tribunal or a ruling of a tribunal made in the course of a proceeding, but he may take appropriate steps in good faith to test the validity of such rule or ruling.

(B) In presenting a matter to a tribunal, a lawyer shall disclose:[78]

(1) Legal authority in the controlling jurisdiction known to him to be directly adverse to the position of his client and which is not disclosed by opposing counsel.[79]

(2) Unless privileged or irrelevant, the identities of the clients he represents and of the persons who employed him.[80]

(C) In appearing in his professional capacity before a tribunal, a lawyer shall not:

(1) State or allude to any matter that he has no reasonable basis to believe is relevant to the case or that will not be supported by admissible evidence.[81]

(2) Ask any question that he has no reasonable basis to believe is relevant to the case and that is intended to degrade a witness or other person.[82]

(3) Assert his personal knowledge of the facts in issue, except when testifying as a witness.

(4) Assert his personal opinion as to the justness of a cause, as to the credibility of a witness, as to the culpability of a civil litigant, or as to the guilt or innocence of an accused;[83] but he may argue, on his analysis of the evidence, for any position or conclusion with respect to the matters stated herein.

(5) Fail to comply with known local customs of courtesy or practice of the bar or a particular tribunal without giving to opposing counsel timely notice of his intent not to comply.[84]

(6) Engage in undignified or discourteous conduct which is degrading to a tribunal.

(7) Intentionally or habitually violate any established rule of procedure or of evidence.

DR 7-107 Trial Publicity.[85]

(A) A lawyer participating in or associated with the investigation of a criminal matter shall not make or participate in making an extrajudicial statement that a reasonable person would expect to be disseminated by means of public communication and that does more than state without elaboration:

(1) Information contained in a public record.

(2) That the investigation is in progress.

(3) The general scope of the investigation including a description of the offense and, if permitted by law, the identity of the victim.

(4) A request for assistance in apprehending a suspect or assistance in other matters and the information necessary thereto.

(5) A warning to the public of any dangers.

(B) A lawyer or law firm associated with the prosecution or defense of a criminal matter shall not, from the time of the filing of a complaint, information, or indictment, the issuance of an arrest warrant, or arrest until the commencement of the trial or disposition without trial, make or participate in making an extrajudicial statement that a reasonable person would expect to be disseminated by means of public communication and that relates to:

(1) The character, reputation, or prior criminal record (including arrests, indictments, or other charges of crime) of the accused.

(2) The possibility of a plea of guilty to the offense charged or to a lesser offense.

(3) The existence or contents of any confession, admission, or statement given by the

yers. Neglect of these responsibilities compromises the independence of the profession and the public interest which it serves.

[12] Lawyers play a vital role in the preservation of society. The fulfillment of this role requires an understanding by lawyers of their relationship to our legal system. The Rules of Professional Conduct, when properly applied, serve to define that relationship.

Scope

[1] The Rules of Professional Conduct are rules of reason. They should be interpreted with reference to the purposes of legal representation and of the law itself. Some of the Rules are imperatives, cast in the terms "shall" or "shall not." These define proper conduct for purposes of professional discipline. Others, generally cast in the term "may," are permissive and define areas under the Rules in which the lawyer has professional discretion. No disciplinary action should be taken when the lawyer chooses not to act or acts within the bounds of such discretion. Other Rules define the nature of relationships between the lawyer and others. The Rules are thus partly obligatory and disciplinary and partly constitutive and descriptive in that they define a lawyer's professional role. Many of the Comments use the term "should." Comments do not add obligations to the Rules but provide guidance for practicing in compliance with the Rules.

[2] The Rules presuppose a larger legal context shaping the lawyer's role. That context includes court rules and statutes relating to matters of licensure, laws defining specific obligations of lawyers and substantive and procedural law in general. Compliance with the Rules, as with all law in an open society, depends primarily upon understanding and voluntary compliance, secondarily upon reinforcement by peer and public opinion and finally, when necessary, upon enforcement through disciplinary proceedings. The Rules do not, however, exhaust the moral and ethical considerations that should inform a lawyer, for no worthwhile human activity can be completely defined by legal rules. The Rules simply provide a framework for the ethical practice of law.

[3] Furthermore, for purposes of determining the lawyer's authority and responsibility, principles of substantive law external to these Rules determine whether a client-lawyer relationship exists. Most of the duties flowing from the client-lawyer relationship attach only after the client has requested the lawyer to render legal services and the lawyer has agreed to do so. But there are some duties, such as that of confidentiality under Rule 1.6, that may attach when the lawyer agrees to consider whether a client-lawyer relationship shall be established. Whether a client-lawyer relationship exists for any specific purpose can depend on the circumstances and may be a question of fact.

[4] Under various legal provisions, including constitutional, statutory and common law, the responsibilities of government lawyers may include authority concerning legal matters that ordinarily reposes in the client in private client-lawyer relationships. For example, a lawyer for a government agency may have authority on behalf of the government to decide upon settlement or whether to appeal from an adverse judgment. Such authority in various respects is generally vested in the attorney general and the state's attorney in state government, and their federal counterparts, and the same may be true of other government law officers. Also, lawyers under the supervision of these officers may be authorized to represent several government agencies in intragovernmental legal controversies in circumstances where a private lawyer could not represent multiple private clients. They also may have authority to represent the "public interest" in circumstances where a private lawyer would not be authorized to do so. These Rules do not abrogate any such authority.

[5] Failure to comply with an obligation or prohibition imposed by a Rule is a basis for invoking the disciplinary process. The Rules presuppose that disciplinary assessment of a lawyer's conduct will be made on the basis of the facts and circumstances as they existed at the time of the conduct in question and in recognition of the fact that a lawyer often has to act upon uncertain or incomplete evidence of the situation. Moreover, the Rules presuppose that whether or not discipline should be imposed for a violation, and the severity of a sanction, depend on all the circumstances, such as the willfulness and seriousness of the violation, extenuating factors and whether there have been previous violations.

[6] Violation of a Rule should not give rise to a cause of action nor should it create any pre-

sumption that a legal duty has been breached. The Rules are designed to provide guidance to lawyers and to provide a structure for regulating conduct through disciplinary agencies. They are not designed to be a basis for civil liability. Furthermore, the purpose of the Rules can be subverted when they are invoked by opposing parties as procedural weapons. The fact that a Rule is a just basis for a lawyer's self-assessment, or for sanctioning a lawyer under the administration of a disciplinary authority, does not imply that an antagonist in a collateral proceeding or transaction has standing to seek enforcement of the Rule. Accordingly, nothing in the Rules should be deemed to augment any substantive legal duty of lawyers or the extra-disciplinary consequences of violating such a duty.

[7] Moreover, these Rules are not intended to govern or affect judicial application of either the attorney-client or work product privilege. Those privileges were developed to promote compliance with law and fairness in litigation. In reliance on the attorney-client privilege, clients are entitled to expect that communications within the scope of the privilege will be protected against compelled disclosure. The attorney-client privilege is that of the client and not of the lawyer. The fact that in exceptional situations the lawyer under the Rules has a limited discretion to disclose a client confidence does not vitiate the proposition that, as a general matter, the client has a reasonable expectation that information relating to the client will not be voluntarily disclosed and that disclosure of such information may be judicially compelled only in accordance with recognized exceptions to the attorney-client and work product privileges.

[8] The lawyer's exercise of discretion not to disclose information under Rule 1.6 should not be subject to reexamination. Permitting such reexamination would be incompatible with the general policy of promoting compliance with law through assurances that communications will be protected against disclosure.

[9] The Comment accompanying each Rule explains and illustrates the meaning and purpose of the Rule. The Preamble and this note on Scope provide general orientation. The Comments are intended as guides to interpretation, but the text of each Rule is authoritative. Research notes were prepared to compare counterparts in the ABA Model Code of Professional Responsibility (adopted 1969, as amended) and t provide selected references to other authorities The notes have not been adopted, do not consti tute part of the Model Rules, and are not intend ed to affect the application or interpretation o the Rules and Comments.

Withholding Information

[4] In some circumstances, a lawyer may be justified in delaying transmission of information when the client would be likely to react imprudently to an immediate communication. Thus, a lawyer might withhold a psychiatric diagnosis of a client when the examining psychiatrist indicates that disclosure would harm the client. A lawyer may not withhold information to serve the lawyer's own interest or convenience. Rules or court orders governing litigation may provide that information supplied to a lawyer may not be disclosed to the client. Rule 3.4(c) directs compliance with such rules or orders.

CODE COMPARISON:

This Rule has no direct counterpart in the Disciplinary Rules of the Code. DR 6–101(A)(3) provides that a lawyer shall not "neglect a legal matter entrusted to him." DR 9–102(B)(1) provides that a lawyer "shall promptly notify a client of the receipt of his funds, securities, or other properties." EC 7–8 states that "a lawyer should exert his best efforts to insure that decisions of his client are made only after the client has been informed of relevant considerations." EC 9–2 states that "a lawyer should fully and promptly inform his client of material developments in the matters being handled for the client."

RULE 1.5 Fees

(a) A lawyer's fee shall be reasonable. The factors to be considered in determining the reasonableness of a fee include the following:

(1) the time and labor required, the novelty and difficulty of the questions involved, and the skill requisite to perform the legal service properly;

(2) the likelihood, if apparent to the client, that the acceptance of the particular employment will preclude other employment by the lawyer;

(3) the fee customarily charged in the locality for similar legal services;

(4) the amount involved and the results obtained;

(5) the time limitations imposed by the client or by the circumstances;

(6) the nature and length of the professional relationship with the client;

(7) the experience, reputation, and ability of the lawyer or lawyers performing the services; and

(8) whether the fee is fixed or contingent.

(b) When the lawyer has not regularly represented the client, the basis or rate of the fee shall be communicated to the client, preferably in writing, before or within a reasonable time after commencing the representation.

(c) A fee may be contingent on the outcome of the matter for which the service is rendered, except in a matter in which a contingent fee is prohibited by paragraph (d) or other law. A contingent fee agreement shall be in writing and shall state the method by which the fee is to be determined, including the percentage or percentages that shall accrue to the lawyer in the event of settlement, trial or appeal, litigation and other expenses to be deducted from the recovery, and whether such expenses are to be deducted before or after the contingent fee is calculated. Upon conclusion of a contingent fee matter, the lawyer shall provide the client with a written statement stating the outcome of the matter and, if there is a recovery, showing the remittance to the client and the method of its determination.

(d) A lawyer shall not enter into an arrangement for, charge, or collect:

(1) any fee in a domestic relations matter, the payment or amount of which is contingent upon the securing of a divorce or upon the amount of alimony or support, or property settlement in lieu thereof; or

(2) a contingent fee for representing a defendant in a criminal case.

(e) a division of fee between lawyers who are not in the same firm may be made only if:

(1) the division is in proportion to the services performed by each lawyer or, by written agreement with the client, each lawyer assumes joint responsibility for the representation;

(2) the client is advised of and does not object to the participation of all the lawyers involved; and

(3) the total fee is reasonable.

COMMENT:

Basis or Rate of Fee

[1] When the lawyer has regularly represented a client, they ordinarily will have evolved an understanding concerning the basis or rate of the fee. In a new client-lawyer relationship, however, an understanding as to the fee should be promptly established. It is not necessary to recite all the factors that underlie the basis of the fee, but only those that are directly involved in its computation. It is sufficient, for example, to state that the basic rate is an hourly charge or a fixed amount or an estimated amount, or to identify the factors that may be taken into account in finally fixing the fee. When developments occur during the representation that render an earlier estimate substantially inaccurate, a revised estimate should be provided to the client. A written statement concerning the fee reduces the possibility of misunderstanding. Furnishing the client with a simple memorandum or a copy of the lawyer's customary fee schedule is sufficient if the basis or rate of the fee is set forth.

Terms of Payment

[2] A lawyer may require advance payment of a fee, but is obliged to return any unearned portion. See Rule 1.16(d). A lawyer may accept property in payment for services, such as an ownership interest in an enterprise, providing this does not involve acquisition of a proprietary interest in the cause of action or subject matter of the litigation contrary to Rule 1.8(j). However a fee paid in property instead of money may be subject to special scrutiny because it involves questions concerning both the value of the services and the lawyer's special knowledge of the value of the property.

[3] An agreement may not be made whose terms might induce the lawyer improperly to curtail services for the client or perform them in a way contrary to the client's interest. For example, a lawyer should not enter into an agreement whereby services are to be provided only up to a stated amount when it is foreseeable that more extensive services probably will be required, unless the situation is adequately explained to the client. Otherwise, the client might have to bargain for further assistance in the midst of a proceeding or transaction. However, it is proper to define the extent of services in light of the client's ability to pay. A lawyer should not exploit a fee arrangement based primarily on hourly charges by using wasteful procedures. When there is doubt whether a contingent fee is consistent with the client's best interest, the lawyer should offer the client alternative bases for the fee and explain their implications. Applicable law may impose limitations on contingent fees, such as a ceiling on the percentage.

Division of Fee

[4] A division of fee is a single billing to a client covering the fee of two or more lawyers who are not in the same firm. A division of fee facilitates association of more than one lawyer in a matter in which neither alone could serve the client as well, and most often is used when the fee is contingent and the division is between a referring lawyer and a trial specialist. Paragraph (e) permits the lawyers to divide a fee on either the basis of the proportion of services they render or by agreement between the participating lawyers if all assume responsibility for the representation as a whole and the client is advised and does not object. It does not require disclosure to the client of the share that each lawyer is to receive. Joint responsibility for the representation entails the obligations stated in Rule 5.1 for purposes of the matter involved.

Disputes over Fees

[5] If a procedure has been established for resolution of fee disputes, such as an arbitration or mediation procedure established by the bar, the lawyer should conscientiously consider submitting to it. Law may prescribe a procedure for determining a lawyer's fee, for example, in representation of an executor or administrator, a class or a person entitled to a reasonable fee as part of the measure of damages. The lawyer entitled to such a fee and a lawyer representing another party concerned with the fee should comply with the prescribed procedure.

CODE COMPARISON:

[1] DR 2-106(A) provides that "A lawyer shall not enter into an agreeement for, charge, or collect an illegal or clearly excessive fee." DR

2–106(B) provides that "A fee is clearly excessive when, after a review of the facts, a lawyer of ordinary prudence would be left with a definite and firm conviction that the fee is in excess of a reasonable fee." DR 2-106(B) further provides that "Factors to be considered . . . in determining . . . reasonableness . . . include . . . : (1) The time and labor required, the novelty and difficulty of the questions involved and the skill requisite to perform the legal service properly. (2) The likelihood, if apparent to the client, that the acceptance of the particular employment will preclude other employment by the lawyer. (3) The fee customarily charged in the locality for similar services. (4) The amount involved and the results obtained. (5) The time limitations imposed by the client or by the circumstances. (6) The nature and length of the professional relationship with the client. (7) The experience, reputation, and ability of the lawyer or lawyers performing the services. (8) Whether the fee is fixed or contingent." The Rule includes the factor of ability to pay; a person of ample means may justly be charged more for a service, and a person of limited means less, other factors being the same. EC 2-17 states that "A lawyer should not charge more than a reasonable fee. . . ."

[2] There is no counterpart to Rule 1.5(b) in the Disciplinary Rules of the Code. EC 2-19 states that "It is usually beneficial to reduce to writing the understanding of the parties regarding the fee, particularly when it is contingent."

[3] With regard to Rule 1.5(c) DR 2-106(C) prohibits "a contingent fee in a criminal case."

[4] With regard to Rule 1.5(e), DR 2-107(A) permits division of fees only if: "(1) The client consents to employment of the other lawyer after a full disclosure that a division of fees will be made. (2) The division is in proportion to the services performed and responsibility assumed by each. (3) The total fee does not exceed clearly reasonable compensation . . . ." Rule 1.5(e) permits division without regard to the services rendered by each lawyer if they assume joint responsibility for the representation.

RULE 1.6 Confidentiality of Information

(a) A lawyer shall not reveal information relating to representation of a client unless the client consents after consultation, except for disclosures that are impliedly authorized in order to carry out the representation, and except as stated in paragraph (b).

(b) A lawyer may reveal such information to the extent the lawyer reasonably believes necessary:

> **(1) to prevent the client from committing a criminal act that the lawyer believes is likely to result in imminent death or substantial bodily harm; OR**
>
> **(2) to establish a claim or defense on behalf of the lawyer in a controversy between the lawyer and the client, to establish a defense to a criminal charge or civil claim against the lawyer based upon conduct in which the client was involved, or to respond to allegations in any proceeding concerning the lawyer's representation of the client.**

COMMENT:

[1] The lawyer is part of a judicial system charged with upholding the law. One of the lawyer's functions is to advise clients so that they avoid any violation of the law in the proper exercise of their rights.

[2] The observance of the ethical obligation of a lawyer to hold inviolate confidential information of the client not only facilitates the full development of facts essential to proper representation of the client but also encourages people to seek early legal assistance.

[3] Almost without exception, clients come to lawyers in order to determine what their rights are and what is, in the maze of laws and regulations, deemed to be legal and correct. The common law recognizes that the client's confidences must be protected from disclosure. Based upon experience, lawyers know that almost all clients follow the advice given, and the law is upheld.

[4] A fundamental principle in the client-lawyer relationship is that the lawyer maintain confidentiality of information relating to the representation. The client is thereby encouraged to communicate fully and frankly with the lawyer even as to embarrassing or legally damaging subject matter.

Rule 1.6 thus imposes confidentiality on information relating to the representation even if it is acquired before or after the relationship existed. It does not require the client to indicate information that is to be confidential, or permit the lawyer to speculate whether particular information might be embarrassing or detrimental. Furthermore, this definition avoids the constricted definition of "confidence" that appears in some decisions.

See Allegaert v. Perot, 434 F.Supp. 790 (S.D.N.Y.1977); Moritz v. Medical Protective Co., 428 F.Supp. 865 (W.D.Wis.1977); City of Wichita v. Chapman, 521 P.2d 589 (Kan.1974).

[3] Rule 1.6(a) permits a lawyer to disclose information where impliedly authorized in order to carry out the representation. Under DR 4-101(B) and (C), a lawyer cannot disclose "confidences" unless the client first expressly consents after disclosure.

[4] Second, paragraph (b) redefines the exceptions to the requirement of confidentiality. Under the Code, DR 4-101(C)(3), a lawyer "may reveal the intention of his client to commit a crime and the information necessary to prevent the crime." This option exists regardless of the seriousness of the proposed crime. Also, under DR 7-102(B), the lawyer is required to reveal information necessary to "rectify" a "fraud upon a person or tribunal." DR 7-102(B) applies to past frauds and presumably to future frauds if the client goes on to commit them. DR 7-102(B), as amended by the ABA in 1974 and as adopted in some states, is subject to an amendment that disclosure is not permitted "when the information is protected as a privileged communication." Technically, this exception would only apply if the lawyer is under compulsion of law to testify, for only then would the information be "privileged." However, ABA Formal Opinion 341 (1975) construed the term "privilege" to include "confidences" as defined in DR 4-101(A).

[5] Under Rule 1.6(b)(1), the lawyer may reveal information about a client to prevent the client from committing a crime that is likely to result in the specified serious consequences.

[6] With regard to Rule 1.6(b)(3), DR 4-101(C)(4) provides that a lawyer may reveal "confidences or secrets necessary to establish or collect his fee or to defend himself or his employers or associates against an accusation of wrongful conduct." Rule 1.6(b)(3) enlarges the exception to include disclosure of information relating to claims by the lawyer other than for his fee; for example, recovery of property from the client. It narrows the exception dealing with defense against claims of wrongful conduct to situations where the client's conduct was involved.

RULE 1.7 Conflict of Interest: General Rule

(a) A lawyer shall not represent a client if the representation of that client will be directly adverse to another client, unless:

> **(1) the lawyer reasonably believes the representation will not adversely affect the relationship with the other client; and**
>
> **(2) each client consents after consultation.**

(b) A lawyer shall not represent a client if the representation of that client may be materially limited by the lawyer's responsibilities to another client or to a third person, or by the lawyer's own interests, unless:

> **(1) the lawyer reasonably believes the representation will not be adversely affected; and**
>
> **(2) the client consents after consultation. When representation of multiple clients in a single matter is undertaken, the consultation shall include explanation of the implications of the common representation and the advantages and risks involved.**

COMMENT:

Loyalty to a Client

[1] Loyalty is an essential element in the lawyer's relationship to a client. An impermissible conflict of interest may exist before representation is undertaken, in which event the representation should be declined. If such a conflict arises after representation has been undertaken, the lawyer should withdraw from the representation. See Rule 1.16. Where more than one client is involved and the lawyer withdraws because a conflict arises after representation, whether the lawyer may continue to represent any of the clients is determined by Rule 1.9. See also Rule 2.2(c). As to whether a client-lawyer relationship

exists or, having once been established, is continuing, see Comment to Rule 1.3 and Scope.

[2] As a general proposition, loyalty to a client prohibits undertaking representation directly adverse to that client without that client's consent. Paragraph (a) expresses that general rule. Thus, a lawyer ordinarily may not act as advocate against a person the lawyer represents in some other matter, even if it is wholly unrelated. On the other hand, simultaneous representation in unrelated matters of clients whose interests are only generally adverse, such as competing economic enterprises, does not require consent of the respective clients. Paragraph (a) applies only when the representation of one client would be directly adverse to the other.

[3] Loyalty to a client is also impaired when a lawyer cannot consider, recommend or carry out an appropriate course of action for the client because of the lawyer's other responsibilities or interests. The conflict in effect forecloses alternatives that would otherwise be available to the client. Paragraph (b) addresses such situations. A possible conflict does not itself preclude the representation. The critical questions are the likelihood that a conflict will eventuate and, if it does, whether it will materially interfere with the lawyer's independent professional judgment in considering alternatives or foreclose courses of action that reasonably should be pursued on behalf of the client. Consideration should be given to whether the client wishes to accommodate the other interest involved.

Consultation and Consent

[4] A client may consent to representation notwithstanding a conflict. However, as indicated in paragraph (a)(1) with respect to representation directly adverse to a client, and paragraph (b)(1) with respect to material limitations on representation of a client, when a disinterested lawyer would conclude that the client should not agree to the representation under the circumstances, the lawyer involved cannot properly ask for such agreement or provide representation on the basis of the client's consent. When more than once client is involved, the question of conflict must be resolved as to each client. Moreover, there may be circumstances where it is impossible to make the disclosure necessary to obtain consent. For example, when the lawyer represents different clients in related matters and one of the clients refuses to consent to the dislcosure necessary to permit the other client to make an informed decision, the lawyer cannot properly ask the latter to consent.

Lawyer's Interests

[5] The lawyer's own interests should not be permitted to have adverse effect on representation of a client. For example, a lawyer's need for income should not lead the lawyer to undertake matters that cannot be handled competently and at a reasonable fee. See Rules 1.1 and 1.5. If the probity of a lawyer's own conduct in a transaction is in serious question, it may be difficult or impossible for the lawyer to give a client detached advice. A lawyer may not allow related business interests to affect representation, for example, by referring clients to an enterprise in which the lawyer has an undisclosed interest.

Conflicts in Litigation

[6] Paragraph (a) prohibits representation of opposing parties in litigation. Simultaneous representation of parties whose interests in litigation may conflict, such as co-plaintiffs or co-defendants, is governed by paragraph (b). An impermissible conflict may exist by reason of substantial discrepancy in the parties' testimony, incompatibility in positions in relation to an opposing party or the fact that there are substantially different possibilities of settlement of the claims or liabilities in question. Such conflicts can arise in criminal cases as well as civil. The potential for conflict of interest in representing multiple defendants in a criminal case is so grave that ordinarily a lawyer should decline to represent more than one codefendant. On the other hand, common representation of persons having similar interests is proper if the risk of adverse effect is minimal and the requirements of paragraph (b) are met. Compare Rule 2.2 involving intermediation between clients.

Acquisition of Interest in Litigation

[6] Paragaph (j) states the traditional general rule that lawyers are prohibited from acquiring a proprietary interest in litigation. This general rule, which has its basis in common law champerty and maintenance, is subject to specific exceptions developed in decisional law and continued in these Rules, such as the exception for reasonable contingent fees set forth in Rule 1.5 and the exception for certain advances of the costs of litigation set forth in paragraph (e).

[7] This Rule is not intended to apply to customary qualification and limitations in legal opinions and memoranda.

CODE COMPARISON:

[1] This Rule deals with certain transactions that per se involve conflict of interest.

[2] With regard to Rule 1.8(a), DR 5–104(A) provides that "A lawyer shall not enter into a business transaction with a client if they have differing interests therein and if the client expects the lawyer to exercise his professional judgment therein for the protection of the client, unless the client has consented after full disclosure." EC 5–3 states that "A lawyer should not seek to persuade his client to permit him to invest in an undertaking of his client nor make improper use of his professional relationship to influence his client to invest in an enterprise in which the lawyer is interested."

[3] With regard to Rule 1.8(b), DR 4–101(B)(3) provides that a lawyer shall not "use a confidence or secret of his client for the advantage of himself, or of a third person, unless the client consents after full disclosure."

[4] There is no counterpart to Rule 1.8(c) in the Disciplinary Rules of the Code. EC 5–5 states that "A lawyer should not suggest to his client that a gift be made to himself or for his benefit. If a lawyer accepts a gift from his client, he is peculiarly susceptible to the charge that he unduly influenced or overreached the client. If a client voluntarily offers to make a gift to his lawyer, the lawyer may accept the gift, but before doing so, he should urge that the client secure disinterested advice from an independent, competent person who is cognizant of all the circumstances. Other than in exceptional circumstances, a lawyer should insist that an instrument in which his client desires to name him beneficially be prepared by another lawyer selected by the client."

[5] Rule 1.8(d) is substantially similar to DR 5–104(B), but refers to "literary or media" rights, a more generally inclusive term than "publication" rights.

[6] Rule 1.8(e)(1) is similar to DR 5–103(B), but eliminates the requirement that "the client remain ultimately liable for such expenses."

[7] Rule 1.8(e)(2) has no counterpart in the Code.

[8] Rule 1.8(f) is substantially identical to DR 5–107(A)(1).

[9] Rule 1.8(g) is substantially identical to DR 5–106.

[10] The first clause of Rule 1.8(h) deals with the same subject as DR 6–102(A). There is no counterpart in the Code to the second clause of Rule 1.8(h).

[11] Rule 1.8(i) has no counterpart in the Code.

RULE 1.9 Conflict of Interest: Former Client

A lawyer who has formerly represented a client in a matter shall not thereafter:

(a) represent another person in the same or a substantially related matter in which that person's interests are materially adverse to the interests of the former client unless the former client consents after consultation; or

(b) use information relating to the representation to the disadvantage of the former client except as rule 1.6 would permit with respect to a client or when the information has become generally known.

COMMENT:

[1] After termination of a client-lawyer relationship, a lawyer may not represent another client except in conformity with this Rule. The principles in Rule 1.7 determine whether the interest of the present and former client are adverse. Thus, a lawyer could not properly seek to rescind on behalf of a new client a contract drafted on behalf of the former client. So also a lawyer who has prosecuted an accused person could not properly represent the accused in a subsequent civil action against the government concerning the same transaction.

Discharge

[4] A client has a right to discharge a lawyer at any time, with or without cause, subject to liability for payment for the lawyer's services. Where future dispute about the withdrawal may be anticipated, it may be advisable to prepare a written statement reciting the circumstances.

[5] Whether a client can discharge appointed counsel may depend on applicable law. A client seeking to do so should be given a full explanation of the consequences. These consequences may include a decision by the appointing authority that appointment of successor counsel is unjustified, thus requiring the client to represent himself.

[6] If the client is mentally incompetent, the client may lack the legal capacity to discharge the lawyer, and in any event the discharge may be seriously adverse to the client's interests. The lawyer should make special effort to help the client consider the consequences and, in an extreme case, may initiate proceedings for a conservatorship or similar protection of the client. See Rule 1.14.

Optional Withdrawal

[7] A lawyer may withdraw from representation in some circumstances. The lawyer has the option to withdraw if it can be accomplished without material adverse effect on the client's interests. Withdrawal is also justified if the client persists in a course of action that the lawyer reasonably believes is criminal or fraudulent, for a lawyer is not required to be associated with such conduct even if the lawyer does not further it. Withdrawal is also permitted if the lawyer's services were misused in the past even if that would materially prejudice the client. The lawyer also may withdraw where the client insists on a repugnant or imprudent objective.

[8] A lawyer may withdraw if the client refuses to abide by the terms of an agreement relating to the representation, such as an agreement concerning fees or court costs or an agreement limiting the objectives of the representation.

Assisting the Client Upon Withdrawal

[9] Even if the lawyer has been unfairly discharged by the client, a lawyer must take all reasonable steps to mitigate the consequences to the client. The lawyer may retain papers as security for a fee only to the extent permitted by law.

[10] Whether or not a lawyer for an organization may under certain unusual circumstances have a legal obligation to the organization after withdrawing or being discharged by the organization's highest authority is beyond the scope of these Rules.

COUNSELOR

RULE 2.1 Advisor

In representing a client, a lawyer shall exercise independent professional judgment and render candid advice. In rendering advice, a lawyer may refer not only to law but to other considerations such as moral, economic, social and political factors, that may be relevant to the client's situation.

COMMENT:

Scope of Advice

[1] A client is entitled to straightforward advice expressing the lawyer's honest assessment. Legal advice often involves unpleasant facts and alternatives that a client may be disinclined to confront. In presenting advice, a lawyer endeavors to sustain the client's morale and may put advice in as acceptable a form as honesty permits. However, a lawyer should not be deterred from giving candid advice by the prospect that the advice will be unpalatable to the client.

Formal Opinion 341 **September 30, 1975**

This opinion is made in response to several inquiries regarding the effect of the February 1974 amendment to DR 7-102(B), which presently reads:

> (B) A lawyer who receives information clearly establishing that
>
> (1) His client has, in the course of the representation, perpetrated a fraud upon a person or tribunal shall promptly call upon his client to rectify the same, and if his client refuses or is unable to do so, he shall reveal the fraud to the affected person or tribunal, *except when the information is protected as a privileged communication."* [*Underscored* language added by amendment February 1974.][1]

The derivation of DR 7-102(B)(1) is informative.

The prior ABA Canons of Professional Ethics contained three mandatory revelation rules: Canon 1 (complaint against judge), Canon 29 (exposing dishonest conduct of lawyers, and exposing perjury), and Canon 41 (informing injured person of fraud or deception by client). In the Code of Professional Responsibility, DR 1-103 contains a duty to reveal knowledge of misconduct by judge or lawyer.[2] But the Preliminary Draft of the Code of Professional Responsibility (January 1969) did not contain a Disciplinary Rule requiring a lawyer to reveal misconduct of a client. Perhaps the omission was due to the committee's consideration of the high fiduciary duty owed by lawyer to client and consideration of the firm support found in the law of evidence for the attorney-client privilege. The Preliminary Draft contained a Disciplinary Rule virtually identical to present DR 4-101(C), forbidding a lawyer, with certain exceptions, from knowingly revealing a confidence or secret of his client.[3] Some lawyers objected, however, to the Preliminary Draft because it did not carry into the Code of Professional Responsibility the substance of prior Canon 41. The result was the addition to the Code of Professional Responsibility, at that time, of DR 7-102(B).

When DR 7-102(B) was added to the Code of Professional Responsibility prior to its adoption in August 1969, the full significance of DR 4-101(C) apparently was not appreciated, even though the Preliminary Draft contained a virtually identical provision stating that "[a] lawyer may reveal . . . [c]onfidences or secrets when permitted [under] Disciplinary Rules or required by law or court order."[4] That provision of DR 4-101(C), while quite proper in the Preliminary Draft, had the unacceptable result when combined with new DR 7-102(B)(1) of requiring a lawyer in certain instances to reveal privileged communications which he also was duty-bound not to reveal according to the law of evidence. The amendment of February 1974 was necessary in order to relieve lawyers of exposure to such diametrically opposed professional duties.

A similar impasse arising under the prior Canons of Professional Ethics was considered by this committee in Formal Opinion 287 (1953). Then Canon 37 required a lawyer to "preserve his client's confidences" although Canon 29 required a lawyer to reveal perjury to the prosecuting authorities and Canon 41 required a lawyer to inform against his client in certain circumstances in regard to "fraud or deception." The situation in Opinion 287 was that of a client who had committed perjury (which we assume constituted intrinsic fraud upon the tribunal) during the trial of his divorce action. Three months later the client sought advice from the same lawyer who had represented him in the divorce action. The advice was sought in regard to a dispute with his former wife over support money; in connection with this consultation the client told the lawyer that he had given false material testimony in the divorce action in which he had been represented by the same lawyer. Tracing the background of the evidentiary law concerning the attorney-client privilege, this committee held that the duty of the lawyer to preserve his client's confidences prevailed over the duty under Canon 41 to reveal fraud or deception, and over the duty under Canon 29 to bring knowledge of perjury to the attention of others. In Opinion 287 it was said that the lawyer, "despite Canons 29 and 41, should not disclose the facts to the court or to the authorities."[5]

One effect of the 1974 amendment to DR 7-102(B)(1) is to reinstate the essence of Opinion 287 which had prevailed from 1953 until 1969. It was as unthinkable then as now that a lawyer should be subject to disciplinary action for failing to reveal information which by law is not to be revealed without the consent of the client and the lawyer is not now in that untenable position. The lawyer no longer can be confronted with the necessity of either breaching his client's privilege at law or breaching a disciplinary rule.[6]

While the derivation of DR 7-102(B)(1) indicates the necessity for the 1974 amendment, the scope of the 1974 amendment can be indicated only by considering the coverage of the basic requirement of DR 7-102(B)(1) and by examining the interrelation of DR 7-102(B)(1) and DR 4-101. The conflicting duties to reveal fraud and to preserve confidences have existed side-by-side for some time.

However, it is clear that there has long been an accommodation in favor of preserving confidences either through practice or interpretation. Through the Bar's interpretation in practice of its responsibility to preserve confidences and secrets of clients, and through its interpretations like Formal Opinion 287, significant exceptions to any general duty to reveal fraud have been long accepted. Apparently, the exceptions were so broad or the policy underlying the duty to reveal so weak that the earlier drafts of the Code of Professional Responsibility omitted altogether the concept embodied in Canon 41. Nonetheless, DR 7-102(B) is a part of the Code of Professional Responsibility and must be given some meaning. Some of the exceptions to a general duty to reveal have been built into the Disciplinary Rule itself (for example, that the information must "clearly establish" fraud; that it must be received "in the course of representation"; and [since 1974] that it must not be information "protected as a privileged communication").

Formal Opinion 287, which dealt with a lawyer's duty to reveal a perjury committed earlier by his client, represents merely one of the exceptions to old Canon 41 (it also pertained to old Canon 29, dealing with revealing perjury to the affected tribunal). We do not think that Formal Opinion 287 was intended to be an *exclusive* exception to old Canon 41. Accordingly, limiting the 1974 amendment to matters of attorney-client privilege covered in Formal Opinion 287 will not necessarily bring DR 7-102 into line with past interpretations of a lawyer's duty when a client's confidences and secrets are involved.

The tradition (which is backed by substantial policy considerations) that permits a lawyer to assure a client that information (whether a confidence or a secret) given to him will not be revealed to third parties is so important that it should take precedence, in all but the most serious cases, over the duty imposed by DR 7-102(B). The many annotations to DR 4-101 reflect this policy. Of course, there will be situations where a lawyer may reveal the secrets and confidences of his client. Some of these are recognized in DR 4-101(C).

The balancing of the lawyer's duty to preserve confidences and to reveal frauds is best made by interpreting the phrase "privileged communication" in the 1974 amendment to DR 7-102(B) as referring to those confidences and secrets that are required to be preserved by DR 4-101.

Such an interpretation does not wipe out DR 7-102(B), because DR 7-102(B) applies to information received from any source, and it is not limited to information gained in the professional relationship as is DR 4-101. Under the suggested interpretation, the duty imposed by DR 7-102(B) would remain in force if the information clearly establishing a fraud on a person or tribunal and committed by a client in the course of representation were obtained by the lawyer from a third party (but not in connection with his professional relationship with the client), because it would not be a confidence or secret of a client entitled to confidentiality. DR 4-102(C) sets out several circumstances under which revelation of a secret or confidence is permissible, and thus in cases where these exceptions apply, DR 7-102(B) may make the optional disclosure of information under DR 4-101 a mandatory one. For example, when disclosure is required by a law, the "privileged communication" exception of DR 7-102(B) is not applicable and disclosure may be required.

An interpretation of the 1974 amendment which would limit its scope to the attorney-client privilege as it exists in each jurisdiction and the Federal Rules of Evidence is undesirable because the lawyer's ethical duty would depend upon the rules of evidence in a particular jurisdiction. There may be significant problems in knowing which jurisdiction's evidentiary rule would be applied in a given case and the scope of that privilege may vary widely among jurisdictions.[7] Furthermore, limiting the 1974 amendment to the scope of the attorney-client privilege raises problems as to the difference between waiver of privilege by a client and a consent to the lawyer's disclosure of a confidence.

It is not reasonable to put a lawyer at peril of discipline if, after determining that he has information that "clearly" establishes fraud (a difficult task in itself), he must also determine the relevant rule of attorney-client privilege, in order to determine whether he must reveal the client's confidences and secrets. Also, we believe that it is inconsistent with the lawyer's confidential relationship with his client to impose at the same time a duty to evaluate the client's confidences to determine whether the level of evidence of "fraud" has been reached that would require disclosure of such confidences. The lawyer's problem is not lessened, in this respect, by interpreting fraud in DR 7-102(B), as we do, as being used in the sense of active fraud, with a requirement of *scienter* or intent to deceive.

The interpretation here adopted by the Committee, which would preserve confidential information received in connection with the professional relationship, minimizes the problems. The Committee believes that this interpretation does not go too far in relieving a lawyer of any responsibility to others because it does not alter the standing sanctions against the lawyer's involvement in a fraud nor alter the lawyer's duty under DR 7-102(B) when his information is obtained outside the confidential relationship.

---

1. *Compare* Rule 11, Code of Trial Conduct of the American College of Trial Lawyers (1971):

> "(d) Subject to whatever qualifications may exist from the confidential privilege that exists between a lawyer and his client, the lawyer should expose without fear before the proper tribunal's perjury, subornation of perjury and any professional misconduct. . . ."

See Casenote, 50 TEX. L. REV. 1265 (1972) for a view critical of DR 7-102(B)(1) prior to its amendment.

Some commentators are concerned that the 1974 amendment might encourage lawyers to refuse to reveal communications that are not within the attorney-client privilege; however, the rule exempts from disclosure only confidences and secrets. Other commentators seem concerned that even with the amendment there is too heavy a burden upon a lawyer to reveal a client's misconduct; *see, e.g.*, Lipman, *The SEC's Reluctant Police Force: A New Role for Lawyers*, 49 N.Y.U. L. REV. 437 (1974); Monroe Freedman, *Legal Ethics*, N.J.L.J., July 24, 1974; Freedman, *Letter to Editor*, 59 ABA J. 114 (1973) (reporting the rejection of the original version of DR 7-102(B)(1) when the CPR was adopted in the District of Columbia).

2. DR 7-108(G), revealing misconduct regarding juror, and DR 7-102(B)(2), revealing fraud on tribunal by one other than client, are other revelation rules contained in the Code of Professional Responsibility.

3. Disciplinary Rule 5-101(A), (B), (C) and (E), Preliminary Draft, CPR, are identical, except for minor textual changes, with DR 4-101(A), (B), (C) and (D).

4. In the Preliminary Draft, "by" rather than "under" was used. The rule appeared as 4-101(C)(2) in the Preliminary Draft.

5. *See also* New Jersey Ethics Opinion 163 (1969), 92 N.J.L.J. 825, citing ABA Opinion 287 with approval.

6. A lawyer who breaches his fiduciary duty to client by revealing confidences protected by the attorney-client privilege may be liable to client in tort. He also may be guilty of a crime in some jurisdictions; *see* WEINBERG, CONFIDENTIAL AND OTHER COMMUNICATIONS 16 (1967).

7. *Compare* Rule 5-3 of the Federal Rules of Evidence *with* the Texas Rule discussed in Opinion 378 of the State Bar of Texas (1975).

Printed by
CPI books GmbH, Leck

FSC
www.fsc.org
MIX
Papier | Fördert
gute Waldnutzung
FSC® C083411

Kolibri 360 GmbH
Ferdinand-Jühlke-Straße 7
99095 Erfurt, Deutschland
produktsicherheit@kolibri360.de